新编教学艺术论

XINBIAN JIAOXUE YISHULUN

沈辉香 范远波◎编著

东北师范大学出版社
NORTHEAST NORMAL UNIVERSITY PRESS
长春

图书在版编目(CIP)数据

新编教学艺术论/沈辉香,范远波编著. —长春:东北师范大学出版社,2023.6
ISBN 978 - 7 - 5771 - 0301 - 3

I. ①新… II. ①沈… ②范 III. ①教学艺术—研究 IV.①G42

中国国家版本馆 CIP 数据核字(2023)第113649号

□责任编辑:孙红光　□封面设计:迟兴成

□责任校对:徐小红　□责任印制:许　冰

东北师范大学出版社出版发行
长春净月经济开发区金宝街 118 号(邮政编码:130117)
电话:0431－84568023
网址:http://www.nenup.com
东北师范大学音像出版社制版
吉林省吉育印业有限公司印装
长春市奢岭印刷产业园文开大街与文未路交汇(邮政编码:130033)
2023 年 6 月第 1 版　2023 年 6 月第 1 次印刷
幅面尺寸:185 mm×260 mm　印张:13　字数:285 千
定价:39.30 元

前　言

　　教育的对象是人，教育的可能性、必要性、目的、原则、方法等都与人相关。人性的各种表现、人的经历以及人所处的社会文化背景、风俗习惯、具体情景等，都是处于特定教育活动中的教师必须顾及的内容。

　　教育是一个系统工程，牵涉社会的方方面面。教学更多是在特定时空中发生的，所有教学都有教育性，其问题是具体的、情境的、动态的。教师身处其中的思想情感和言行反应都可以在观念上和理论上找到合理的解释和支撑，如果只是停留在行为上的"知其然"，强调技巧训练，而忽略了对"所以然"的观念和理论方面的深入体悟，就无法成为有实践智慧的教师。

　　为此，本书第一章至第七章侧重教学艺术理念的树立和体悟，主要介绍了教学的认识以及不同教学艺术观念的多维表现，旨在拓宽教师的视野，启迪思考。本书既不为教师支招儿，也不为教师解困，它只追求让教学理论的学习者和接受者能够被激发起作为学生或教师的种种体验，能够提供反思人类的多样视角，引导他们从不同学科的角度，包括心理的、社会的、哲学的、历史的、文化的等层面来理解和诠释教学行为中许多相关因素，以及拓展和采用不同的视角和思路去检视、解释教学实践中各种价值取向来发展自身的教育价值观、方法论，在寻求教学问题解决时形成政策制定的观点和能力；发展他们根据不同对象去确定教育目标、选择和开发课程资源的能力，使他们最终体悟教师职业的幸福。

　　第八章为实践探索，选取了一些典型的教学情景或事件，旨在提升解决教学实践问题的技巧和能力。这些教学情景或事件，叙述生动，有吸引力，能激发出学生在学校生活成长过程中的已有体验。它们有些是教师自己撰写的，有些是从报刊或网络中选来的，更多的是编者从事"教学艺术论"课程教学过程中收集到的学生作业。编者编选时将这些人在中小学校范围内看到的、感悟到的，或他们自身在教育成长和发展过程中发生的情景和事件描述、摘选出来，而略去了其思考、分析及解决问题的思路和方法的讨论，目的是提供让人产生共鸣、诱导思考的引子，但不至于局限学习者解决问题的思维和探究路径，以最大限度地提供宽广的时空背景和文化视野。

　　陶行知曾提到他的学习经验，他说："我拿杜威先生的道理体验了几十年，觉得他所叙述的过程好比是一个单极的电路，通不出电流。他没有提及那思想的母亲，这位母亲便是行动。路走不通，才觉有困难。走不通而不觉得困难，这是庸人。连脚都没有动而心里却虚造出万千困难，这是妄人。"陶行知体验这一道理的几十年历程，就是在情境中学习教育理论，在行动中充实教育理论。但是，教育理论的教学却不同，它不能排斥"妄人"，恰恰相反，它首先要在师范专业的课堂教学中培养出"脚都没有动而心里却虚造出万千困难"的"妄人"来，激发"妄人"作为教师、学生或其他社会角色的多重情境体验，并在这种体验的基础上为学习者思考教学现象提供不同的视角和思路，进而使其在现在或未来的教学实践活动中，能够提出解决教学困难和思考教学问题的种种方案和措施，并且能全面分析、权衡其优缺点和适应性。

　　本书既有对教与学相关理论的生动阐释，也有长期从事教师教育课程的高校教师长期教学实践经验的总结提升。范远波和沈辉香共同制订全书的编写大纲，沈辉香负责统稿工作。各章节撰写工作如下：第一、二、三、七、八章，范远波撰写；第四、五、六章，沈辉香撰写。

　　在本书的撰写过程中，我们借鉴、参考和引用了大量研究成果，在此谨对这些成果的著作权人和作者们表示最诚挚的感谢和敬意。

　　由于学识有限，书中难免疏漏之处，敬请各位专家、教师和学生批评指正。

目 录

第一章　教学艺术概述

　　　教学艺术的核心在于创造，教法的创新是获得良好教学效果的关键。教学艺术追求让学生在轻松中掌握知识和技能。回忆一下：你求学历程中有哪些教学设计让你至今记忆犹新？你认为应该如何设计教学过程，才能让学生的学习轻松愉快且有坚实的进步？

　　构成事物的各要素之间的内在联系是事物区别于其他事物的根本所在。**教学作为一个系统工程，人们对它的认识角度不同以及对其要素的分解不同，带来了对教学是什么的不同认识。**

第一节　教学艺术的本质

　　教学作为一种人类的活动，每个人对于这种活动都具有一定的感性认识和理性思考，只是有的认识和思考的深度和广度还有所欠缺。很多人对教学并非完全不了解，而是处于似知非知、似懂非懂之间，处于有所了解又有所不知的状态。高尔基说："世界上没有东西是叫不出名字来的。语言是一切事实和思想的外衣。"（《和青年作家谈话》）但是，叫出名字来，并不代表我们能认识和了解这一对象。比如"汽车"这一对象，认识和了解它有两个途径：一是实物，通过所谓的感性认识，看到它就能叫出它；二是下定义，如汽车指的是用内燃机做动力，通常有四个或四个以上的橡胶轮胎的交通工具。社会生活和工作中的学习更多是前者，学校环境里的学习则更多是后者。教学艺术论课程不局限于后者，而是要在前者的基础上推动不同角度的理解和下定义。也就是说，我们不但要认识和了解教学是什么，还要知道，如果

对"教学是什么"的认识不是确定的,这会影响人的教学行为。让没有见过和用过汽车的人去了解汽车,就是识记定义。识记定义是难以提高教学艺术水平的,我们要提供和创设相应的教学情境去引发和养成学生的积极思考并做出行为选择的意识。没有这种过程体验和意识养成,只能知人所知,夸夸其谈;有了体验才能学以致用,躬行其事。因此,这里讨论教学是什么,不是将其作为一个具体概念来对待,而是作为一种认识、行为和态度来思考。

一、教学是什么的争论

教学是什么,是一切有意识地从事教育工作和研究教育的人所需要思考的问题。在近代教学论发展历程中出现了"形式教育"学派和"实质教育"学派的论争。"形式教育"学派认为教学是训练人先天具有的官能的过程,即促进人的内在官能显现、成长和完善的活动;"实质教育"学派则认为,教学主要是获得有用的知识、技能的过程,即心理内容不断充实的过程。

近年来我国学者对教学是什么,也提出了几种不同的观点:

一、教学是一种特殊的认识活动。教学是一种文化传承过程,个体在老师引导下掌握人类总体文明成果,是主体能动反映世界、改造自身的过程。

二、教学是一种特殊的交往。这种观点认为教学是一种师生间、学生间的交往活动,认为教学活动是一种对话和理解的活动,是一种师生共享知识、精神、智慧和意义的过程。

三、教学是一种特殊的实践。这种观点将教学的本质看成人的存在形式和生活形式,认为教学是以培养完满人格为目标,引导人去体验生活,理解世界、理解人生的价值和意义。

这三种不同的认识反映了现代教学论的丰富性,不同观点的争论,有助于人们开拓思路。

也有从研究手段、教学过程特征、教学效果等方面去认识教学的,于是引发了教学是艺术还是科学的争论。尽管教育学的奠基者之一夸美纽斯早就提出教学是"把一切知识传给一切人的艺术",但是他又在《大教学论》开篇点明其目的是"寻求并找出一种教学的方法,使教员因此可以少教,但是学生可以多学;使学校可以少些喧嚣、厌恶和无益的劳苦,多具闲暇、快乐和坚实的进步……"。[①]

赫尔巴特《普通教育学》将教育学建立在实践哲学和心理学的理论基础之上,前者是描述性的,后者是规范性的。教学理论研究朝哲学和心理学两个方向发展,

---

① 夸美纽斯. 大教学论 [M]. 傅任敢,译. 北京:教育科学出版社,1999,1-2.

落实在教学行为过程，就集中在教学是艺术还是科学的问题上。

从艺术角度说，艺术是以形象反映生活，给人们带来审美愉悦的一种社会意识形态。艺术求美，通过个别把握一般，体现多样化。教学活动就是师生自由创作的过程，每一节课、每一个教学情景都是师生共同创造的艺术品。

从科学角度来说，科学是借助概念、公式反映自然、社会、思维等客观规律的分科知识体系。科学求真，扬弃个别而抽象出一般，体现概念化，揭示普遍性。夸美纽斯提出"寻求并找出一种教学的方法"，就强调了这种普遍性，认为掌握了这种方法就可以使教员因此少教，学生可以多学。

教学是艺术还是科学，历来争论不止。"或问科学与艺术究何异？曰两者皆寄于外物，惟科学以外物为主，而艺术则终仍以人心为主。"[1] 艺术追求形式的新颖，引发共鸣；科学追求内容的新颖，激起惊讶。物理学家狄拉克指出："诗人描述的感情是每个人内在所有的，也都能理解的，但是他所叙述的方式是从未有人用过的；在物理学则正相反，我们用的是和其他人同样的语言，但表述的是以前任何人都不知道的知识。"

实际上这种争论牵涉如何看待艺术和科学的问题。关于这一问题，首先要弄清楚科学与艺术的共性和区别。从共性来看，一般认为艺术和科学的共同基础都是人类的创造力，它们追求的目标是真理的普遍性。从艺术活动和科学活动的效果来看，科学和艺术都是人类认识世界的态度和方式。朱光潜在《我们对于一棵古松的三种态度》中提到：

一切事物都有几种看法。你说一件事物是美的或是丑的，这也只是一种看法；换一种看法，你说它是真的或是假的；再换一种看法，你说它是善的或是恶的。同是一件事物，看法有多种，所看出来的现象也就有多种。

…… ……

假如你是一位木商，我是一位植物学家，另外一位朋友是画家，三人同时来看这棵古松。我们三人可以说同时都"知觉"到这一棵树，可是三人所"知觉"到的却是三种不同的东西。你脱离不了你的木商的心习，你所知觉到的只是一棵做某事用值几多钱的木料。我也脱离不了我的植物学家的心习，我所知觉到的只是一棵叶为针状、果为球状、四季常青的显花植物。我们的朋友——画家——什么事都不管，只管审美，他所知觉到的只是一棵苍翠劲拔的古树。我们三人的反应态度也不一致。你心里盘算它是宜于架屋或是制器，思量怎样去买它，砍它，运它。我把它归到某类

① 钱穆. 国史新论 [M]. 上海：生活·读书·新知三联书店，2005：69.

某科里去，注意它和其他松树的异点，思量它何以活得这样老。我们的朋友却不这样东想西想，他只在聚精会神地观赏它的苍翠的颜色，它的盘屈如龙蛇的线纹以及它的昂然高举、不受屈挠的气概。

这三个人的态度代表了人们认识和对待事物的三种不同态度，即实用态度、科学态度和审美态度。一个教学过程，可以从不同角度去认识和看待它，比如，可以从国家、社会、家长的教育期望角度，可以从教学促进师生共同成长的角度，也可以从教学过程的幸福感角度。对待教学过程的不同认识态度必然会带来教学行为方式的不同。在目前以人为本的教育价值取向下，我们更倾向于从艺术角度来认识教学，把教学看作一门艺术，这样更有利于促进学生身心健康成长，更有利于让教学过程要素——教师、教学内容、教学方法、学生等呈现活生生、多样化的状态。

从区别来看，科学与艺术的不同表现在：

一、研究对象不同。科学以自然和社会为对象；艺术的对象是人生，以人类社会生活的总体为对象。

二、研究手段不同。科学是借助概念、公式反映自然、社会、思维等客观规律的分科知识体系；艺术是以形象反映生活，给人们带来审美愉悦的一种社会意识形态。

三、研究目的不同。艺术求美，通过个别把握一般，体现多样化；科学求真，扬弃个别而抽象出一般，体现概念化。

四、影响效果不同。艺术引发我们的共鸣，科学则激起我们的惊讶。

教学内容的重要价值在于拓展学生的思维和视野，在于帮助学生梳理已有体验来开展思维训练以及刺激、诱导问题意识和"天才思想"的产生。比如在现实生活中，可能每个人都有虚荣心，"虚荣"是相对于"实荣"而言的，指没有实力但渴望享受与强大实力相匹配的荣耀、声望。世俗眼中的实力不外乎权势和财富等。比如玛蒂尔德没有法子让"一个有钱的体面的人认识她"，这就注定她只能靠幻想来满足虚荣了。幻想的内容自然是世俗中公认可作为实力标志的东西，那就是衣食住行方面的物质幻想。这其实也存在于学生心中。换句话说，每个人也许都有过玛蒂尔德那样的由虚荣引发的幻想体验，学习《项链》就等于重新唤醒，也等于进行了一种作文思路训练。又比如，一个4岁小男孩从8楼掉了下来，男孩的妈妈当时正在楼下晾晒衣服，看到这一情景，立即飞奔过去，赶在小男孩落地之前，把孩子抱在了怀里。这一消息在新闻上刊出之后，引起日本盛冈俱乐部的田径教练布雷默的质疑。因为根据报上刊出的示意图，他发现，要接到从25.6米高的地方落下的孩子，这位站在20米外的妈妈，必须跑出每秒9.65米的速度。而这一速度，在当时的日本，就是成绩最好的田径运动员都难以达到。田径教练敢于质疑，在问题意识驱动下进行探究活动，是一种科学的态度。教学艺术就是追求多样化的效果，可以是确定性的知识，也可以是不确定的精神和态度层面的收获。

◆案例分享

一个这样的老师

怀特森先生教我们六年级的科学课。在第一节课上，他问我们："谁知道一种叫作凯蒂旺普斯的动物？"同学们面面相觑，就连生物比赛得过奖的比利也惊奇地瞪大眼睛。

"哦，没有人知道。"怀特森老师笑笑，"那是一种夜行兽，在冰川期无法适应环境的变化而绝迹了。"说着，他从讲桌上拿出一件动物头骨，向我们描述起这种动物的特征来。讲完，他把头骨交给前排的同学，让大家轮流观察一下。我们饶有兴趣地传看，记笔记，有的同学还画了图。

第二天，怀特森老师对上次讲的内容进行了测验，我胸有成竹答好卷子交给老师。

但是，当试卷发下来的时候，我惊呆了。我答的每道题旁边都打着大大的红叉。我瞧瞧周围的同学，每个同学都不及格，比利正气恼地捶桌子呢。发生了什么事？

"很简单，"怀特森老师眼里闪过狡黠的光芒，解释道，"有关凯蒂旺普斯的一切都是我编造的。这种动物从来没有过。你们笔记里记的都是错的，错的当然就不能得分了。"

"从来没有过？那你那天拿的头骨是怎么回事？"比利问。

"那件头骨嘛，"怀特森老师笑了，"不过是马的头骨罢了。"

"那你为什么要在课堂上郑重其事地讲？为什么还要考试？这种老师算什么老师？"一股怒火升上了我的心头，我紧紧抿住嘴唇，控制着自己不嚷出来。教室里响起了不满的议论声。

怀特森老师摆摆手，让大家平静下来："难道你们没有想过吗？既然已经'绝迹'了，我怎么可能那么详尽地描述它的夜间视力、皮毛的颜色，以及许多根本不存在的现象，还给它起了个可笑的名字，你们竟一点儿也没有起疑心？这就是你们不及格的原因。"

怀特森老师说试卷上的分数是要登记在成绩册上的，他真这么做了。他希望我们从这件事上学到点儿什么。

并不是所有的人都能认识到这里面的价值。有一次，我把怀特森老师的事讲给一位邻居，他惊讶极了："那位老师不该这样捉弄你们。"我正视着他的眼睛，告诉

他："不，你错了。"

——《一个这样的老师》〔作者（美）大卫·欧文，有改动〕

可见，教学不仅仅是传授知识，更主要的是培养学生的怀疑精神和问题意识，让学生知道切忌人云亦云。客观事物的本质特征往往有具体的形态或具体的功能呈现出来，艺术的核心在于创新，不管人们怎么认识怀特森老师的行为，认为他是"捉弄"学生也好，不理解也好，怀特森老师毕竟在影响、推动着学生健康成长。因此，同是一个教学过程或者说教学活动，我们可以从不同的角度去看待它。所以，从教育学的角度来看，我们更倾向于把教学看作一门艺术。

二、教学是一门艺术

教学是一门艺术。艺术的感染力潜移默化地影响人，改变人的认识和观念。教学艺术不是一味迎合、娱乐学生，而是追求全面、长远的教育效果，为学生的终身发展奠基。教学艺术论作为一门实践性和操作性很强的学科课程，其作用就在于最大限度地提升学习者的理性认识，给学习者带来启发，让学习者能够养成结合理论重新思考所经历过的教学现象的习惯。它是教师发展到一定水平后的必然追求，既是教师把教学过程当作一种艺术享受的教学境界，也是教师对教育教学认识和理解的反映。

艺术创作是艺术家把自己对社会生活的认识和理解寄托在自己所创作的典型形象中的活动过程，它既是艺术家宣泄自己的情感，获得心灵洗礼的一种体验，也是艺术家反映社会生活、表达社会理想的一种手段。水平不高的艺术工作者总是容易陷入概念化、模式化的窠臼，而经验丰富的艺术家则总是呈现新颖的形象。

教学艺术与艺术创作都是影响和启迪人的活动。从活动的发动一方来说，教师或艺术家都需要全身心、忘我投入，如此呈现出来的教学情景或艺术情节才会达到心灵碰撞和境界提升的效果。从活动的延伸过程来说，两者采用各种手段和技巧都是为了抓住参与者的心，让参与者思维活跃、情感充盈。从活动的结果来说，两者都能给人带来心灵愉悦以及深远的回味和探究。具体表现在以下方面：

（一）主导角色相似

教学艺术的主导者是教师。教师是一种促进个体社会化的专门职业，具有传道者、授业解惑者、管理者、示范者、研究者等多重职业角色。履行这些职业角色离不开教师职业的专业化。

第一，教师职业的专业化体现在学科专业素养上。教师需要熟悉所教学科的基础知识、基本结构以及各部分知识之间的内在联系，了解学科的发展动向和最新成果。

第二，教师职业的专业化体现在教育专业的素养上。教育事业是社会性事业，受社会各种因素的制约和影响，同时能推进经济社会各方面的发展。教师必须充分认识教育满足社会需要和促进人自身发展的功能，既使教育教学满足社会多方面发展的需要，促进人的全面发展，又使教育教学为学生的个性发展提供充分的机会和良好的氛围。

第三，教师职业的专业化还体现在语言表达上。语言是教学中传授知识和影响学生的主要凭借，教师的语言应该简明、连贯、得体，富有感情和感染力。

艺术创作的主导者是艺术工作者或艺术家，他们也是知识渊博、经验丰富、语言表达能力较强的群体，他们同样担负着宣扬新思想、新知识，改造人类精神世界的重要使命。

（二）服务对象相似

教学艺术与艺术创作的服务对象都是现实社会中的人。尽管艺术作品也可能流传后世，影响后人，但从创作者自身来说，其最初主要还是为了影响现实中的人，为活生生的人提供精神食粮。正是为了充实人生、启迪人生，艺术创作者不断产出作品，服务人类大众。作为被服务者，人类大众在欣赏作品时还会主动地结合自身的生活体验进行再创造，一千个读者就有一千个林黛玉。教学对象也是活生生的人，教学艺术为特定年龄阶段的群体提供服务，这一阶段的人群处在快速成长发展中，是具有多方面发展可能性的人，教学艺术不但要充实他们的精神世界，帮助他们形成健康向上的生活方式，而且要为他们的终身发展奠定基础，激励他们不断追求有尊严、有质量的生活。教学艺术的服务对象是双向的，既服务于教师自身，也服务于学生。教师在了解学生的年龄特征、兴趣爱好、态度倾向的基础上，熟练运用各种技巧激发学生的思维和想象，获取成功感；学生在接受服务过程中，如同欣赏者欣赏艺术作品那样具有极大的主观能动性，能够结合自身的知识体验对服务成果进行独特建构和再造。

（三）过程特征相似

任何一种有意识的过程都围绕目的和手段展开。艺术创作出各种典型形象，目的是感染人、打动人。任何模式化、脸谱化的形象给人带来的都是枯燥、乏味和无聊，缺乏撞击心灵的效果和耐人寻味的意蕴。因此，艺术创作要力求体现形象性、情感性、审美性和独创性的特征。教学为了提高效率，更好地完成任务，也要借助于语言、动作、表情、图像等艺术要素，将抽象的知识体系经过加工、处理，变为融接学生已有体验、改变学生态度倾向、重组学生知识结构的关键因素。同时，要把整个教学艺术过程当作拓展学生视野的窗口，当作师生情感交流的纽带，当作终身学习能力培养的基地。

艺术创作运用不同的艺术手段创作出可供欣赏的典型形象，借以反映社会生活，表达作者的思想感情。有人将艺术分为语言艺术（文学）、造型艺术（绘画、雕塑、建筑）、表演艺术（音乐、舞蹈）、综合艺术（戏剧、电影）等。但不管哪种艺术形式，都离不开语言、动作、图像、音响、色彩、线条等构成艺术的基本要素。而这些要素是教学艺术营造教学情景所不可缺少的要素：语言用于传授知识、交流感情；动作，亦称身体语言，用于传情达意、课堂管理；图像（图表、教具、实物）用于感性直观；现代化教学手段（色彩、音响、图像）用于调动视、听觉和一切注意力。

虽然教学艺术与艺术创作所担负的任务不同，但它们运用的手段或表现手法有部分相似性，都需要创造性地选用和组合各种手段去营造活泼的氛围或扣人心弦的场景。

（四）功能效果相似

教学与艺术有着相似的功能。

艺术表现为认识功能、教育功能和审美功能。认识功能——使人们借助于艺术认识到许多关于周围世界的过去、现在和将来的情况；教育功能——使人在精神上感到充实，提供一种强大的精神武器；审美功能——使人与作品发生共鸣，随其悲痛而伤感，随其愉快而高兴，从中受到真善美的熏陶。

教学也具有这三大功能。教学使学生逐步掌握知识，摆脱似知非知、似懂非懂的朦胧状态，从不知走向知、从知之不多走向知之甚多的理性境界。教学改造人性，使学生掌握改造客观世界、建造美好生活的本领，树立辩证唯物主义世界观和培养良好的共产主义道德品质。教学展现教态美、语言美、行为美、字体美、声响美、气氛美、环境美，使学生身处教学过程中，如同欣赏一件艺术作品，沉浸在艺术美的感受之中，得到审美陶冶。

三、教学艺术的不同理解

教学过程与艺术创作过程具有相似性，教师和学生可以像美术家、音乐家、文学家那样自由地进行教学艺术创作，不过，这一创作过程既有师生之间的和谐相处、密切配合，也有师生对教学内容的默契认识以及彼此之间的心灵沟通和碰撞。当人们把教学艺术活动当作审美对象来看待时，对其本质的认识就产生了不同的看法。

第一种是把教学艺术的本质看成教学的审美性。美感是一种能给人带来心灵愉悦和境界提升的情绪状态。美感不仅仅体现在教师的仪态、语言和动作上，更主要的是能给学生带来心灵的撞击。

第二种是把教学艺术的本质看成教学的表演性。这种观点认为，教学是一种独具特色的表演艺术，教师与那些观看表演的人的关系决定了它是一门独特的表演艺术。苏联教育家马卡连柯认为，教师应该掌握戏剧的表演艺术，他说："凡是不善于模仿，不能运用必要的面部表情或者控制自己情绪的教师，不会成为良好的教师。"在他看来，教学艺术是一种综合的表演，需要声音、语调、目光、手势、肢体、表情等的配合，"既要快乐适时，又要生气得当"。教师在教学中的表演，是教师言行、神态和仪表的综合表演。教师把讲台当作舞台，粉笔、教具当作道具，通过一幕幕扣人心弦的表演来吸引和打动学生观众，赢得演出的成功。整个过程需要教师全身心投入，如戏剧谚语所说，"演员一散神，观众便走神"，教学应该营造氛围，抓住学生的注意力。

第三种是把教学艺术的本质看成教学的创造性。这种观点认为，艺术的生命活力是创造，离开了创造，艺术便不复存在。教学的生命力和感染力贵在创造，无创造便谈不上教学艺术。创造在实践中体现，没有实践便只能空谈创造。创造要考虑自身因素，选择自己驾轻就熟的方式展开教学，千万不要盲目照抄别人。创造还要考虑学生因素。教师面对的是富于变化的千差万别的青少年儿童，你不可能用事先准备好的刻板程序去解决课堂上出现的各种问题。无论是教学方案的设计、教学原则的运用、教学内容的处理、教学方法的选择，还是教学过程的组织、课堂偶发事件的处理以及教学语言、非言语行为的运用等，都需要发挥创造性。创造性贯串于教学的全过程之中，从起点到终点，而此终点又是下一个起点。

综上所述，我们认为，教学是有一定教育职责的教师和需要健康成长的学生的相互影响活动，这种活动具有双边性、人文性、艺术性。对教师来说，重在启迪引导而非扼制灌输；对学生来说，重在于审美愉悦中主动、积极地获得发展。

第二节　教学艺术的特点与功能

一、教学艺术的特点

教学艺术的特点是指教学艺术活动中呈现出来的能最大限度地促进有效教学的特征，是教学艺术本质在教学过程要素方面的具体表现。把握教学艺术的特点是运用教学艺术提升教学境界的关键。

（一）形象性
教学艺术主要运用生动、鲜明、具体的形象来达到教学目的。形象性是教育艺术美的首要特性。康德说："美是不涉及概念而普遍地使人愉快的。"黑格尔则认为美是理念的感性显现。可见,美感的产生离不开具体生动的形象。教育艺术美主要诉诸于审美主体的感官,也是具体形象的,主要体现在三个方面:一是实物的具体形象。如教学数字2、3的概念时,出示具体事物苹果等。二是语言的具体形象。如语言通俗,多用比喻、拟人手法。三是生活经验的具体形象。教师尽量以具体的生活现象引入课题,以生动形象的教学表演来推动教学的发展。如特级教师斯霞给一年级学生讲"颗颗稻粒多饱满"这一句话时,学生对"饱满"这个词理解不深,总是停留在"麦子长得饱满""豆子长得饱满"的具体实物层面。为了让学生全面弄清这个词的意思,她忽然走到门口,胸脯一挺,头一仰,两眼炯炯发光,然后问:"你们看,老师现在精神怎么样?"学生说:"老师的精神也很饱满。"她又说:"那让我看看你们的精神怎么样。"学生一个个挺起胸脯,坐得端端正正。[①]

(二)情感性

教学艺术需要教师情感充沛、丰富,具有对学生、对教育事业、对学科专业的强烈的爱。陶行知曾对他那些从事教育工作的学生寄语"捧着一颗心来,不带半根草去",希望他们对学生、学校要有无私的爱。俄罗斯有句俗话:"漂亮的孩子人人都喜欢,而爱难看的孩子才是真正的爱。"《孟子》说:"老吾老以及人之老,幼吾幼以及人之幼。"情感性要求教师把学生当成自己的亲人一样来关心和尊重,并把它融入日常的教学活动中,以自己的热情、乐观、自信、宽容去营造健康向上、和谐融洽的教学情景和学校氛围。值得注意的是,教师的情感展露方式应当合适,否则会走向反面,被学生当成干涉和拘束而给予抵触。有些老师总喜欢找学生谈话,做思想工作,苦口婆心。苦口就是说得多,婆心就是面面俱到地关心,如老太婆那样啰唆。这样会让学生感到讨厌。首先,教师的情感表达要设身处地从学生角度考虑。苏霍姆林斯基说:"儿童不会谅解那些态度冷淡,缺乏感情,好作长篇说教,总想置身于孩子的忧虑和激动之外的教师。"其次,教师的情感表达要随着教学内容的变化而有所变化,该轻松愉悦时不能板着脸孔,该严肃庄重时不能诙谐调侃。教师的情感要与教学内容保持协调。

(三)审美性

审美性是教学艺术的突出特点,在教学艺术展现过程中,教师、学生、教学活动、教学内容和方法等一切表现都是审美对象,都应该成为教学艺术过程的审美主体或者说审美享受者——教师和学生获得美感的基础和来源。教学艺术的审美性主

---

① 李如密.教学艺术论 [M].济南:山东教育出版社,1999:92.

要体现在教学过程的连贯、教师语言的幽默、教学细节的生动以及教学行为的即兴表演等方面。

首先，保持教学过程的连贯性和张弛性，要求教师调整好教学节奏，而不是通过一系列的问题就可以推动教学进程。如，有个教了 25 年小学语文的老师苦恼不知道怎么教，他说，现在有许多老师问、学生答的问答法。比如教《刘胡兰》一课，老师一开始就问这篇文章是写谁的，学生举手说是写刘胡兰；老师问怎么知道的，学生答题目就是刘胡兰；老师接着问这个故事发生在什么时候，学生答 1947 年 1 月 4 日；老师又问你怎么知道的，学生答课文第一句就这么写的。这样按课文内容一句一句地往下问，教师自以为实现了课堂教学的连贯性，实际上只是教师提问的连贯性。课堂教学既是教师和学生的互动过程，也是学生与学生思想交流的过程，整个过程的流畅、自然是在心灵上实现的。像这样的教学过程，课堂气氛沉闷、压抑，学生思维受到了阻塞。

其次是教师语言的幽默。幽默给人带来轻松愉悦感，但除此以外还要给人启发。我国许多著名的教育实践家都非常注意课堂的轻松愉悦。钱梦龙老师遇到这样一个细节，有一次，他要求同学们尽量不要看书回答问题，他问："如果实在忘了怎么办？"下面有个学生就小声说"偷看一下"。钱老师马上说："偷看一下，说得好呀！别笑，偷看也是一种能力呀，很快地在书上一眼扫过，就马上找到自己所要的那个词、那个句子，不也是一种能力培养吗？不过，请注意，考试的时候可不要培养这种能力。"幽默的话语，就把一个课堂突发事件轻松带过了，又让学生受到了教育。

再次，教学行为的即兴表演性。这是指不事先酝酿、排练的临场发挥，既顺乎教学情景，又与周密的教学计划不产生矛盾。如：有教师教学《桂林山水》时，叫学生解释"无瑕翡翠"的"瑕"。一个学生说，瑕就是斑点。老师觉得这个理解有偏差，那么，如何纠正呢？直接指出，效果肯定不好。于是，该老师马上指着自己洁白的衬衣说："这么说来，我今天就穿着一件无瑕的白衬衣啰。"预习时查了字典的人立即纠正，没查字典的同学也瞪大眼睛想了解个究竟。经这样一个即兴表演场景，加深了学生对"无瑕"的理解和记忆。

（四）个体性

教学是共性和个性的统一过程。教学的共性体现在学科的知识结构和儿童的心理发展阶段上，教学的个性则更多体现在教师的教学风格上。教学是一种创造性的精神劳动，同样的教材，同样的学生，因不同的教师发挥，而风格各异。因为思想、气质、知识结构、审美情趣、特长爱好和教学能力不同，教师在针对不同的教材和学生实际从事教学活动时，都会有自己的选择和侧重，采取自己得心应手的方式方法，

创造出自己独特的教学风格。以语文课为例，有的教师长于朗诵，激发学生情感，突出以情动人；有的善于启发诱导，深刻剖析课文的哲理，突出以理服人；有的写作、板书能力强，以写作为序，以板书为线安排教学。正是教学艺术鲜明的个性特点，才使教学艺术风格千姿百态。

（五）创造性

教学的生命力和感染力贵在创造，无创造便谈不上教学艺术。创造性是教学艺术最本质的特点，它决定着教师教学艺术水平的高低，关系着教学的成败。教学中无时不存在创造性。教师面对的是富于变化的千差万别的青少年儿童，不可能用事先准备好的刻板程序去解决课堂上出现的各种问题。马卡连柯主持高尔基教养院的时候，有位学生从食堂储藏室中偷了一只烧鸡，被人抓住。马卡连柯把那个学生叫来，问他："为什么这样做？"这个学生回答说："想吃。"于是马卡连柯把所有的学生集合起来，叫那个偷鸡的学生当场把他偷来的鸡吃掉。在众目睽睽之下，那个学生怎么也吃不下，请求宽恕，并表示今后不再干这样的事情。一个偷窃事件得到了圆满的处理，那个学生从此改正了偷窃的恶习。后来，马卡连柯的学生卡尔巴诺夫主持的一个少年违法者教养院里，发生了一次学员偷面包的事件，卡尔巴诺夫想运用马卡连柯的现成办法来教育那个学生。没想到，那个学生却当场平静地拧下一块他偷来的面包，旁若无人地大口吃起来，完全没有达到卡尔巴诺夫预想的结果。卡尔巴诺夫感到迷惑不解：为什么同样的事情，采用同样的方法，却得到了截然相反的结果呢？同样是偷窃事件，但偷窃者的思想状况、当时的学校情况不同。马卡连柯之所以那样做，是因为他深深地了解那个学生的思想状况，并且教养院已经形成了一个有着正确舆论的集体。而卡尔巴诺夫却没有想到这些，死搬硬套，结果事与愿违。[①]

二、教学艺术的功能

教学艺术的功能是指教学艺术在教师和学生的身心愉悦和发展上所产生的影响作用。考察教学艺术活动的过程和结果，教学艺术大致有以下五种功能。

（一）营造教学情境的功能

杜威说："一位教师若能激发起学生的热情，就能取得成功。任何公式化的方法，不论它们如何正确，都不能奏效"。[②] 因此，营造自由的课堂氛围是问题孕育的温床，

---

① 何齐宗. 教育美学［M］. 重庆：重庆出版社，1995：41.
② 杜威. 我们怎样思维·经验与教育［M］. 北京：人民教育出版社，1991：26.

也是刺激和活跃问题意识的重要保障。教师应该在明确教学内容的基础上，充分考虑学生的已有经验，有意识地创设符合需要的情境，以使学生的问题意识在一个清晰的状态下延伸，并让他们能获得一种探究的满足而主动参与到教学过程中去。钱梦龙老师教学课文《愚公移山》时，在分析课文时从称谓人手。他问愚公妻称愚公什么，学生答"君"；他又问智叟称愚公什么，学生答"汝"。然后，钱梦龙老师抓住这不同的称呼设疑，这样就让学生能够深入感受到智叟看不起愚公的心态，并从"汝"中体会到"不客气""瞧不起"的意味。再如，有教师教学《察今》时，给学生提了一个问题：《循表夜涉》《刻舟求剑》《引婴投江》等寓言故事中干蠢事的人为何都跟楚国人扯上关系呢？学生认真翻看课文，发现确实是呀：《循表夜涉》的第一句是"荆人欲袭宋，使人先表澭水"，《刻舟求剑》的第一句是"楚人有涉江者"，《引婴投江》开头没有说何地人，但最后说"荆国之为政，有似于此"。这样，一下子就把学生的注意力调动起来，接着教师把学生引入对《吕氏春秋》的作者及其写作背景的介绍。总之，教学任何内容，教师都要力求寻找有趣且切近现实生活的问题去吸引学生，并推动学生以各种不同的方式和角度去感知、理解教学内容。用一种标准去套住学生的认识，或只用一种思路和体验去演绎课文，都会压抑学生的个性，使他们产生一种厌恶感。

（二）活跃学生思维的功能

要活跃而不是控制学生的思维，教师要把握好教学进程和节奏，给学生提供独立思考的机会。长期以来，教师习惯于自己提出问题，然后启发引导学生往自己设计好的套子里套。有些问题甚至并不成为问题，完全是教师为了控制学生而设置的；有些问题虽然能引起学生根据已有资料去积极探求答案，但是教师对异样的声音却不加重视，千方百计引导学生朝自己预定的答案上靠拢。如果学生心中偶尔掠过一丝疑问，并进行独立思考，往往会被认为是在开小差，教师会突然提问，以证明其是否在认真听课。这样，学生思维一直被老师牵制着，没有独立思考的空间，只能思考教师的问题、接受教师的结论。杜威认为"一切真正的教育，其终点必在训练之中。但是它的过程却在于使其心智为其自身的目的而从事有价值的活动之中"[①]。教师不能把整个教学过程当成控制学生的过程，不能以自己的思考来代替学生的思考，应该使其心智为其自身的目的服务，让他们天生拥有的实验和检验的内在愿望和他们心智本身的逻辑得到应有的发展；应该多给学生提供独立思考的机会，让他们在独立自觉的思考中去形成清醒的、细心的、透彻的思维习惯。陶行知也指出："对于一

---

① 杜威. 我们怎样思维·经验与教育 [M]. 北京：人民教育出版社，1991：71.

个问题，不是要先生拿现成的解决方法来传授学生，乃是要把这个解决方法如何找来的手续程序，安排停当，指导他，使他以最短的时间，经过相类的经验，发生相类的理想，自己将这个方法找出来，并且能够利用这种经验理想来找别的方法，解决别的问题。"[①] 学生在解决问题的过程中会有自己的思考，会有自己的疑惑，教师要引导学生自己寻找答案，使其接受思维训练。

（三）愉悦学生身心的功能

愉悦身心需要一个良好的教学氛围，师生和谐共处、配合默契，教学任务在师生愉快的、顺畅的交往中完成。假如课堂秩序混乱，教师台上讲，学生台下闹，教学关系紧张，那么教学就是一个痛苦的过程，大家都巴不得这节课早点结束。在良好教学氛围中的师生，如同欣赏一件艺术品那样，忘记了时间的流逝，下课铃响了仍会意犹未尽。

愉悦身心需要引发学生的联想。现在的旅游业和饮食业都很注重引发顾客的联想，给他们带来温暖和舒心感。比如给旅游景点命名，把普通的路称为"情侣路"，并赋予传说和故事。给普通的菜肴取一个有趣的名称，如将黄豆炒黄豆芽称为"母子相会"，把猪腿拌肉圆叫作"一脚定乾坤"，把煮花生米和炸花生米拼在一块叫作"一果两制"，把豆芽炒猪头肉称为"乱棍打死猪八戒"，把猪舌头和猪耳朵拼的冷盘叫"悄悄话"，把清炒青辣椒和红辣椒的菜肴称为"绝代双骄"，等等，都是在利用联想来给人带来愉悦感。教学上同样应该拓展学生的视野，引发学生的丰富联想。联想通常有四种：类似联想、接近联想、对比联想、因果联想。类似联想，是指由事物间的相似点而形成的联想。李白的诗句"云想衣裳花想容，春风拂槛露华浓"，由天上的云联想到人的衣裳，由花的美丽想到人的容貌，其联想基础就是云与衣、花与容的相似。白居易的诗句"日出江花红胜火，春来江水绿如蓝"，也包含丰富的类似联想。接近联想是指由于事物空间和时间特征的接近而形成的联想。苏东坡到赤壁，便"遥想公瑾当年，小乔初嫁了，雄姿英发"。王维"独在异乡为异客，每逢佳节倍思亲。遥知兄弟登高处，遍插茱萸少一人"，也是接近联想。科学上，门捷列夫利用接近联想，提出了一些空位上的未知元素，并预测了这些元素的物理、化学性质。对比联想是指由具有相反特征的事物或相互对立的事物引起的联想。人们常从白想到黑，从水想到火，从冷想到热，从上想到下，由对称想到非对称，等等，都是对比联想。在科学上，法拉第由电生磁联想到磁也可生电，从而发现了电磁互生原理，是运用对比联想的典型例子。因果联想是指由事物之间的因果关系而形成的联想。因果

① 华中师范学院教育科学研究所. 陶行知全集：一 [M]. 长沙：湖南教育出版社，1984：88.

联想的事例不胜枚举。英国细菌学家弗莱明为了弄清"为什么培养器皿中的细菌大量死亡"的问题而发现了青霉素，后来医生用它来治疟疾和一些细菌感染的疾病。德国化学家李比希到英国考察，有工厂制造柏林蓝，大锅配好有机溶液，工人用铁棍在大锅里搅拌。工人多次操作经验是用力搅拌，搅拌的声音越大，柏林蓝质量越好。李比希由此进行思考，找到原因所在，提高了柏林蓝的质量，还减轻了工人的劳动强度。

（四）生成学生智慧的功能

"智慧"与"知识"不同，陶行知认为智慧是天生的，知识是学来的，"说话能力是生成的，属于智慧；说中国话、日本话、柏林话、拉萨话，便是学成的，属于知识"[①]。知识与智慧的区别一目了然。教学生成智慧，主要指教学过程要能给学生以示范、点拨、启发、诱导，吸引学生注意力，培养学生观察力，锻炼学生记忆力，促进学生思维力，发展学生想象力和创造力，并提高学生分析、解决实际问题的能力。同样的大纲、课程，同样的学校、环境，同样的教室、学生，同样的教材、仪器设备，但不同的教师，甚至同等文化水平的教师去讲授、去使用，所取得的教学效果却不一样。究其原因，就是追求和研究教学艺术的教师，能灵活地运用教学艺术的技巧，在课堂上创设情境，启发诱导，不时点拨，或用优美的比喻，或用生动的实例，或用精辟的语言，或用贴切的风度，升华教学的感染力，激发学生的求知欲，鼓励学生自我探索，提倡学生求异思维，真正做到让学生动脑筋、想办法、找答案、解决问题，从而实现既传授知识，又发展学生智力，培养学生能力的目的。智慧更多体现在看问题或解决问题角度的新颖和思路的严密。

（五）提高学生审美水平的功能

教学艺术通过营造和谐融洽的教学氛围，创造引人入胜的教学情景，进行美育，净化学生的心灵，从而培养学生正确的审美观点和审美情操，提高其感受美和创造美的能力。具有精湛的教学艺术的教师往往意识到自己不仅是作为教师在讲课，而且同时是作为艺术家在表演，作为审美对象在塑造着美的形象。他们总是能引起学生的审美感受，使课堂充满张弛有序、活跃愉快的艺术感染力；他们总是以自己独有的内在美和外在美作为学生审美和欣赏的对象，激起学生良好的审美体验。

教学艺术活动需要具有较高审美修养的教师，这种修养渗透在他们的工作和行为中，他们不光运用丰富的知识和娴熟的技巧，更重要的是按照美的规律来塑造学生的精神世界。他们用端庄、大方的仪表美，用自然亲切的教态美，用严谨、有序的

---

① 华中师范学院教育科学研究所. 陶行知全集：一 [M]. 长沙：湖南教育出版社，1984：86.

理性美等，来吸引学生，感染学生，打动学生。这种教学的美能充分调动学生的视觉、听觉及一切非智力因素参与学习过程。教学艺术越高超，体现教学艺术的美感就越强，就越加丰富多彩。这种美感会产生强烈的感染力，震动学生的心灵，激起他们对所学知识产生肯定的、积极的情绪体验，引发学生热爱知识、追求知识、探索未来世界的愿望。教学艺术会促使教学双方产生相互理解、相互信任、相互热爱的情感，密切师生关系。教学艺术也能促使学生对美的事物产生爱的追求，消除不专心、开小差等杂念，甚至激发学生模仿美的语言和动作。学生在教学艺术创造的美的海洋中遨游，自然会得到美的陶冶，从而端正自己的思想，净化自己的心灵。

具有教学艺术的课堂和活动是师生共同创造的艺术品，是教师和学生共同的审美和欣赏对象，这体现了教学艺术的美育功能。

第三节　教学艺术的历史发展

一、西方教学艺术思想的发展

西方对教学艺术的认识和研究可以上溯到古希腊。古希腊苏格拉底、柏拉图以及古罗马的西塞罗、昆体良等人的教育艺术实践，都体现了教学艺术思想。古希腊的不少智者直接从事教育工作，创立并讲授文法、修辞学和辩证法，教给学生论争辩驳的艺术。其中，苏格拉底的"精神助产术"对西方古代教学艺术实践的影响最大。苏格拉底以他是"高贵、健壮的助产婆芬尼兰托的儿子"为自豪，他宣称自己也"习于施行同种技术"，不同的是，他所实施的对象是灵魂而不是肉体。苏格拉底在施行"助产术"时所采用的方式是问答法，即通过发问与回答的形式，运用比喻、启发等手段，使对方对所讨论问题的认识从具体到抽象，从特殊到普遍，一步步逐渐深入，最后得出正确认识，"生下自己孕育的真理胎儿"。这种方法，一般被总结为四个环节：反讥、归纳、诱导和定义。

◆**案例分享**

苏格拉底与人探讨"欺骗"是正义还非正义的问题。如果一个人急于回答，把"欺骗"放在非正义一边，接下来，苏格拉底就会发问："如果在作战期间欺骗敌人，他所做的不也是正义的吗？"当对方觉得这类事情放在敌人身上是正义的，但是，放在朋友身上却是非正义的。这时候，苏格拉底也承认了这个界限，这一类事情做在敌人身上，是非正义的，但是做在朋友身上却是非正义的，对朋友必须忠诚坦白。当对方认可这一点的时候，苏格拉底又会提出问题："如果一个将领看到军队士气消沉，就欺骗他们说，援军快要到了，因而制止了士气消沉。我们应该把这种欺骗放在正义和非正义的哪一边呢？"当对方难以做出回答的时候，苏格拉底会继续往下追问："比如一个儿子需要服药，却不肯服，父亲就骗他，把药当饭给他吃，用这种欺骗的方式让儿子恢复了健康。这种欺骗的行为应该放在正义和非正义的哪一边呢？再比如，一个人因为朋友意气沮丧，怕他自杀，把他的剑或其他这一类的东西偷走。这种行为又应该放在哪一边呢？"最后苏格拉底引导对方得出结论：即使对于朋友，也不是在任何情况下都应该坦率行事，这才是正义！事实上，这个思想并不是苏格拉底强加给对方的，而是对方头脑中固有的，苏格拉底只不过借助于精当的分析，使对方的思路一步步走向清晰、准确，最后自然而然地得出结论。①

这就是所谓的苏格拉底的"助产术"，它并不直截了当地将知识教给学生，而是通过讨论、问答甚至辩论来揭示对方认识中的矛盾。教师不是传播真理，而是做真理的"助产婆"。

古罗马的演说家和教育家昆体良也是讲究教学艺术的典型代表。他所著的《雄辩术原理》是一本修辞学教材，也是一部教育学论著。在他看来，教师不应该用体罚去鞭策儿童，而应该用教师的热情和学科本身所引起的兴趣去保证儿童的学习积极性。教师的教学语言要清晰，讲解明白易懂，学习内容要经常变换以调剂学生的精神，使他们处于活跃状态。同时，教学要张弛结合，注意给儿童提供休息和游戏的时间。他认为休息和游戏可以恢复精力，并能让儿童以更愉快的精神投入新的学习活动中去。

到17世纪，捷克教育家夸美纽斯沿着昆体良的思路，立足于教育的实践。他从"学校本身应当是一个快意的场所，校内外看上去都应当富有吸引力"出发，就教学艺术提出了一系列有益的建议。夸美纽斯认为，学校不应该成为儿童恐惧的场所，不应该成为他们才智的屠宰场，教师应该围绕学校生活的吸引力去从事教学。这个吸引力需要全体老师去创造、丰富校园文化，共同把学校打造成花园、学园和乐园。夸美纽斯要求学校应有清洁明亮的教室，饰以图片和伟大人物的图片，提供可以游戏的空地和可供观赏的花园。他非常重视学生的学习主动性，认为人的天性是渴求

———————
① 色诺芬. 回忆苏格拉底 [M]. 吴永泉，译. 北京：商务印书馆，1984：150-152.

知识的，教师应采取一切可能的方法去激发学生的求知欲，用温和的态度对待学生，循循善诱使授课富有吸引力，利用图片和其他直观教具进行教学，以引起学生的好奇心和学习兴趣，使学习进行得轻松而又愉快。他认为美的学校环境会使儿童得到美的享受，乐于学习。他的《大教学论》强调，他所提出的每一项建议，"都是根据事情的基本性质提出的，它们的真实性都是经过了几种技艺的证实的，它们的顺序都是明晰地按年、按月、按日、按时间安排的……"。[①]

19世纪初，赫尔巴特发表《普通教育学》，有意识突破对教育问题的思辨式探讨，认为不要过多地纠缠于目的、理想、需要的合理性问题，因为"通过教育要想得到什么，教育要求达到什么目的，这是由人们对事物的见解决定的"。赫尔巴特指出，卢梭有卢梭的见解，洛克有洛克的见解，这受制于各种不同的立场和观点。[②] 虽然见解对于教育实践者来说非常重要，有助于教育实践者更好地利用现实条件去实现目标，但它并不是研究者的设想和教导所能推销给教育实践者的，教育实践者各有其自己的见解。因此，赫尔巴特提出，"教育者应当带着什么样的意图去着手进行他的工作，这种实际的考虑，或许暂时可以详细分析到我们按迄今具有的认识所必须选择的各种措施为止，这在我看来就是教育学的前半部分。与此相适应的还应当有后半部分，就是要在理论上说明教育的可能性，并按各种情况的变化去说明它的界限。但是，直到现在为止，这样的后半部分像其必须赖以为基础的心理学一样，只能是一种虔诚的愿望而已。一般人把这前半部分作为一个整体，而我姑且也赞成这种说法"。[③] 显然，赫尔巴特倾向于把教育研究集中在"各种措施"上，而这些措施恰恰就是教学艺术的现实体现。

此外，卢梭、第斯多惠、斯宾塞，以及苏联的乌申斯基、马卡连柯、赞可夫、巴班斯基、苏霍姆林斯基等都分别从各自的教育观出发，提出了自己的教学艺术见解。如卢梭提出顺应儿童身心自然发展的特点来进行教育，反对成人按自己的意志强迫儿童接受教育。他主张让儿童主动地进行学习，而不是被动地接受成人的传授。他要求教师"不按照成规来管教你的学生，要放任无为才能一切有为。……如果你不首先培养活泼的儿童，你就绝不能教出聪明的人来"。[④] 苏霍姆林斯基在《给教师的一百条建议》中认为，教师是和生活中最复杂、最珍贵的无价之宝，也就是人在打交

---

① 夸美纽斯. 大教学论 [M]. 傅任敢，译. 北京：教育科学出版社，1999：1-2.

② 赫尔巴特. 普通教育学·教育学讲授纲要 [M]. 李其龙，译. 杭州：浙江教育出版社，2002：7-9.

③ 赫尔巴特. 普通教育学·教育学讲授纲要 [M]. 李其龙，译. 杭州：浙江教育出版社，2002：13.

④ 卢梭. 爱弥儿：上卷 [M]. 李平沤，译. 北京：商务印书馆，1978：141.

道，他的生活、健康、智慧、性格、意志、公民表现和精神面貌，他生活中的地位和作用，他的幸福都取决于教师，取决于教师的能力、水平、工作艺术和智慧。[①] 他的其他教育著作，如《和青年校长的谈话》《巴甫雷什中学》《关于全面发展教育的问题》等，也蕴含丰富的教学艺术思想。苏霍姆林斯基认为，教师的教学艺术至关重要，而掌握教学艺术的一个重要前提是热爱学生。热爱学生是教师应具备的素养中起决定作用的一种，是教育艺术的基础。

教师不但自己要有爱心，还要培养学生的爱心。教师如果不注意这一点，在教学过程中无意识地伤害了学生，激发了学生的恨，那么这种情感将会不利于学生的健康成长。苏霍姆林斯基在他的教育著作中曾谈到过这样一件事：二年级某班女教师发现萨沙在课堂上思想很不集中，字写得不好，于是就提醒说："萨沙，写字要认真。"萨沙听了以后，把头低下去俯在练习本上。过了一会儿，女教师再看他写的字时，发现错字更多了。她生气地说："萨沙，你是在写字，不是逛马路！"这时候，与萨沙同桌的学生说："老师，萨沙的外祖母去世了，是昨天下葬的。""外祖母？"女教师冷冷地说，"外祖母的死与写字有什么关系？外祖母归外祖母，学习必须认真！"女教师的话刺痛了萨沙的心。他一声不响，暗自流泪。外祖母是萨沙最亲的人，她的去世给孩子带来了巨大的痛苦，因此，他的思想集中不起来。而这位教师却如此冷酷。从此，萨沙恨透了这位教师，直到毕业。苏霍姆林斯基告诫说："除了教师和医生的职业以外，未必有其他的职业需要如此多的热忱……应当把自己的心分给每一个人，在自己的心中应当有每个人的欢乐和苦恼。同情心、对人由衷的关怀同教育才能是血肉相连的。教师不能是一个冷漠无情的人。"[②] 由此看来，教师缺乏爱心和同情心的言行表现，尽管是小事，当下不会带来太大的恶劣影响，但是，在儿童人生的发展过程中却是一个不容忽视的阴影。

二、我国教学艺术思想的发展

在我国漫长的教育发展历程中，有不少教育家发表过教学艺术方面的独到见解，有些观点直到今天仍具有重要的参考价值。早在两千多年前，我国伟大的教育家孔子就非常重视教学艺术的意义。他认为"乐学"是学习过程的最高境界，《论语·雍也》记载："知之者不如好之者，好之者不如乐之者。"他在《论语·述而》中倡导启

① 苏霍姆林斯基. 给教师的一百条建议［M］. 周蕖，王义高，等译. 天津：天津人民出版社，1981：3.

② 何齐宗. 教育美学［M］. 重庆：重庆出版社，1995：107.

发教学，他说："不愤不启，不悱不发，举一隅不以三隅反，则不复也。""愤"是指心里想求通而又未通，"悱"是内心想说又不知道怎么说，这些都强调了学生的积极思考。孔子认为如果没有学生的积极思考，学生不会通过一个例子来推断认识其他情形，那么就不用再教他了，因为他不用心思考。因此，启发诱导的关键是能引导学生积极思考。

我国古代教学艺术的集大成者《学记》对启发诱导作了更具体的阐述。《学记》云："故君子之教，喻也。……道而弗牵则和，强而弗抑则易，开而弗达则思。和易以思，可谓善喻矣。"教师要想方设法找到学生的闪光点给予鼓励，对学生的进步表达赞赏敬佩之情，使他们对自己充满信心，在学习过程中培养起乐观上进的精神。《学记》还提出启发诱导要从多方面进行，认为"君子知至学之难易，而知其美恶，然后能博喻；能博喻，然后能为师；能为师，然后能为长；能为长，然后能为君"。

对教师的修养，荀子在《荀子·致士》中提出了更高的要求，他说："师术有四，而博习不与焉。尊严而惮，可以为师；耆艾而信，可以为师；诵说而不陵不犯，可以为师；知微而论，可以为师。"教师除了有渊博学问之外，还应具备四个基本条件：一要有尊严威信，让人产生敬畏感；二要有丰富的阅历和崇高的信誉；三要讲述清晰严密，能够根据教材的内在逻辑，循序渐进，有条不紊；四要能阐发微言大义。

除启发诱导外，我国古代教学艺术思想中因材施教的要求对教学实践影响也比较大。因材施教是孔子作为老师践行的基本原则，也是他在教学活动中经常采用的方法，既包括因人施教，也包括因境施教。《论语·先进》篇写道：

子路问："闻斯行诸？"子曰："有父兄在，如之何其闻斯行之？"

冉有问："闻斯行诸？"子曰："闻斯行之！"

公西华曰："由也问'闻斯行诸'，子曰'有父兄在'；求也问'闻斯行诸'，子曰'闻斯行之'。赤也惑，敢问。"子曰："求也退，故进之；由也兼人，故退之。"

孔子因为子路和冉有的性格不同而采用不同的教学。即使是同一个人，由于其性格、需求、情感的表现是动态的，往往与具体的情景相伴随，为此，孔子还根据不同的场景来采用不同的教学，如樊迟的三次问仁，孔子分别给予不同的回答：

（樊迟）问仁。曰："仁者先难而后获，可谓仁矣。"（《论语·雍也》）

樊迟问仁。子曰："爱人。"（《论语·颜渊》）

樊迟问仁。子曰："居处恭，执事敬，与人忠。虽之夷狄，不可弃也。"（《论语·子路》）

孔子的因材施教充分考虑到了教学对象静态的性格、品质和动态的表现和需求。

孟子继承并发展了孔子的因材施教思想和实践，对因材施教作了具体阐述，他在《孟子·尽心上》中说："君子之所以教者五：有如时雨化之者，有成德者，有达财者，有答问者，有私淑艾者。此五者，君子之所以教也。"这"五教"实际上要求教学活动根据学生的资质和潜力来展开。《孟子·告子下》中认为："教亦多术矣！予不屑之教诲也者，是亦教诲之而已矣。"在孟子看来，教育有多种方式方法，即使是不屑之教，也是一种教育。正如孔子教育宰予："朽木不可雕也，粪土之墙不可杇也。于予与何诛？"对于宰予这样的人，还有什么好责备的呢？说没有什么好责备的，其实正是最严厉的责备。"不屑之教"的奥妙在于让他羞愧而奋发向上。它从反面或间接去教育、激发学生，不从正面讲道理、提要求。

在我国古代教学艺术思想中，明代的王守仁从儿童的需求角度对教学艺术提出要求，他说："大抵童子之情，乐嬉游而惮拘检，如草木之始萌芽，舒畅之则条达，摧挠之则衰痿。今教童子，必使其趋向鼓舞，中心喜悦，则其进自不能已。"教师如果没有考虑到学生的这些需求，"日惟督以句读课仿，责其检束而不知导之以礼，求其聪明而不知养之以善，鞭挞绳缚，若待拘囚。彼视学舍如囹狱而不肯入，视师长如寇仇而不欲见，窥避掩覆以遂其嬉游，设诈饰诡以肆其顽鄙，偷薄庸劣，日趋下流"，这样，不但会引起师生之间的冲突，而且把学生引向蒙骗下流的地步。因此，王阳明《训蒙大意示教读刘伯颂等》中提出教学应该"顺导其志意，调理其性情，潜消其鄙吝，默化其粗顽，日使之渐于礼义而不苦其难，入于中和而不知其故。是盖先王立教之微意也"。

梁启超也从儿童的需求角度提出趣味教育问题，他说："人生在幼年青年期，趣味是最浓的，成天价乱碰乱进，若不引他到高等趣味的路上，他们便非流入下等趣味不可。没有受过教育的人，固然容易如此；教育教得不如法，学生在学校里头找不出趣味，然而他们的趣味是压不住的，自然会从校课以外乃至校课反对的方向去找他的下等趣味；结果，他们的趣味是不能贯彻的，整个变成没趣的人生完事。我们主张趣味教育的人，是要趁儿童或青年趣味正浓而方向未决定的时候，给他们一种可以终身受用的趣味。这种教育办得圆满，能够令全社会整个永久是有趣的。"所谓下等趣味，一方面是指不能贯彻始终、以有趣始没趣终的趣味，另一方面是指不能公开、需要瞒人的，或者就是快乐和烦恼相续的趣味。那么教师应该如何去引导学生拥有好的趣味呢？梁启超认为重在唤起对学科的趣味，不在强求学生弄通学科知识，他说："教育家无论多大能力，总不能把某种学问教通了学生，只能令受教的学生当着某种学问的趣味，或者学生对于某种学问原有趣味，教育家把他加深加厚。所以

教育事业，从积极方面说，全在唤起趣味；从消极方面说，要十分注意不可以摧残趣味。摧残趣味有几条路，头一件是注射式的教育。教师把课本里头的东西叫学生强记，好像嚼饭给小孩子吃，那饭已经是一点儿滋味没有了，还要叫他照样的嚼几口，仍旧吐出来看。那么，假令我是个小孩子，当然会认吃饭是一件苦不可言的事了。"[1]吃饭与学知识一样，本是好事，如果教师没有让学生感受到趣味，将是一件苦差使。

我国著名教育家叶圣陶从学生的自学能力角度提出了教学艺术的要求，他说："教师教各种学科，其最终目的在达到不复需教，而学生能自为研索，自求解决。故教师之为教，不在全盘授与，而在相机诱导，在令学生运其才智，勤其练习，领悟之源广开，纯熟之功弥称，乃为善教也。"[2] 教师不需要教只是一种追求，重在要求教师的诱导，而非灌输，正如叶圣陶所言："教师当然须教，而尤宜致力于'导'。导者，多方设法，使学生能逐渐自求得之，卒底于不待教师教授之谓也。"[3] 叶老对培养学生自学能力的倡导，还在于把教师从烦琐的、无效的劳动中解放出来，他曾对教师改学生作文的辛劳无功提出建议，他说："我当过老师，改过学生的作文本不计其数，得到个深切的体会：徒劳无功。我先后结识的国文教师、语文教师不在少数，这些教师都改过不计其数的作文本，他们得到的体会跟我相同，都认为改作文是一种徒劳无功的工作。"他主张让学生处于主动地位，重在培养学生自己改的能力，教师只给些引导和指点，该怎么改让学生自己去考虑决定，养成学生自己改的能力。[4]当然，教师不需要教，不是一个一劳永逸的终点，而是一个引导学习的全过程。在教师指导下，学生乐学、愿学，自主学习、讨论，养成终身受用的学习能力，才是不需要教的落足点。

第四节　教学艺术的现代教学思想基础

现代教学思想是在全球化背景、人的心理探讨以及人的全面价值的认识基础上产生的，诸如多元智能理论、人本主义学习理论、建构主义学习理论等。下面从满足

① 梁启超. 趣味教育与教育趣味［M］//夷夏. 梁启超讲演集. 石家庄：河北人民出版社，2004：47-49.
② 中央教育科学研究所. 叶圣陶语文教育论集［M］. 北京：教育科学出版社，1980：721.
③ 中央教育科学研究所. 叶圣陶语文教育论集［M］. 北京：教育科学出版社，1980：719.
④ 中央教育科学研究所. 叶圣陶语文教育论集［M］. 北京：教育科学出版社，1980：157.

儿童多样化需求和促进儿童发展角度谈谈人本主义学习理论、多元智能理论和动机理论。

一、人本主义学习理论

人本主义是 20 世纪 50 年代末 60 年代初兴起，六七十年代迅速发展的心理学流派，由于其观点同近代心理学两大传统流派——弗洛伊德的精神分析和行为主义心理学均不同，被称为心理学中的"第三势力"。人本主义学习理论的代表人物主要有马斯洛、罗杰斯等。人本主义心理学强调学习过程中人的因素，必须尊重学习者，把学习者视为学习活动的主体；必须重视学习者的意愿、情感、需要和价值观；必须相信任何真正的学习者都能自己教育自己，发展自己的潜能，并最终达到"自我实现"。因此，人本主义认为师生之间必须建立良好的交往关系，形成情感融洽、气氛适宜的学习情境。

人本主义学习理论有一个基本假设，即每个人在其内部都有一种自我实现的潜能，犹如一粒种子，只要能给予适当的环境，就会生根、发芽、长大并开花、结果。在罗杰斯看来，每个人生来就是要实现茁壮地成长的，而且每个人基本上是积极的、求上进的，但是，当条件适合实现时，并非每个人都会做出一模一样的事。一个人可能选择被紧密融合到家庭生活以及对孩子的培养上，努力提高他在此背景下的体验，然而另一个人可能会非常投入地增强他的专业能力以及发展他认为有意义的社会关系。罗杰斯指出，没有必要去设想导致这些不同行为的不同动机，只要断定一种动机——实现倾向，并且继续研究导致实现倾向出现的条件就足够了，不论这是否涉及特殊行为。

学习就是这种天生的自我实现欲的表现，也就是人本主义心理学中的生成。基于这种观念，人本主义学习理论的重点便是研究如何为学习者创造一个良好的环境，使学习者从他自己的角度来感知世界，发展个人对世界意义的形成，从而达到自我实现的最高境界。

人本主义学习理论认为，真正的学习关系到整个人，教育者不仅仅是为学习者提供材料。真正的学习经验能够使学习者发现他自己独特的品质，发现他自己作为一个人的特征。因此，学习过程不仅是学习者获得知识的过程，更是发展健全人格的过程。比如，刚出生的婴儿是不知道自己是独一无二的独立实体的，当他们在生长发育过程中，父母和其他重要人物影响他们时，他们才意识到有一种"他"的东西，开始说"我想要……""把那个东西给我""这是我的"，以及"让我来做"，等等。孩子的这种自我意识刚开始时趋向于多变，有时感到"快乐"，有时感到"不安全"，有时感到"好斗"等等。罗杰斯认为人类有能力感知他们的全部体验。人本主义学习理论与只重视环境刺激、外显行为的行为主义学习理论及只重视认知发展的认知主义学习理论不同的是，它关注人的整体发展，强调人的尊严与价值，注重研究健康的、完整的人。

因此，教学艺术应首先解决"人为什么要学习"的自我实现需要问题，发展学生的个性，充分调动学生学习的内在动机，并创造和谐融洽的教学人际关系，这无疑对克服传统教学忽视培养个性发展和学生学习主动性不够等弊端非常有利。在教学内容上，人本主义学习理论强调学生的直接经验，学习者可自主发动学习，自由选择学习内容。由于要激发学习者的内在动机，教学内容必须是学习者感兴趣的，并能够引起其自主发动与选择的。在教学过程上，教师要为学习者创造一个良好的环境，让学习者从他自己的角度来感知世界，发展个人对世界的意义，达到自我实现。因此，教师应创设一种有利于学生学习潜能发挥的情境。教师的任务是帮助学生增强对变化的环境和自我的理解，而不应该像行为主义学习理论所主张的那样，用各种强化去控制或塑造学生的行为。在教学方法上，人本主义学习理论主张以学生为中心，放手让学生自我选择、自我发现。在教学评价上，人本主义学习理论强调自我评价，让学习者自己对学习的目的以及完成程度进行评价，并认为只有学习者自己决定评价的准则、学习目的以及达到目的的程度并负起责任，才是真正的学习。

二、多元智能理论

多元智能理论是由美国哈佛大学教育研究生院的心理发展学家霍华德·加德纳（Howard Gardner）在1983年提出的。加德纳从研究脑部受创伤的病人发觉到他们在学习能力上的差异，从而提出多元智能理论。传统上，学校一直只强调学生在逻辑——数学和语文（主要是读和写）两方面的发展。但这并不是人类智能的全部，不同的人会有不同的智能组合，例如：建筑师及雕塑家的空间感（空间智能）比较强，运动员和芭蕾舞演员的体力（肢体运作智能）较强，公关人员的人际智能较强，作家的内省智能较强，等等。

20世纪初，法国心理学家比奈发明了智力测验，用来测量人的智力的高低。不久，德国心理学家施太伦提出了"智商"的概念：智商即智力商数，用数值来表示智力水平。20世纪30年代，美国的亚历山大第一次提出"非智力因素"这个概念。所谓"非智力因素"是指记忆力、注意力、观察力、想象力、思维力等智力因素之外一切心理因素，主要包括动机、兴趣、情感、意志、性格等，这些非智力因素都是直接影响和制约智力因素发展的意向性因素。但是，这一理论提出后，并未受到人们的关注。20世纪60年代，哈佛大学教育研究生院创立《零点项目》，由美国著名心理学家戈尔曼主持。《零点项目》的主要任务是研究在学校中加强艺术教育，开发人脑的形象思维问题。在从这以后的二十年间，参与研究的科学家、教育家超过百人，他们先后在100多所学校做实验，对有的人从幼儿园开始连续进行20多年的跟踪对比研究，出版了几十本专著，发表了上千篇论文。多元智能理论就是这个项目在80年代的一个重要成果。哈佛大学霍华德·加德纳教授在参与此项研究中，首先重新考察了大量的资料，即关于神童的研究、关于脑损伤病人的研究、关于有特殊技能而心智不全者的研究、关于正常儿童的研究、关于正常成人的研究、关于不同领域的专家以及各种不同文化中个体的研究……通过对这些研究的分析整理，他提出了自己对智力的独特理论观点。加德纳认为过去对智力的定义过于狭窄，未能正确反映一个人的真实能力，人的智力应该是一个度量他的解决问题能力的指标。根据这个定义，他在1983年出版的《智力的结构》一书中，提出并着重论述了他的多元智能理论的基本结构，将智能分为三大组：与物有关的智能，包括视觉－空间智能、身体－运动智能、自然观察智能、逻辑－数理智能；与物游离的智能，包括语言－言语智能、音乐－节奏智能；与人有关的智能，包括人际交往智能和自知自省智能。

加德纳认为，各种智能很少独立起作用，在整体性的学习经历中，各种智能互相关联。本书中所讨论的模式也是如此。例如，学生使用逻辑/数学智能对一个情境进行思考，使用视觉/空间智能来想象，使用人际交往/社会智能来对他人产生移情。当学生用音乐来表达心情，书写、倾听和阅读相关的主题时，音乐/韵律和词汇/语言智能就开始起作用了。除此之外，学生可以利用自然观察智能来对他们周围自然环境中的物体进行分类。

多元智能理论对于教学艺术的重要意义在于使教师形成正确的人才观，教师必须认识到智力的广泛性和多样性，发展学生各方面的能力。根据多元智能理论，每个人都不同程度地拥有相对独立的八种智能，而且每种智能有其独特的认知发展过程和符号系统。因此必须对每个学生都采取不同的教法，开发学生的多种智能并帮助学生发现适合其智能特点的职业和业余爱好。多元智能理论为教师们提供了一个积极乐观的学生观，即每个学生都有闪光点和可取之处，教师应从多方面去了解学生的特长，并相应地采取适合其特点的有效方法，使其特长得到充分的发挥，让每个学生在接受学校教育的同时，发现自己至少有一个方面的长处。多元智能理论还认为，因为人的智力不是单一的能力，而是由多种能力构成，因此，学校的评价指标、评价方式也应多元化，应该改变过分强调死记硬背，缺乏对学生理解能力、动手能力、应用能力和创造能力的客观考核，使学校教育从纸笔测试中解放出来，注重

对不同学生的不同智能的培养。

三、动机理论

所谓动机，是指引发和维持活动的倾向。目前学习动机理论主要有五种：

（一）强化论

强化论，主张用刺激—反应的强化来解释学习的发生。教师的批评（包括惩罚、嘲笑等）与表扬（包括肯定、认可等），会影响到学生的成绩。如果学生的学习得到强化（如得到好成绩、教师和家长的赞扬等），他们就会有较强的学习动机；如果学生的学习没有得到强化（如没得到好分数或赞扬），就缺乏学习的动机。如果学生的学习受到了惩罚（如遭到同学的嘲笑或教师的惩罚），则会产生避免学习的动机。按照这种理论，受表扬的学生，成绩会保持上升。目前对孩子的教育，有这样两种形象的说法："拇指教育"——专拣孩子的优点，竖起拇指表扬；"食指教育"——专挑孩子的毛病，伸出食指指责。强化论主张要多给孩子表扬和赏识。不过，教师表扬所起的强化作用是受许多因素制约的。教师对学生说"好好干""慢慢来"的鼓励性语言，对那些感到难以完成任务的学生来说，这番话是一种强化，而对那些轻而易举完成学习任务的学生说来，这实际上类似于惩罚，因为教师这番话意味着他们必须经过特别努力才能完成任务，而事实并非如此。因此，面对同一个刺激的反应，受个体的认知结构、态度体验、行为价值取向的影响。

《文艺评论家和部长》中有这样的对话：

部长："你看施普罗塔新创作的小说怎么样？"

评论家："我认为是好的。"

部长摇了摇头。

评论家："我是说，从某种意义上讲是好的。"

部长摇头。

评论家："我说的'从某种意义上讲'是针对咖啡馆里那些庸俗的知识分子。"

部长摇头。

评论家："确切地说，就是针对那些没有鉴赏力的人。刚才我没表达清楚。"

部长摇头。

评论家："总的来说，部长先生，这是一部坏小说。"

部长又摇头。

评论家："当然，也不应完全否定。"

部长摇摇头，说："这衣领真别扭。"

同是部长的摇头动作，使评论家有不同的反应。因此，教师必须恰当地利用表扬，不能简单地认为表扬了就有利于激发学习动机。

（二）需要层次论

马斯洛在解释动机时强调需要的作用，他认为人类所有的行为都有其特殊的目标，这种目标来源于人的需要，人有七种基本需要：生理的需要、安全的需要、归属与爱的需要、尊重的需要、求知与理解的需要、美的需要和自我实现的需要。马斯洛将前四种需要定义为缺失需要，是生存所必需的，缺失这四种需要，生理和心理的健康会受到影响；后三种需要为成长需要，它们不是生存所必需的，但对于适应社会和过有品位的生活却有很重要的意义。缺失需要使我们得以生存，生长需要使我们得以更好地生活。学校里最重要的缺失需要是爱和自尊。如果学生感到没有被人爱，或认为自己无能，他们就不可能有强烈的动机去实现较高的目标。那些拿不准自己是否惹人（特别是教师）喜欢或不知道自己能力高低的学生，往往会随大流，为测验而学习，而不是对学习本身感兴趣。所以，在马斯洛看来，要使学生具有创造性，首先要使学生感到教师是公正的、爱护并尊重自己的，不会因为自己出差错而遭到嘲笑或惩罚。

（三）自我效能感理论

自我效能感指人们对自己是否能够成功地进行某一行为的主观判断。这一概念是班杜拉最早提出的。当人确信自己有能力进行某一种活动，他就会产生高度的自我效能感，并会去进行那一种活动。自我效能感具有下述功能：

（1）决定人们对活动的选择及对该活动的坚持性；

（2）影响人们在困难面前的态度；

（3）影响新行为的获得和习得行为的表现；

（4）影响活动时的情绪。

一般来说，成功经验会提高效能期望，反复的失败会降低效能期望。但事情并不这么简单，成功经验时效能期望的影响还要受个体归因方式的左右。

（四）成就动机论

最早研究成就动机的心理学家有默里、阿特金森等。默里将成就需要定义为：克服障碍，施展才能，力求尽快尽好地解决某一难题。高成就动机者在没有外力控制的环境下仍能保持好的表现。在经历失败的过程中，高成就动机者在任务的坚持性上比低成就动机者强。成功会增强高成就动机者的自信心，使他们更相信自己的

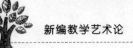

能力，更加努力地去完成任务。他们一旦失败，也会认为是自己采取了不合适的策略，没有付出足够的努力，而不会将失败视为缺少能力。低成就动机者自信心不强，认为自己的能力有限，往往设置一些不切合实际的目标，不付出足够的努力，于是导致一次又一次的失败。教师应该引导学生开阔视野、发现优势，多让学生获得成功体验，以提高学生的成就动机的水平。

（五）归因理论

归因理论可被看作最能反映认知观点的理论，归因是指人们对自己或他人的行为进行分析，推论出这些行为的基本动因。代表人物韦纳认为，能力、努力、任务难度和运气是人们解释成功或失败时知觉到的四种主要原因，这四种主要原因分成控制点、稳定性、可控性三个维度。根据控制点维度，可将原因分成内部和外部的。根据稳定性维度，可将原因分成稳定和不稳定的。根据可控性维度，又可将原因分成可控的和不可控的。在内外维度上：如果将成功归因于内部因素，会产生自豪感，从而动机提高；归因于外部因素，则会产生侥幸心理。将失败归因于内部因素，则会产生羞愧的感觉；归因于外部因素，则会生气。在稳定性维度上：如果将成功归因于稳定因素，会产生自豪感，从而动机提高；归因于不稳定因素，则会产生侥幸心理。将失败归因于稳定因素，将会产生绝望的感觉；归因于不稳定因素，则会生气。在控制性维度上：如果将成功归因于可控因素，则会积极地去争取成功；归因于不可控因素，则不会产生多大的动力。将失败归因于可控因素，则会继续努力；归因于不可控因素，则会绝望。学生们试图去解释事件发生的原因，总是试图去为他们的成功或失败寻找能力、努力、态度、知识、运气、帮助、兴趣等方面的原因。学生将失败归因于内部、稳定、不可控因素时是最大的问题，会产生习得性无助感。

这些学习动机理论各有优势，在实践中教师不一定非要照搬某一种理论，而是要在认真分析学生学习动机形成的内外因素基础上，有针对性地、创造性地进行学习动机的激发。内部因素有学生的自身需要和目标结构、成熟与年龄特征、个性差异、志向水平和价值观等，外部因素有家庭环境与社会舆论、网络、教师的榜样作用等。

建构与思考

1. 你认为教学是一门艺术还是科学？为什么？
2. 教学艺术的现代教学思想基础有哪些？
3. 我国古代有哪些教学艺术思想？

4. 掌握教学艺术的重要前提是热爱学生，教师在教学过程中如何去体现爱心？

参考文献

[1] 夸美纽斯. 大教学论 [M]. 傅任敢，译. 北京：教育科学出版社，1999.

[2] 钱穆. 国史新论 [M]. 上海：生活·读书·新知三联书店，2005.

[3] 卢梭. 爱弥儿：上卷 [M]. 李平沤，译. 北京：商务印书馆，1978.

[4] 苏霍姆林斯基. 给教师的一百条建议 [M]. 周蕖，王义高，等译. 天津：天津人民出版社，1981.

[5] 陈琦，刘儒德. 当代教育心理学 [M]. 北京：北京师范大学出版社，1997.

[6] 何齐宗. 教育美学 [M]. 重庆：重庆出版社，1995.

[7] 契尔那葛卓娃，等. 教师道德 [M]. 严缘华，盛宗范，译. 上海：华东师范大学出版社，1982.

[8] 夷夏. 梁启超讲演集 [M]. 石家庄：河北人民出版社，2004.

[9] 中央教育科学研究所. 叶圣陶语文教育论集 [M]. 北京：教育科学出版社，1980.

[10] 杜威. 我们怎样思维·经验与教育 [M]. 北京：人民教育出版社，1991.

[11] 华中师范学院教育科学研究所. 陶行知全集：一 [M]. 长沙：湖南教育出版社，1984.

第二章 教学设计艺术的理念与追求

本章导语

　　教学是一门艺术，这种艺术主要由教师去创作，那么教师作为教学艺术的设计者和创作者，需要具备哪些素养，考虑哪些因素？

第一节 教学设计艺术概述

　　艺术追求感染力和影响力，教师的教学艺术就是追求教学活动的感染力和影响力，或者说教学的成功感和有效性。有效教学是由"有效"和"教学"两个概念组成的。在这两个概念中，"教学"是一个事实概念，或者说是一个事实判断；"有效"则是一个价值概念，或者说是一个价值判断。事实判断关注的是活动本身呈现出来的现象，是对活动本身的认识，而价值判断则更为复杂，不但融注了对教学活动开展的观念认识，而且还牵涉到评判者自身的需求满足和一定的衡量标准。为此，认识"有效教学"这个概念首先应该从"教学是什么"入手。前面从活动过程层面探讨了教学是科学还是艺术，这里想从字源角度探讨教学的文化意识。

　　众所周知，教学是与人类相伴随的活动。自从有了这种活动，人类对这种活动的认识也相应地出现。在这种认识中，最朴素、最原始的观念就体现在建造指代这种活动的字词上。在中国古代，"教"的活动与"学"的活动，并没有区别对待，而是作为统一活动纳入人们的观念中，因此古人造字最初也只是造出一个字来指代这个统一活动，以下是甲骨文中表示这统一活动的"学"字，见图2-1。

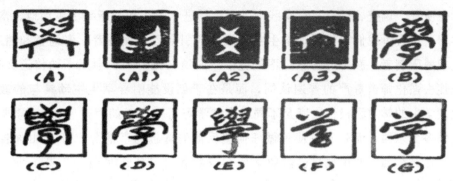

图 2-1 "学"字演变

可是，随着人类认识的发展，人们逐渐认识到，这个统一活动其实包含两方面的活动：施的活动和受的活动。于是，人们才在指代统一活动的单个字基础上进行分化，造出分别对应施、受活动的两个字。在教学活动中，教师的"教"处于主导地位，所以对于"教学是什么"的探讨主要从"教"的角度出发。在甲骨文众多代表这一统一活动的字中抽出一个字来指代教师的活动，如图 2-2。

图 2-2 甲骨文"教"字

对"教"字进行字体结构分析，可以看出，它从攴，从孝，孝亦声，"攴"的篆体象用手持杖或执鞭，意指教的活动就是借助某种权威力量给儿童灌输知识和施加影响的过程。教学活动其实是某人拿着代表权威的手杖，要求孩子接受某种内容的一种活动。权威与内容跟教师的活动密切相关，孩子的学习活动是在教师的权威与内容下展开的。这种教的行为具体描述为："教，上所施，下所效也。"（《说文解字》）"教也者，长善而救其失者也。"（《学记》）。

因此，在汉语世界里，善"教"者必然是善于利用权威力量让儿童臣服或信服的人。所谓名师出高徒，就是指教的活动发出者成了名师，成了高水平、高风范、高威严、高地位的教师，才能更好地促进学生成长，才能带出高徒。但有时候学生被教师的知识、权威所控制，没有了自主性。《基础教育课程改革纲要（试行）》强调，教师在教学过程中应与学生积极互动，共同发展，注重培养学生的独立性和自主性，引导学生质疑、调查、探究，在实践中学习，促进学生在教师指导下主动地、富有个性地学习。这告诉我们，教师是学生主动发展的引导者、促进者、咨询者和辅助者，而不是权威压制者；教师的善教也不是凭借"闻道在先"和社会赋予的传道、授业、解惑职能去强化师道尊严的普遍认同，而是在于创设能引导学生主动参与的教育环境，激发学生的学习积极性，满足不同学生的学习需要。正如卢梭所言，"重要的不是要他学多少东西，而是不要使他做任何违反他的意志的事情"，"不能由你告诉他应当学习什么东西，要由他自己希望学什么东西和研究什么东西"。[①] 英语世界里教师"教"的行为 teach 就特别重视这种顺应学习者意志和发挥学习者自主性的教育主张。teach 从古条顿语 taikjan 派生出来，taikjan 的意思是拿东西给人看。根据这一派生现象，"教"就是通过某些符号或象征向某人展示事物，利用符号或象征唤起某人对事件、人物、观察、发现等等的反应。至于人家对展示的事物、符号、象征能看出或想象出什么东西，有什么反应，获得什么启迪，则主要取决于看者。"没有教不好的学生"恰恰没有重视教学过程中看者的独立性和自主性，只是一味地突出了教师的地位和影响力。而教学艺术必须在对教学活动所涉及的全部因素都加以考量的基础上展开，这就离不开教师对教学活动的系统全面的设计。

一、教学设计艺术的含义

（一）教学设计艺术的内涵

教学设计艺术是综合考虑各种因素而对教学活动的展开进行创造性谋划、调控以实现教学目的的各种方案、措施的总称。从静态来看，教学设计艺术是指教学活动方案的设计艺术，追求设计内容的系统性、全面性，以及形式的完美性、可操作性。从动态来看，教学设计艺术是指教学活动进程中的应变艺术，追求教学进程的和谐、连贯、愉悦、活跃。从教学设计艺术的应用范围来看，教学设计艺术可以划分为三个层次：一是围绕国家的教育方针、目的而展开的教学设计，如课程方案的设计；二是围绕某一门课程而展开的教学设计，如课程标准及实施的设计、建议；三是围绕某门课程内一堂课的处理或围绕某一节课堂活动而展开的教学设计，如为实现教学目的、完成某一个教学任务而展开的课堂教学设计。对多数老师而言，课堂教学设计艺术是一个直接作用于师生心理和言行为层面的设计，最需要教师去用心感悟、掌握和提升的艺术。

（二）现代教学设计艺术的观念

教学设计不是各个教学环节的简单组合，也不是有一定顺序的程序设计，不同

---

① 卢梭. 爱弥儿：上卷［M］. 李平沤，译. 北京：商务印书馆，2012：246-260.

的教育教学理念和教育价值观指导下的教学设计形式与效果不同，针对不同教学内容和教学对象的教学设计方案和进程也不相同。新课程背景下教学设计艺术必须明确以下几个观念。

1. 教师观

教师，一般理解为传播人类知识经验和思想意识，并促进个体发展的专业人员，并认为教师是学识渊博者，是权威者、社会道统的象征。这种认识赋予教师一定的责任与权力，因此，在一些人看来，教师权威与教育活动相伴随，是一种能改变学生思想行为方式并促进学生发展的重要影响力量。因此，有人认为既然教师或班主任拥有这种职业赋予的责任和权力，他们就应该充分依靠或利用教师权威给学生施加影响，甚至可以凭借权力压制、威吓和体罚学生。然而，随着素质教育的深入推进，教师权威观念存在的基础和条件正在逐渐发生变化，那种忽视教育对象复杂多样的情感和追求，单纯靠强调威胁、限制、发号施令、使用压力等来教育学生和管理班级的做法受到了极大的挑战。在学校教育情景中，教师作为课堂教学的核心成员，其组织者、引导者、促进者、辅助者、管理者、咨询者、激发者的角色离不开其影响力。但是，这种影响力不应该来自于社会各方面赋予教师的权威形象，而应该来自于教师教育教学行为中的机智、幽默、公平、公正、诚实、谦虚等体现教育智慧的能力、态度和行为方式上。

2. 学生观

学生是复杂的人，是自主发展的人。因学生是复杂的人，教师要给予个体生命关怀，把他们当作活生生的有多种需求的、有自尊的复杂的人。因学生是自主发展的人，课堂教学是实施素质教育的主阵地，素质教育的一个重要理念就是为学生自主发展、终身发展打基础。21世纪是个高度信息化的社会，它对人的素质提出了更高更新的要求，它不但要求人有丰富的知识、熟练的技能，更需要人有丰富的生命世界、积极向上的情怀、独立自主的创造精神。每个学生都有无限发展的可能与潜能，成就感的需要与激励是他们发展的不竭动力。学生学习的过程应是发挥个体主体性的参与与探究的过程，并同时建构出自己特有的知识结构；学生是处于螺旋式不断发展过程中的，以动态发展的眼光看待每个学生是必要的。

3. 教学观

在传统教学观念根深蒂固的影响下，在应试教育畸形的竞争中，许多教师的课堂教学偏离了教学本身的内涵，常常等同于纯知识的教学、纯技能的训练，教材所蕴涵的科学知识、道德观念、审美观念等诸多因素基本上是以"告诉"的形式呈现出来的。所谓"学高为师"，就是指学识高深才能为师。教师被赋予掌握丰富知识、具有某种特殊认知能力、处理问题和解决问题能力的角色形象，成了知识的源泉、智慧的象征，是学生必须遵从和敬重的对象。在一些学生心目中甚至还是无所不知、无所不晓的全能形象。俗话说"要给学生一杯水，教师要有一桶水"，正是这一教师形象的生动写照。教师把自己当成学识渊博者、知识的源泉，课堂教学中师生关系成为单向的控制关系，学生则成为知识和说教的"接收器"，学生独立思考、主动参与的机会被剥夺。课堂上看不到学生应有的灵气与活力，师生之间、生生之间缺乏思想与灵魂的交融，缺乏心灵与情感的碰撞，无法实现科学知识与人文精神的整合。因此，课堂教学不应当只是传授给学生一些死的知识、技能，而必须充分发挥学生的主体作用，有效地使学生主动地参与到教学中来，鼓励学生大胆质疑、勇于提问、证明假设、寻求合理性，积极主动地探索和发现知识，成为学习的主人。教学过程是教师教、学生学的双轨并行式过程，哪一方的思维参与都是必不可少的；教学设计不单要在每一教学环节体现教师的思维活动，也要有相对应的体现学生的思维进程。

（三）现代教学设计艺术的特点

特点是指人或事物所具有的独特方面。现代教学艺术的独特之处在于它在综合考虑教学活动的各种因素基础上，实现教学方案或活动的系统化、最优化和人文化。现代课堂教学设计艺术，在教学活动的系统化、最优化和人文化上的特征更加突出。

1. 系统化

一般认为，系统化的教学设计主要体现在教学活动的整体性和有序性层面上。课堂教学设计的整体性是指课堂教学的各个要素与各个环节是相互关联、相互作用的。一方面要做到课堂教学各个要素内部的整合，实现教学目标的整合，全面兼顾学生整体素质的发展。教学内容的整合，既注重帮助学生掌握知识原理，又注重培养学生运用知识解决问题的技能；既注重陈述性知识的教学，又注重程序性知识和策略性知识的教学。教学方法的整合，从学生、教材、教学目标和教师自身条件出发，在一定教学策略指导下，以一种方法为主，把多种方法融合起来，形成一个最有利于实现预期教学目标的优化方案。另一方面是要实现教学系统各组成要素之间的整合，使教学要素之间形成合理的组合方式和运作流程，形成合理的教学结构，使系统功能得到最佳发挥。课堂教学设计的有序性是指课堂教学中各系统要素的有规则联系和组合，要求教材内容按照学科知识的内在逻辑顺序来组织和呈现，要求将构成教学系统的各要素在时间、空间方面设计出比较稳定的、张弛结合的组合方式及活动程序。

2. 最优化

最优化是课堂教学设计的最终目的。最优化是以最小的代价（资源、时间、空间等的投入）得到最令人满意的效益（产量、质量等的产出）。教师在课堂教学设计中，要把某种教学理论成果转化为教学技术时，可采用的方案、方法可以说是多种多样的。在某种情况下，究竟采用何种方案或模式，就必须对各种方案、模式的效能进行全面比较，选取其中效能最佳的方案或模式。在进行课堂教学设计最优化抉择时，教师不仅要考虑到眼前的短期效益，同时要兼顾长远的效益；不仅要注重设计的简单、方便、易行，更重要的是要注重其发展价值。当然，在方案和模式的选择中要善于选择那些节省教学时间、应用范围广、适应性能强、派生作用大的最优化方案或模式。要注意课堂教学设计最优化的根本问题是针对不同的学习者使用何种教学方法才能收到最理想的效果。课堂教学设计的最优化应考虑课堂教学中的各个组成要素，从整体效益出发，恰当地考虑各要素在整个课堂结构中的地位和作用。通过各要素的协调、整合，优化各要素间的组合方式，从而使课堂教学设计达到最优化。

3．人文化

人文化是指教学方法、技能、技巧得到创造性的运用而使学生处于思维的活跃状态和情感的愉悦状态中。课堂是培养人文精神的重要场所，在课堂教学中，教师的教学技艺再熟练甚至高超，如果不能同时播撒人文精神，那么教学仍是低效的。现代教育论认为，课堂教学不应当只是传授给学生一些死的知识、技能，而应包含对个体生命的关怀，关注人的终极价值，使学生养成必要的人文精神。这就必然要求我们在教育中，特别是在课堂教学设计中，要充分挖掘其人文因素，以学生的发展为出发点，让我们的课堂教学始终充满人文温暖。要坚持课堂教学设计的人文化取向，首先必须注重课堂教学设计的主体性。主体性的重要表现是主动性，是指教学中必须充分发挥学生的主体作用，有效地使学生主动地参与到教学中来，积极主动地探索和发现知识，要成为学习的主人。其次是注重课堂教学设计的情感性。情感性是指课堂教学设计要注意加强师生、生生之间的情感交流，建立和谐的人际关系，营造和谐、民主、合作的教学气氛，促使学生有效学习。最后，还必须注重课堂教学设计的活动性。所谓活动性是指教师在教学设计中把活动贯串于教学全过程，使学生最大限度地处于主体激活状态，能积极主动地动手、动口、动眼、动脑，使教学成为学生自己的学习活动。通过这些影响，使学生处于想学、要学的最佳状态，激发他们积极探求和思索求知的精神，产生教有所受、点有所通、启有所发、导有所悟的最佳教学效果。

二、教学设计艺术的历史

人类的教学活动是有意识的社会活动，但是，有意识地对教学活动进行长远、全面、系统的规划设计的历史并不是很长，它是教学技术发展到一定阶段的产物。

在 20 世纪 60 年代末 70 年代初，西方教育技术的进步和多样化提出了对教学过程进行整体规划设计的要求，同时把它作为现代教育技术领域的一种技术而进行研究，教学设计逐渐发展为一门新兴的实践性很强的学科。教学设计艺术的历史就是与这种有意识的教学设计相伴随的，它伴随着教学设计理论与实践的发展而不断完善。在发展的过程中教学设计艺术经历了两代教学设计理论的演变，第一代是目标导向教学设计理论，第二代为问题导向教学设计理论。下面对这两代设计理论作一个简要介绍。

（一）目标导向教学设计

目标导向教学设计的核心是明确教学目标，围绕目标去组织教学活动。加涅认为，人类学习的结果是其性能发生相对持久的变化，这种变化的最基本单元是联想，学习结果就是联想的合成物。这些结果被分为五类：言语信息、智慧技能、认知策略、动作技能、态度。教学活动就要明确并围绕这五类目标去组织教学内容、设计教学进程、调控教学手段。

言语信息是指可用言语表达的信息，诸如名称、事实及许多有组织的观念。加涅把这些信息的学习分为四种：符号学习、事实学习、有组织的言语知识的学习、图式组织。言语信息的教学设计主要在于提供句子情景，使用有表象的关键词，提供区别性线索等。[①]智慧技能和认知策略都是一种使符号应用成为可能的性能，前者是"运用概念和规则对外办事的能力"，后者是"运用概念和规则对内调控的能力"。动作技能是指身体和肌肉的协调能力，态度是"心理的和神经中枢的准备状态，它们通过经验来组织，并施加直接的或间接的与所有对象或情景有关的个体反应"，也表现为个体在各种情景中进行行为选择的一致性倾向。

对这些教学目标，加涅提出了具体的程序和条件。比如态度目标，加涅认为可以通过榜样、刺激、强化等获得。政治标语与免费性食物一起呈现，造成的结果是对标语的积极接受。讨人喜欢的词语与食物或人物名称联系在一起，会产生对这些食物和人物不断增强的积极态度。强化主要来自于成功体验和肯定评价；榜样主要是通过模仿，它是最可靠的方式。加涅认为"引起态度改变的最可靠的一组事件是人类的模仿现象。在这些情景中，学习导致了对榜样行为的模仿，当设计出适当的学习情境时，学习者习得一种反映由人物榜样所表达的或演示的态度"。[②]为此，态度改变或形成的外在条件在榜样选择方面就必须做到建立榜样的感染力和可信度，刺激学习者回忆态度的对象以及态度能够应用的情景，榜样示范和传递合乎需要的个

① 加涅. 学习的条件与教学论 [M]. 皮连生，等译. 上海：华东师范大学出版社，1999：199.
② 加涅. 学习的条件与教学论 [M]. 皮连生，等译. 上海：华东师范大学出版社，1999：266.

人行为选择，表彰示范对榜样的强化作用。①

（二）问题导向教学设计

问题导向教学设计理论是与建构主义心理学、电脑媒体技术结合在一起的第二代教学设计理论。它强调问题的提出比问题的解决更重要，以问题为核心，由问题引发思考，由问题驱动学生的探究学习和发现学习，学生在这个自主学习过程中得到发展。因此，问题的产生成了这一代教学设计重点考虑的目标和内容。问题如何产生？从社会生活角度，有价值的问题并不起源于我们的实际生活需要，也不是从关注身边事物开始拓展到星空的，而是由星空开始，由外向内发展的。许多科学问题缘于人类的好奇心，问题意识是个体对未知世界的好奇心的表现和反映。牛顿对着苹果从树上掉下来就会产生疑惑，谢皮罗教授对着浴缸水的左旋旋涡就会感到奇怪。为什么他们能够对一切都感到好奇，总喜欢刨根问底，而我们对于这些习以为常的事情，却从未产生过疑惑，即使有疑惑，也是瞬间的，没有去深究？主要原因有：

第一，我们对周围事物熟视无睹。杜威认为，"成年人本身默许了这种常规，他们陷入了经验的种种格式之中，并对这些格式安之若素"；②小孩子则不同，天真活泼，无所顾忌，有着灵敏的好奇心。小孩面对新奇的世界会有一大堆的问题，在他们眼里，整个世界是全新的；在每次新的接触中，都有使人激动的某些事物，并且使人热衷于探究这些事物，而不是单纯消极地等待和忍受。

第二，缺少理智的探究习惯。我们不由自主地进入某些情景，获得的纯粹是从种种事物那里产生的感觉，就如同我们睁开眼就会看见眼前的东西一样，由好奇心产生的疑惑、观念是零散的、流动的，这些对个体来说没有多少意义。我们只有在试图去控制这些感觉、疑惑、观念，并在一定目标指引下去考察其背后的东西时，才会达到理智的探究水平。难于形成连续的、有秩序的思维活动，致使问题稍纵即逝、时过境迁。个体面对客观世界的反应因人而异，有些人对出现的每种事物都感到单调乏味，无任何反应，而有些人却饶有兴味，能进行许多思考；有些人对某一事物只是就事论事，停留在事物的表面，而有些人却能产生不断的联想，进行深入的思考。这些都跟经验有关。对反应冷漠、就事论事者，应该培养其好奇心。对反应活跃、喜好幻想和联想者，则应该多重视其有秩序的思维习惯的养成。因为，当大量支离破碎的事实进入儿童头脑，使儿童无暇也无能去细究其意义时，儿童的思维会出现混乱现象。没有核心问题和长远目标的组织，对一件事的联想过多，一种情景引发许许

---

① 加涅. 学习的条件与教学论 ［M］. 皮连生，等译. 上海：华东师范大学出版社，1999：272.
② 杜威. 我们怎样思维·经验与教育 ［M］. 北京：人民教育出版社，1991：30.

多多的看法，会使人无所适从，不利于采取行动。同时，大量的看法也妨碍着人们去探求真正反映事物属性的逻辑关系。儿童必须在自己的知识经验中找到一个根基，"只有把那些新的疑难问题转化为已经熟悉的和清楚明白的问题时，我们才能理解或解决那些问题"。[①] 也只有这样才能推动儿童把多样变化的材料、观念、疑惑联合组成为谋求统一结论的持续单一的活动，才会真正产生有利于理智发展的探究学习。可见，知识经验的积累、梳理和控制以及充实、赋予事物新鲜意义的能力深刻地影响着探究活动过程。

第三，缺少生活的自由。生活压力和环境压力也会抑制个体的好奇心，使之不能处于活跃状态。假如去除了这些压力，好奇心会得到一定的上升，而且会在思辨过程以及探究解决问题的活动过程所带来的愉悦中得到进一步强化，并不断往高层次提升。受到激发和强化的好奇心往往表现为一种以积极活跃的心理状态去认识各种客观事物和现象的良好习惯。具有这种习惯的人感官敏锐，思维灵活，善于发现事物之间的细微差别和异常现象，进而形成具有深刻性和普遍性的问题推动认识向纵深发展，使探究过程变得更为复杂和艰辛，解决的方案变得更富挑战性和创造性。亚里士多德说做学问要有三个条件，好奇心、有闲、自由的灵魂。科学家就是在好奇心驱使下不知疲倦地工作。教学活动的目的就在于培养学生的问题意识，产生能引导探究学习活动的问题。下面介绍几种在学校教学中培养问题意识的途径：

1. 突出学生的主体地位

每个学生都是活生生的探究学习主体，他的已有知识经验、探究过程的态度体验以及生理解剖特征等等，都是应该得到尊重的、对探究学习产生重要影响的因素。这些因素会导致学生问题产生的角度、问题表述的语言、问题探究的思路、问题解决的方式等方面的差异。突出学生的主体地位，教师首先要鼓励和尊重学生的差异，其次要转换自己的解惑角色。在一定的情景中，当学生的思维处于活跃状态时，学生的问题层出不穷，一个问题的暂时解决往往意味着另一个问题的产生。因此，教师不要总认为自己讲清楚了学生就应该懂了，应该没有疑惑和问题了。而事实上，"学生带着问题走进教室，带着更多的问题走出教室"[②]才是全面提高学生基本素质、培养创造人才的有效途径。

2. 营造自由的课堂气氛

探究学习本身就是一种依赖于特定情景，让学生在问题意识的驱动下主动积极去获取构成教学目标的有关知识和方法的学习方式。教师在课堂上的职责是创设问题情境，而不是提出问题、抛出答案；学生在课堂上的任务是主动积极提问，共同探

---

① 杜威. 我们怎样思维·经验与教育［M］. 北京：人民教育出版社，1991：116.

求知识。课堂教学既是教师和学生的互动过程，也是学生与学生思想交流的过程，整个过程应该是流畅的、自然的，而不是阻塞的、磕磕碰碰的。如果缺乏相应情景，课堂气氛出现阻隔、沉闷、压抑，那么教师只好求助于已经设计好的问题或答案，硬邦邦地塞给学生，导致学生被动接受老师的现成答案，问题意识受到压抑而不能激发。杜威说："一位教师若能激发起学生的热情，就能取得成功，任何公式化的方法，不论它们如何正确，都不能奏效。"[①] 因此，营造自由的课堂氛围是问题孕育的温床，也是刺激和活跃问题意识的重要保障。教师应该在明确教学内容的基础上，充分考虑学生的已有经验，有意识地创设出符合需要的情境，以使学生的问题意识在一个清晰的状态下延伸，并让他们能获得一种探究的满足而主动参与到教学过程中去。

3. 提供独立思考的机会

长期以来，教师习惯于自己提出问题，然后启发引导学生往自己设计好的圈子里套。有些问题甚至并不成为问题，完全是教师为了控制学生而设置的。如讲授《刘胡兰》，教师问学生："这个故事发生在什么时候？"然后一个个叫学生起来回答。课文上已经写有具体时间，学生只要照着念就可以了。有些问题虽然能引起学生根据已有资料去积极探求答案，但是教师对异样的声音却不加重视，千方百计引导学生朝自己预定的答案上靠拢。如果学生心中偶尔掠过一丝疑问，并进行独立思考，往往会被认为是在开小差，教师会突然提问，以证明其是否在认真听课。这样，学生思维一直被老师牵制着，没有独立思考的空间，只能思考教师的问题、接受教师的结论。杜威认为"一切真正的教育，其终点必在训练之中，但是，它的过程却在于使其心智为其自身的目的而从事有价值的活动[②]"。因此，教师不能把整个教学过程当成控制学生的过程，不能以自己的思考来代替学生的思考，应该使其心智为其自身的目的服务，让他们天生拥有的实验和检验的内在愿望和他们心智本身的逻辑得到应有的发展；应该多给学生提供独立思考的机会，让他们在独立自觉的思考中去形成清醒的、细心的、透彻的思维习惯。前面我们提到过，陶行知指出："对于一个问题，不是要先生拿现成的解决方法来传授学生，乃是要把这个解决方法如何找来的手续程序，安排停当，指导他，使他以最短的时间，经过相类的经验，发生相类的理想，自己将这个方法找出来，并且能够利用这种经验理想来找别的方法，解决别的问题。"[③] 学生在解决问题的过程中会有自己的思考，会有自己的疑惑，教师作出适宜的点拨，引导学生自己寻找答案，使学生接受思维训练。

①　杜威. 我们怎样思维·经验与教育［M］. 北京：人民教育出版社，1991：26.
②　杜威. 我们怎样思维·经验与教育［M］. 北京：人民教育出版社，1991：71.
③　陶行知. 陶行知全集：一［M］. 长沙：湖南教育出版社. 1984：88.

总之，探究学习问题意识的培养不可能在一套刻板的程序上实现，它需要教师的实践智慧，需要教师随机调整课堂内容和结构，熟练驾驭教学的进程和节奏，适时给予学生独立思考的空间和提问题的机会。

第二节　教学目标的确定与内容的选择、加工

教学目标的确定与内容的选择、加工不但与教学理论有关，而且与各种学习理论有关。

一、教学理论下的教学目标和内容

同样的教学对象、教学环境和教材，在不同教学设计理论下，其教学目标的确定与内容的选择、加工是不同的。目标导向教学设计理论追求教学目标和内容的预设性，以及教学结果的外显和标准化。目的明确、内容正确是教学过程优良的指标，把目的确定得切实可行、具体清楚，能够真正对学生的学习起导向作用，从而使学生在课堂上的一切活动都能紧紧围绕实现教学目的而进行。内容上，要求教师讲授的内容、呈现的材料必须是科学的、正确的，不能与教材中的结论或公理相悖，学生对教师的概念定义、原理、结论必须准确把握，能够符合逻辑地、有条理地陈述和应用，不能出现差错。下面是两个目标导向教学理论中的教学目标和内容设计案例。

◎范例1：《小壁虎借尾巴》教学设计[①]

[教学目标]

1. 拼音：利用拼音读准生字的音；能把课后练习中的拼音读出来并写出句子。

2. 字词：能读、写、默课文中12个生字（壁、尾、墙、蚊、蛇、断、难、甩、蝇、阿、姨、傻）和16个词（壁虎、尾巴、墙角、蚊子、蛇、挣断、难看、拨水、告别、甩、蝇子、阿姨、掌握、方向、难过、傻），并能说出这些字词在课文中所指的意思；能口头说出"摇着尾巴""甩着尾巴""摆着尾巴"中三个动词的含义。

3. 句式：能按下面的句式口头造句或仿写句子。

谁——看见——谁（什么）——在哪里——怎么样地——干什么

———————————

① 皮连生. 知识分类与目标导向教学：理论与实践［M］. 上海：华东师范大学出版社，1998：205.

4. 课文理解：（1）能独立找出课文中分别描写鱼、牛、燕子尾巴作用的句子；（2）说出课文 3、4、5 段在形式上和内容上的异同点。

5. 课文朗读和背诵：能流利朗读全文并能背诵课文 3、4、5 段。

[任务分析]

1. 起点能力

（1）学生对课文中讲述的鱼、牛、燕子尾巴的作用已有感性认识。

（2）拼音已熟练。

（3）学生已掌握生字的读、写、默学习方法。

2. 目标分析

目标 1 属于拼音技能练习，是学习字词与朗读的支持性条件；目标 2 属于词汇学习，既有机械学习的成分，也有意义学习成分；目标 3 的句子结构教学，属于句型概念学习；目标 4 属于阅读理解学习，这以起点能力和目标 1、2、3 为基础，而且，目标 4 的完成会加速目标 1、2、3 的实现，并有助于目标 5 的实现。

3. 教具：生字卡片、课文录音、小黑板、投影片。

4. 课时：三课时。

5. 课型：以阅读技能训练为主的课。

[教学过程]

1. 第一课时重点完成目标 1 的全部任务和目标 2 的部分任务。教学步骤有：（1）告知目标，引起注意；（2）复习与本课有关的原有知识；（3）新课教学；（4）写生字词。

2. 第二课时巩固目标 1 和 2 中已学得的知识和技能，继续完成目标 2 的部分任务，完成目标 4。教学步骤有：（1）复习检查；（2）告知目标；（3）讲读课文；（4）课后作业。

3. 第三课时巩固已完成的目标，重点完成目标 3、5。教学步骤有：（1）告知目标，引起注意；（2）复习检查；（3）讲读课文最后一部分；（4）总结全文，完成课后练习。

◎范例 2：《长方形的面积计算》教学设计①

[教学目标]

1. 能借助透明方格胶片或带有方格的面积图，说明长方形面积等于它的长乘宽

---

① 皮连生. 知识分类与目标导向教学：理论与实践［M］. 上海：华东师范大学出版社，1998：268.

的理由。

2. 对给予的长方形图形和实物，能正确计算它们的面积。

[任务分析]

1. 终点目标的学习类型

目标1是长方形面积计算公式（规则）学习的陈述性阶段；目标2是同一规则学习的程序性阶段。

2. 终点目标的使能目标

"长方形面积＝长×宽"这一公式中涉及长方形、面积、面积单位，长方形的长、宽等概念。根据加涅的智慧技能层次论，这些概念是规则学习的先决条件，即使能目标。用透明方格测量面积是规则学习的支持性条件。在本节课之前，学生已具备这些学习的内部条件。

3. 课型：新授与练习并重。

4. 课时：一课时。

[教学过程]

1. 复习原有知识。

2. 告知教学目标，吸引学生的注意。

3. 呈现新教材，促进新知识的理解。

4. 提供变式练习，促进知识向技能转化。

5. 提供技能运用的情景，检测教学目标。

在目标导向教学设计理论下，教学新内容前都要先"告知目标"，用目标吸引学生的注意，牵引学生进行学习，以实现教学目标，其课堂教学的结束语习惯为："课就上到这里，请问同学们还有什么问题?"当全体同学静默或说没有问题时，教师露出满意的微笑，意味着一节成功的课堂教学完成了。教师把解决学生的问题作为教学追求。

问题导向教学设计则把问题产生作为教学追求，教学目标和内容的展开在具体情景中确定和选择。

问题导向教学设计理论追求教学目标和内容的情景性，往往不是明确告诉学生目标，不以目标引导学生，而是追求教学内容与学生已有知识结构和体验的融合，体现教学结果的内隐性和多样化。问题导向教学设计理论指导下的教学过程呈现教学目标的情景性、教学活动的多向性、教师作用的辅助性、教学结果的建构性等特点。教师重在创设问题情境，引导学生提出问题并利用有关材料对提出的问题作出各种可能的假设。

如有老师讲授《邹忌讽齐王纳谏》，不对课文内容进行详细分析，而是让学生自由提出各种问题，学生提出的问题有：（1）仅从课文内容来看，邹忌的形象是正面的、高大的、美好的，但邹忌的为人怎样？生活作风怎样？与同事的关系如何？（2）邹忌除一妻一妾外，是否还有其他妾侍？这合法吗？当时的婚姻制度怎样？（3）邹忌拿来作为美之标准的城北徐公，是如何选出来的？属于政府行为，民间公认，还是某个利益集团包装推出的？（4）邹忌当时任何职？"客"向邹忌请求什么？（5）历史上齐威王是一位怎样的君王？（6）当时的社会背景怎样？"战胜于朝廷"可能吗？（7）"数月之后""期年之后"，进谏者由少到无的效果，是谁认定发布的？是齐威王自欺欺人的报告，还是其部下欺上瞒下的汇报，或者是其他诸侯的评价？（8）在齐威王掀起的广开言路、悬赏求谏的活动中，哪些人获得的奖赏最多？（9）在总结表彰会上，哪类人将作为典型在全国作先进经验介绍？

　　该老师只抽出问题（8）：在齐威王掀起的广开言路、悬赏求谏的活动中，哪些人获得的奖赏最多？其他问题让学生根据自己的兴趣和专长去查阅资料解决，收到了良好的教学效果。

　　问题情境的创设和问题引导下的探究活动是教学过程的重点。下面以《长方形和正方形的面积计算》教学设计为例，我们可以看出这种倾向。

◎范例3：《长方形和正方形的面积计算》教学设计[①]

［教学目标］

1. 引导学生自主探究发现长方形、正方形面积计算方法，经历面积计算方法的探究过程，能正确计算长方形、正方形的面积。

2. 渗透"猜想——实验——发现——验证"的学习方法以及相关事物之间都是有内在联系的辩证唯物主义思想，培养学生的自主学习能力、合作意识和科学探究精神。

3. 让学生通过对数学内在规律的探索，来感受数学的魅力，体验成功探究的乐趣。

［教学重点］

引导学生通过操作实践、观察比较，探究得出长方形、正方形的面积公式。

［教学难点］

理解长方形、正方形的面积公式的推导过程。

---

① 董文学.《长方形和正方形的面积计算》教学设计［J］. 教学与管理，2007（11）：56-57.

[教学准备]

小正方形、方格纸、少先队标志、小长方形若干、课件等。

[教学过程]

（一）情境导入；（二）导学；（三）尝试练习；（四）深化练习；（五）开放练习。

目标导向教学理论下的教学目标重在识记和练习，而问题导向教学理论下的教学目标重在引导学生的探究活动，前者是比较清晰的确定的内容，后者是伴随教学过程的展开而不断调整的不确定的内容，甚至允许教学内容的差错或与结论不一致的意见出现，把错误作为教育手段或教育内容，赋予它以丰富的教育意义。皮亚杰曾用一个具体实验说明错误的教学意义。他在一个实验中，把 B、C 和 D 三个球并排放在一起，用球 A 去击球 B，结果球 B 和 C 并没有移动，球 D 朝前滚动了。对这种现象，有的儿童认为是球 A 悄悄溜过中间两个球（B、C）击到了球 D。他们的理由是：球 D 不可能自己移动，而中间的两个球又没有显示出移动。有的儿童认为，中间的两个球也动过了，理由是：球 A 不可能击到球 D，而球 D 本来无行动能力。皮亚杰解释说，第二个错误比第一个错误要高级些。这是因为第一个错误漏掉了两个事实：（1）球 A 在击到球 B 之后保持静止；（2）球 C 阻挡了球 A 对球 D 的撞击。而第二个错误考虑到了以上两个事实，但又漏掉了另一个事实：中间两个球的位置没有移动过。因此，不能把儿童的认识简单用一个标准去要求，而应该看到儿童认识所隐含的不同意义。

问题导向教学设计就是要抓住课堂中每一个细节，促进学生的全面发展。教师不应只是让答题的学生知道答题的错处，而且要让他看到自己的成功之处，同时教育全班同学要以欣赏的眼光来看待人，看待不同的意见。教师在教学过程中应该隐藏自身的情感态度倾向，不要对学生的问题和探究活动给予过多的评价和暗示，否则会削弱学生的主体地位和学习主动性。比如一位教师执教《狐狸和乌鸦》，在学习了课文最后一段后，打出幻灯片说：

乌鸦寂寞地站在一棵树上。请小朋友仔细观察这只乌鸦的神态，想想：看着狐狸叼起肉进洞，她心中会想些什么？

在这一教学情景中，教师在与学生的对话中就融入了自己的认识评价和态度，"乌鸦站在一棵树上"本身就是一个图像或事实，可教师偏偏加上"寂寞"这一修饰语流露出自身的感情倾向，这就暗示学生从乌鸦吸取教训的角度上去思考，诱导学生朝预设的答案上靠拢。学生纷纷举起小手回答，多是说乌鸦后悔、伤心等。

生1：乌鸦很伤心，心想：唉，都怪我爱听好话，才会上了当。

生2：乌鸦真后悔：要是我不那么爱听好话，孩子们这时就有肉吃了。

老师满意地点点头，正想总结，却有一男生站起来说："乌鸦心想：嘿，我长这么大，从没有听谁夸我羽毛漂亮、嗓子好，今天总算听到了。不就是一块肉嘛，孩子们别急，我再给你们找去。"（顿时，教室里哄堂大笑）[①]

显然，这个男生的思考比前面学生的回答更有创意，却引起了全体学生的哄堂大笑。究其原因，就是教师的权威评论员角色仍然在强有力地影响着学生的创造性认识，遏制着学生学习主体地位的发挥。

二、学习理论下的教学目标和内容

教学设计的发展与学习理论的研究息息相关。纵观教学设计的发展历史，学习理论对教学设计的影响最为深远。不同的学习理论影响教学目标和内容的确定、选择与组织。当前主要的学习理论有行为主义学习理论、认知派学习理论和建构主义学习理论。

（一）行为主义学习理论及其教学设计观

1. 行为主义学习理论的基本观点

对学习理论的最早研究始于 20 世纪 20 年代初的行为主义，主要以桑代克的联结主义学习论、巴甫洛夫的条件反射论，发展到斯金纳的行为主义学习论为代表。20世纪 20 年代，桑代克进行了大量的人类学习实验，依据对动物和人类学习的实验研究资料，提出了学习的联结说，认为学习是情境与反应之间形成了一定的联结。总体来说，行为主义学习理论强调刺激—反应的联结，该理论认为能够根据提供的刺激来预测或控制学习者的反应。有什么刺激，就有什么反应；对学习者的反应进行及时的强化（包括正强化和负强化），有利于对学习行为的触发和矫正。可见，在行为主义者看来，学习的产生是外控的，学习是一种被动完成、循序渐进、积少成多的过程。

2. 行为主义学习理论的教学设计观

（1）教学目标

在桑代克看来，教育的目的在于把获得的某些联结加以永久保持，把某些联结加以消除，并且把另一些联结加以改变或疏导。因此，教学的目标就是帮助个体形成刺激—反应的联结，形成相应的行为习惯和技能。行为主义追求教学目标的精确化和具体化，提出用可观察的行为动词界定各类教学目标（包括价值观和态度教学），并依此进行教学活动和评价。在实际教学中，具有行为主义立场的教师，往往

---

① 黄巧云，林高明. 在多元对话中寻求坐标：例谈如何分析"课堂观察"[J]. 教育科学论坛，2008（6）：16-18.

着眼于学生通过教学活动能记住多少材料、能进行某种操作等。

（2）教学内容

斯金纳认为，学习者主要通过其环境中的变化来进行学习的，学习的关键在于如何呈现教材，即设计出恰当的程序化教材。行为主义者往往将教材作为一种终极目标，视教材为教学的法定依据，一切教学活动都是从教材开始的，也是到教材结束的。因此，教材几乎是唯一的教学内容。下面是受行为主义心理学影响编制的两篇小学语文课文：

《老鼠嫁女儿》

老鼠要嫁女儿，他想："太阳高高在天上，大又大，亮又亮，我把女儿嫁给他吧。"老鼠要把女儿嫁给太阳，太阳说："我不行，只要云一来，就把我遮没了。"

老鼠想："还是云好，我把女儿嫁给云吧。"老鼠要把女儿嫁给云，云说："我不行，只要风一来，就把我吹散了。"

老鼠想："还是风好，我把女儿嫁给风吧。"老鼠要把女儿嫁给风，风说："我不行，只要有堵墙，就把我挡住了。"

老鼠想："还是墙好，我把女儿嫁给墙吧。"老鼠要把女儿嫁给墙，墙说："我不行，只要碰着老鼠，就把我打穿了。"

老鼠想："还是老鼠好，就把女儿嫁给老鼠吧。"

《小牛讨角》

小牛头上没有角，老牛说他不好看。

小牛向小鸟讨角。小鸟说："我没有角。"

小牛向公鸡讨角。公鸡说："我没有角。"

小牛向白猫讨角。白猫说："我没有角。"

小牛向黄狗讨角。黄狗说："我没有角。"

小牛向老牛讨角。老牛说："你长大了，角会长出来的。"[1]

这两篇课文就强调了文字学习的不断刺激、强化来提高识字效率。课文将故事情节反复展现，在情节反复中体现文字反复。

同时，为了激发儿童的兴趣，教材应引起学生外在的动作，突出对动作字词的重视，如"狗，大狗、小狗，大狗叫，小狗跳"。儿童教育专家陈鹤琴就认为儿童用书有看的书、听的书、读的书、做的书四种，其中"做"的书比其他三种来得有趣。他强调，"做"就是活动，教科书应着重"做"，才是活的教材，才能够引起和支持儿童的兴趣。教材组织是否突出"做"，是衡量教材质量高低的重要指标。如下面的

---

① 范远波. 民国小学语文教材的嬗变［M］. 广州：世界图书出版公司，2016：134-135.

课文：

　　三只鸟飞，两只鸟在地上，五只鸟在树上，一二三四五六七八九十，一共十只鸟。

有人就批评它没有重视动作描写，难以激发兴趣和留下深刻印象，应改为：

三只鸟在空中飞，两只鸟在地上跳，五只鸟在树上叫……①

　　一般来说，行为主义强调知识的准备，教学遵循由简单到复杂、由个别到一般、由具体到抽象的原则，并以程序化的方式进行。行为主义学习理论反映在教学设计中，集中表现为一种对教学情境的精密控制。这充分体现在斯金纳提出的程序教学中。程序教学的步骤如下：（1）确定学生所需要掌握的知识和达到的技能。（2）小步子呈现信息。将刺激物比如教材分成许多个小片段，依照由简单到复杂的顺序一步步地呈现给学生。（3）学生对刺激物做出积极的反应和教师对学生的反应做出即时的反馈。假如学生的答案是正确的，教师给予奖励或者表扬以示强化，鼓励学生有信心去解决下一个问题；假如答案是错误的，教师指出错误的原因，并引导学生一步步地去解题，一直到掌握了这个知识点，才可以进入下一个问题。可见，教学过程完全是教师程序讲授的过程，学生仅是被动的知识接受者。行为主义对教学结果的关注在于外现行为。因此，行为主义学习理论的教学目标往往用动词表示，例如"知道""了解""记住""会"等字眼；教学内容重视增加经常性的练习，一般在一个知识点或一节课后，就要及时练习、测试，并选择能够明确表达结果的题型来进行测验，如填空题、正误题、选择题等所谓标准化试题；强调答案的唯一标准，不允许与教材答案不一致。

（二）认知派学习理论及其教学设计观

1. 认知派学习理论的基本观点

　　随着认知心理学的发展，行为主义学习理论逐渐受到批评。在这个背景下，产生了认知派的学习理论。认知派学习理论有早期认知派学习理论和现代认知派学习理论之分。前者主要以格式塔的学习"顿悟说"和托尔曼的认知学习理论为代表。

　　在格式塔心理学家看来，学习不是刺激反应间逐步联结的过程，而是顿悟的过程。苛勒的黑猩猩实验证实了这一思想。

　　苛勒认为，在未解决问题前，黑猩猩对情景知觉是模糊、混乱的，当它看到木箱堆起来与高处香蕉的关系时便产生了顿悟，这种知觉经验变化的过程不是渐进地尝试错误的过程，而是突然领悟的，这就是知觉的重新组织。产生顿悟的原因有两方面：一是刺激情境的整体性和结构性，黑猩猩直接感知到整个问题情境，受情景的

---

①　范远波. 民国小学语文教材的嬗变［M］. 广州：世界图书出版公司，2016：169.

整体暗示而产生顿悟；二是脑本身有一种组织功能，能填补缺口或缺陷。后来的实验表明，野外生长的黑猩猩能解决这类问题，人工饲养的不能。

图 2 - 3　苛勒的黑猩猩学习实验情景图

托尔曼重视有机体的内部变化，他首先提出了中间变量的概念。他把学习结果 S—R 的直接联结，改为 S—O—R 的公式，代表有机体 organism 的内部变化。他认为学习的实质就是在有机体内部形成一定的认知地图（或认知结构）。托尔曼设计了"白鼠学习方位迷宫"来说明他的观点，见图 2 - 4。

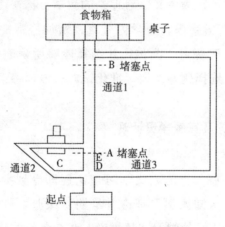

图 2 - 4　白鼠学习方位迷宫

关于学习的原因，与行为主义的观点相反，托尔曼认为外在的强化并不是学习产生的必要因素，不强化也会出现学习。

现代认知派学习理论主要以布鲁纳的认知结构学习理论、奥苏伯尔的认知结构同化理论以及 50 年代兴起的信息加工学习理论为代表。布鲁纳和奥苏伯尔是美国当代认知学习理论的代表人物，他们都继承了格式塔的完形说对行为主义联结说的批判观点，否认刺激和反应间直接的、机械的联系，认为学习中存在着一个内部的认知过程。他们认为，学习是通过认知获得意义和意向的过程，是认知结构的组织与重新组织。这与格式塔的观点基本一致，但去掉了早期格式塔学习理论的神秘色彩，更强调已有知识经验（原有知识结构）的作用和学习材料本身的逻辑结构。学习变化的实质就是学习者原有认知结构与有内在逻辑结构的教材联系起来，新旧知识发生相互作用，新材料在学习者头脑中获得了新的意义。可见，认知主义所研究的学习属于狭义的学习，即个体对事物经认识、辨别、理解从而获得知识的历程。在这一历程中，个体学到的是思维方式即认知结构。个体通过学习增加经验，改变认知结构，所以这种学习是内发的、主动的过程。

2. 认知派学习理论的教学设计观

（1）教学目标

认知派认为学习是学习者的知觉与外界事物交互作用的过程，教学目标的重点是能够应用适当的知识去解释问题，并体现清晰严密的解决思路和可靠结论。因此，认知主义认为实现教学目的，与其说是旧知识的复习、引申的结果，毋宁说是通过发展学生的认知水平实现的，而学生的认知水平很大程度上取决于他们的认知愿望和情感要求。认知学习理论强调在教学目标设计时，注重学生对知识结构和方法的掌握并形成相应的认知结构。如在奥苏伯尔的有意义学习理论中，着重强调了概括性强、清晰、牢固、具有可辨性和可利用性的认知结构在学习过程中的作用，并把建立学习者对教材的清晰、牢固、适当的认知结构作为教学的主要任务。

（2）教学内容

认知派学习理论者不把教材作为一种目的，而是作为一种教学的素材，最终目的在于借助教材使学生掌握更多的文化知识，发展相应的能力。具有认知派观点的教师不是先复习旧知识再开始新课，而是先把富有"挑战性"的课题摆在学生面前，激发学生的认知兴趣，然后追索旧的知识和经验，寻求问题的答案。教学过程是不断产生和爆发思想火花——顿悟的过程，教师必须对教材进行新的加工，将教材以问题的形式呈现，旨在引起学生的认知冲突，然后让学生提出各种各样的假设，去验证假设、解决问题。奥苏伯尔提出先行组织者策略，先行组织者是先于学习任务本身呈现的一种引导性材料，一般为抽象、概括和综合水平较高的材料，大致有三种形式：一个概念的定义、新材料与已知例子的类比、一个概括。这些内容起着联结新旧概念的作用，使学生能够用来重组自己的知识。

（三）建构主义学习理论及其教学设计观

1. 建构主义学习理论的基本观点

20世纪90年代以来，认知学习理论受到来自建构主义学习理论的挑战。建构主义学习理论被认为是教育心理学的一场革命，它在吸收认知主义关于认知加工观点

的基础上，提出对学习过程的不同看法。

建构主义学习理论认为学习是在一定的情境即社会文化背景下，借助其他人的帮助即通过人际间的协作活动，运用已有的经验，对所提供的信息进行新的意义建构的过程。这一过程不仅是对外部信息的加工，而且意味着外来知识与已有知识之间存在双向反复的相互作用，新经验意义的获得要以原有的知识经验为基础，从而实现超越，而原有的经验又会在此过程中被调整或改造。学习过程不论是获得知识技能还是运用知识技能解决实际问题，都同时包含了这两个方面的建构：一方面，学习者以自己已有的知识经验为基础，通过与外界的相互作用，对新的信息进行加工处理，以实现对新信息意义的建构；另一方面，学习者对自己原有的经验进行改造和重组。对于学习的结果，传统认知派学习理论认为，学习的结果是形成认知结构，它是高度结构化的知识，按概括水平的高低层次排列；建构主义则认为，学习的结果是围绕着关键概念建构起来的网络结构知识。建构主义者认为，在现实生活中，结构不良领域是普遍存在的，我们不可能依靠将已有的知识简单提取出来去解决问题，只能根据具体的情境，以原有的知识为基础，建构用于问题解决的图式。这种图式不是以某一个概念原理为基础，而是多个概念原理以及大量的经验背景的共同作用而形成的。因此，建构主义认为学习可分成初级学习和高级学习。在初级学习中，学生主要获得一些重要概念和事实；在高级学习阶段，要求学生把握概念的复杂性，并灵活地运用到具体的情境中，涉及大量的非结构性知识。

2. 建构主义学习理论的教学设计观

（1）教学目标

传统教学设计的理论受到客观主义的影响，教学设计强调实现有逻辑的、有系统的、预设的目标，需要客观地设计教学策略，使学习者能达到预设的目标，实现高度客观化的能力培养。建构主义认为，教学是学习者主动利用经验和已有知识建构知识的过程。教学目标被意义建构所取代，使得"知识"这一概念含糊、笼统。建构主义教学观强调培养学生借助已有知识经验主动建构新知识的能力，强调知识应在真实任务的大环境中呈现，学生在探索真实的任务中达到学习的目的。在确定和陈述教学目标时，强调应有一定的弹性和可变性，如采用认知目标分类的层次来标识，不能采用传统的行为式教学目标，应该避免传统教学目标分析过度抽象、过分细化、过分分散、过分单调的逻辑关系，而应该采用整体性的教学目标。

（2）教学内容

建构主义者特别是激进的建构主义者，认为知识并不是对现实的准确表征，它只是一种解释、一种假设，它并不是问题的最终答案，而且知识并不能精确地概括世界的法则。因此，在具体使用中，需要针对具体情境进行再创造，强调教学内容的情境性和整体性。因此，作为教学内容的课本知识不是唯一的教学内容，不是问题的唯一正确答案，只是一种关于现象的较为可靠的假设。学生对这些知识的学习是在理解的基础上进行检验和调整的过程。在建构主义学习理论指导下，学生从外部刺激的被动接受者和知识的灌输对象转变成知识意义的主动建构者。教学模式由以教为主转变为以学为主。在以学为主的教学模式中，学习者可以按照自己的认知结构、学习方式，选择自己需要的知识，并以自定的进度进行学习。这种教学要求建立在有感染力的真实事件或真实问题的基础上，学习者要想完成对所学知识的意义建构，最好的办法是到现实世界的真实环境中去感受、去体验以获取直接经验，而不是仅仅聆听别人的介绍和讲解。在教学中要注意在不同时间、不同情境下，对同一教学内容，用不同的方式加以呈现，从而获得对同一事物或同一问题的多方面的认识与理解。建构主义的教学重视情境创设和协作学习，在协作、讨论过程中包含对话，并在此基础上由学习者自身最终完成对所学知识的意义建构。

从上述不同学习理论的教学设计观中可以发现，学习理论的许多结论是在某种特定条件下得到的，教学设计不应该以某一个学习理论作为唯一的理论依据，而应该对不同的学习理论进行分析选择。

第三节　教案的编写设计

教学工作以上课为中心环节。要上好课，课前教师必须备课，学生也要做相应的准备或预习。备好课是上好课的先决条件，只有备好课才有可能上好课。教案是教师备课活动的成果体现。从教师角度来说，一个完整的课堂教学过程应该包括备课、说课、教案编写、上课、课后反思、作业批改和教学评价等环节。其他环节有相应的章节叙述，下面只对前三个环节进行介绍。

一、备课

备课需要做好以下几项工作：

（一）熟悉课程标准

课程标准是课程计划中每门学科以纲要的形式编定的，是有关学科教学内容的指导性文件。课程标准规定了学科的教学目的与任务，知识的范围、深度和结构，教学进度以及有关教学法的基本要求。课程标准是课程计划的分学科展开，它体现了国家对每门学科教学的统一要求，是编写教科书和教师进行教学的直接依据，也是衡量各科教学质量的重要标准。课程计划有利于保证教学的计划性和质量。国家《基础教育课程改革纲要（试行）》指出，国家课程标准是教材编写、教学、评估和考试命题的依据，是国家管理和评价课程的基础。课程标准体现国家对不同阶段的学生在知识与技能、过程与方法、情感态度与价值观等方面的基本要求，规定了各门课程的性质、目标、内容框架，提出教学和评价建议。课程标准的结构一般由以下几部分组成：

1. 前言部分：说明本课程（学科）的特点、意义，阐明本课程（学科）的基本理念，以及本课程标准的设计思路。

2. 课程目标部分：规定课程的总体目标及各学段（或年级）的具体目标。

3. 内容标准部分：这是课程标准的中心部分或基本部分。结合具体内容，规定教学所要达到的最低标准，通常会以案例的形式给出教学建议。

4. 课程实施建议部分：给出教学建议、评价建议、教材编写建议以及课程资源的开发与利用建议，等等。

课程标准是指导学科教学的纲领，教材根据课程标准编写。钻研教材应该在熟悉课程标准，掌握课程标准所规定的教学任务、教学目标以及各年级的教学要求、教学中应遵循的原则的基础上，结合教材，分解落实课程标准所规定的教学目标。

（二）钻研教材

教师应认真钻研教材，包括钻研教科书和阅读有关的参考书，熟悉教材的编写意图和教学目标，了解知识的承接性和延续性，对知识系统的内在联系要做到心中有数，掌握所教学的内容在该学科体系中所处的地位和作用，明确重点难点。教师钻研教材有一个深化的过程，一般要经过"懂""透"和"化"三个阶段。"懂"，就是对教材的基本思想、基本概念都要弄清楚；"透"，是指要透彻地了解教材的结构、重点与难点以及掌握知识的逻辑，能运用自如，知道应补充哪些材料，怎样才能教好；"化"，就是教师的思想感情和教材的思想性、科学性溶化在一起，同时把教学内容与学生原有的知识、技能、兴趣、需要与思想状况、方法和习惯等联系起来，充分考虑某一部分内容学生学习的困难程度以及可能产生的问题，以最大限度地发挥学生的学习主动性。为此，钻研教材的过程也就不仅仅是熟悉教材的过程，还是熟悉教材与教师、教材与学生之间关系的过程。这个过程包括：

1. 确定教学目标。课程目标是笼统的、理想的，只是指明了方向和领域，而落实到教案中的教学目标必须是具体的、多层次的、具有现实操作性的。

2. 确定某一单元或某一知识点的课时结构和任务。如何引入新课、演绎示范、归纳总结、提问设问、布置练习，都应该做到心中有数，每节课都应该有一个大致的安排，一节好的课离不开一个好的课时结构，环环紧扣、张弛有序，每一课时的各个环节均能恰到好处地调动学生的学习积极性。

3. 确定教学内容的重点、难点。在教学过程中，每一课时都有一些学生难以明确、难以掌握的知识点，教师必须从学生的实际出发，把握重点、难点。要让学生把握一节课的教学内容，必须突出重点、化解难点，以达到预期的教学目的。

（三）组织教学过程

在课堂教学目标确定之后，用什么方法和手段实现课堂教学目标极为重要，它要求教师根据教学要求和所教对象，对如何运用相应的教学方法来完成教学任务，运用何种教学手段来强化教学的重点，化解难点，都有一个大致的设计。俗话说"教无定法"，教学方法不是一成不变的，每一种教学方法都自有其合理性和适用性。在同一课时中，教学方法可以多样化，教学媒体可以综合运用，但教学方法的多样性必须和教学效果相一致。一般的教学过程大致有这么几个环节：

1. 引起学习动机。学习动机是推动学生学习的一种内部动力。学习动机往往与兴趣、求知欲和责任感联系在一起。教师要使学生明确学习目的，启发学生的责任感，激发学生学习的积极性。

2. 领会知识。这是教学的中心环节。领会知识包括使学生感知和理解教材。教师引导学生通过感知形成清晰的表象和鲜明的观点，为理解抽象概念提供感性知识的基础并发展学生相应的能力。感知的来源包括：学生已有的知识经验，直观教具的演示、参观或实验，教师形象而生动的语言描述，学生的再造想象以及社会生活实践等。理解教材可以有两种途径：一是从具体形象思维向抽象逻辑思维过渡，二是从已知到未知。这说明不必都从感知具体事物开始理解教材，它要求教师引导学生在感知的基础上通过分析、比较、抽象概括以及归纳演绎等思维方法的加工，形成概念、原理，获得对事物的本质和规律的认识和把握。

3. 巩固知识。通过各种各样的复习，对学习过的材料进行再记忆并在头脑中形成巩固的联系。巩固知识往往渗透在教学的全过程，不一定是一个独立的环节。

4. 运用知识。学生掌握知识的目的在于运用，教师要组织一系列的教学实践活动引导学生动脑、动口和动手，以形成技能技巧，并把知识转化为能力。

5. 检查知识。检查学习效果的目的在于使教师及时获得关于教学效果的反馈信息，以调整教学进程与要求；帮助学生了解自己掌握知识技能的情况，发现学习上的问题，及时调整自己的学习方式，改进学习方法，提高学习效率。

二、说课

所谓说课，是对备课的进一步深化和拓展。如果备课是教师在熟悉教材、了解学生、考虑教法的基础上对教学活动进程提出主观设想的过程，那么说课就是面对同行和专家将这一主观设想进行论证的一种教学研究过程。教师在科学的教育理论指导下，将自己对课标、教材的理解和认识，课堂教学时间的安排，教学活动的设计，教学方式的选择以及教学媒体的运用等一系列教学要素的确立及其理论依据进行阐述。说课集中反映了教师的教学理论修养和教学风格。它包含三个部分，即教学什么、怎样教学、为什么这样教学。

（一）教学什么

教学什么主要包括目标和内容。教师对一个单元、一篇课文、一个知识点、一节课的教学目标和内容应该有一个大致的认识，依据教材提出具体的目标和内容。教材是备课的基本依据，也是说课的基本依据。教师对教材的分析，重在挖掘教材在教育上的知识价值、能力价值和情感价值。教材的知识价值，是指教材呈现的知识在整个学科体系中的地位；教材的能力价值是指教材本身所隐含的对人的多方面能力发展的促进作用；教材的情感价值是指教材隐含的对儿童态度形成和转变的因素。教材的能力价值和情感价值有一定的隐蔽性，它凝聚在知识中，因此应该在知识教学的同时，注意发挥教材的隐蔽性价值。同一节教材内容，在知识的不同结构组织下，其能力价值和情感价值会不同。说课时，教师要注意分析教材的难点对应的学生个体或群体，说清难点在教学进程中的位置、程度和成因。

（二）怎样教学

怎样教学实际就是教学过程的具体展开，主要包括课时安排、教学环节、主要做法、练习设计、课堂小结等 5 个方面的内容。如何安排教学过程的各个环节，没有固定模式。可以把一课书的内容分为几课时，再逐课时安排教学环节；也可以把一个环节的内容说完后，再依次说下一个环节的内容，环节之间尽量用上恰当的过渡语，使整个教学过程浑然一体。教学过程的陈述并不等同于课堂教学实录，一般环节的内容则可少说，但对于教学设计的具体思路、课堂教学的结构安排和优化过程与教学环节转换之间的逻辑关系等宏观方面，以及如何进行反馈矫正、小结，如何渗透思想教育、布置作业的内容，如何引导学生完成作业，运用什么教学方法突破重难点等微观方面，都要详细说清楚。教学过程要求层次清楚，过渡自然，环环紧扣，结构严谨。教学过程的分析反映了教师的教学思想、教学个性。通过对教学过程设计的阐述，教师可以进一步看到其教学安排是否合理、科学，是否具有艺术性。教学过程的展开还受教师的教学风格的影响，由于本书已有对教学风格的专章论述，在此不再详述。

（三）为什么这样教学

教学目标和内容的确定，大致需要两方面的依据，一是教学目标分类理论，二是学生的心理发展水平理论。布卢姆把教学目标分为认知、情感、态度三大领域，每一领域又有具体的目标。加涅把人类学习获得的性能区分为言语信息、智慧技能、认知策略、动作技能、态度等五类。吉尔福德则提出学习内容、学习结果、学习认知活动的三维目标。我国的目标分类吸收了这些分类理论，一般区分为认知目标（包括记忆、理解、运用），情感目标（包括接受、反应、爱好、个性化），动作目标（包括知觉、定势、熟练、自动化）。教学目标的设计要体现多维性、系统性、适切性等要求。适切性就是指教学目标要适应学生的知识准备状态和学习状态。为此，必须对学生进行学情分析。

学生的身心发展特征有：

1. 个体身心发展的不平衡性。个体身心发展的不平衡性表现在两个方面：首先是同一方面的发展速度，在不同年龄阶段的变化是不平衡的；其次是不同方面发展的不平衡性。为此，心理学家提出了发展关键期或最佳期的概念。所谓发展关键期是指身体或心理的某一方面机能和能力适宜形成的时期。在这一时期中，对个体某一方面的训练可以获得最佳成效，并能充分发展这方面的潜力。错过了关键期，训练效果就会降低，甚至无法补偿。

2. 个体身心发展的顺序性。个体身心发展在整体上具有一定的顺序，身心发展的个别过程和特点的出现具有一定的顺序。身体的发展遵循着从上到下、从中间到上肢、从骨骼到肌肉的顺序发展；心理发展总是由机械记忆到意义记忆，由具体思维到抽象思维，由喜怒哀乐等一般情感到理智感、道德感、美感等复杂情感。瑞士心理学家皮亚杰关于认知发生论的研究，揭示了个体认知发展的一般规律，即按照感知运算水平、前运算水平、具体运算水平、形式运算水平的顺序发展。美国心理学家柯尔伯格的研究证明，皮亚杰的认知发生论在个体道德认知过程中也有普遍意义，他提出人的道德认知遵循前世俗水平、世俗水平、后世俗水平的发展过程。这些研究结论对于教育工作有重要的意义。

3. 个体身心发展的互补性。互补性反映个体身心发展各组成部分的相互关系，它主要指机体某一方面的机能受损甚至缺失后，可通过其他方面的超常发展得到补偿。

4. 个体身心发展的差异性。个体差异性在不同程度上存在：首先是男女性别的差异。不仅是自然性的差异，还有社会地位、角色、交往言行的差异。其次是不同年龄阶段的差异。再次是同一年龄阶段上的个性差异。这种差异包括先天素质、内在机能、努力程度、抱负水平、思维方式、情感意志、学习风格等的差异。

三、教案编写

教案，也称课时计划，是教师在备课、说课的基础上，以课时为单位设计的具体教学方案。教案是上课的重要依据，通常包括班级、学科、课题、上课时间、课的类型、教学方法、教学目的、教学内容、课的进程和时间分配等。有的教案还列有教具和现代化教学手段（如电影、投影、录像、录音等）的使用、作业题、板书设计和课后反思或分析等项目。由于学科和教材的性质、教学目的和课的类型不同，教案不必有固定的形式。教案编写的具体内容主要有以下九项：

1. 课题。说明本课名称。

2. 教学目的。或称教学要求，说明本课所要完成的教学任务，可根据目标分类理论去设计。

3. 课型。课型可以有不同划分法，可以根据教学的任务来划分，分为传授新知识课（新授课）、巩固知识课（巩固课）、培养技能技巧课（技能课）、检查知识课（检查课）。在实际的教学工作中，有时一节课只完成一个任务，有时一节课则需完成多项任务，所以根据一节课所完成的任务的数量，又可分为单一课和综合课。也可以根据使用的主要教学方法来划分，分为讲授课、演示课（演示实验或放映幻灯、录像）、练习课、实验课、复习课。上述两种分类也有联系，具体表现在两类课型有相对应之处。例如新授课多属于讲授课，巩固课多属于复习课，技能课多属于练习课或实验课等。

4. 课时。说明本节课属于第几课时。

5. 教学重点。说明本课所必须解决的关键性问题，或教学的重点内容。

6. 教学难点。说明本课学习时易产生困难和障碍的知识点。

7. 教具运用。说明辅助教学手段、使用的工具。

8. 教学过程。或称课堂结构，是指一节课包含哪些组成部分以及各组成部分的顺序、时限和相互关系。课的基本结构包括：（1）组织教学。组织教学的目的是使学生对上课做好心理上和物质上的准备，吸引学生的注意并创设一种有利的课堂情境或气氛。组织教学应贯串于一堂课的始终。（2）检查复习。检查复习的目的在于复习已经学过的教学内容，了解学生对已学知识掌握的情况，以便导入新课或加强知识之间的联系。（3）学习新教材。这一部分通常是大部分课的主要部分，旨在使学生理解、掌握新的知识和技能。教师向学生呈现新教材并引导学生学习的方法、手段是多种多样的，选用何种方法、手段，主要应视教材的性质、课的任务和学生的特点而定。（4）巩固新教材。巩固新教材的目的在于使学生对所学教材当堂理解、当堂消化、初步巩固，并使学生通过初步练习为完成课外作业做好准备。（5）布置课外作业。布置课外作业的目的是使学生进一步巩固所学的知识和技能，培养学生运用所学知识、技能独立分析问题和解决问题的能力，并使技能达到熟练。

9. 板书设计。有些教师是边上课边板书，属于随意性板书；有些教师会把板书做一个一个设计，写在教案中。

建构与思考

1. 教学设计艺术受哪些因素的影响？

2. 下面是两则就同一课文内容展开的课堂教学片段，试比较两者的区别。

一位老师执教《四季》一课，在读到"谷穗弯弯，他鞠着躬说：'我是秋天。'"一节时，提出了一个问题："小朋友，谷穗为什么是弯弯的？"以下是师生对话的真实记录。

[片段一]

师：谷穗为什么是弯弯的？

生：因为他在鞠躬呀。

师：可是，不鞠躬的时候他也是弯的呀。

生：因为风吹过来了。

师：可是风不吹的时候他也是弯的。

生：因为谷穗成熟了。

师：对呀！谷穗弯弯是因为他成熟了。

学生作恍然大悟状，教学进入下一个环节。

[片段二]

师：谷穗为什么是弯弯的？

生：因为他在鞠躬呀。

师：他在向谁鞠躬呢？

生：他在向大地鞠躬，表示感谢。

师：还有不一样的答案吗？

生：因为风吹过来了。

师：对呀，调皮的风在和他做游戏呢！还有别的想法吗？

生：因为谷穗成熟了。

师：真聪明！知道谷穗弯弯是因为他成熟了。别的同学呢？

生：我认为谷穗在跳舞。

师：你的想象力真丰富。

生：我想他是在沉思，回忆春天的故事。

（老师作沉思状）

生：也许他在等待，等农民伯伯来收割吧！

生：我觉得谷穗很谦虚，不管见了谁都低着头。

师：小朋友说得真好呀！让我们美美地读一读。

3. 行为主义学习理论与认知派学习理论有什么不同？

4. 试述人本主义学习理论的现实意义。

参考文献

［1］黄巧云，林高明. 在多元对话中寻求坐标：例谈如何分析"课堂观察"［J］. 教育科学论坛，2008（6）.

［2］赫尔巴特. 普通教育学·教育学讲授纲要［M］. 李其龙，译. 杭州：浙江教育出版社，2002.

［3］爱弥尔·涂尔干. 道德教育［M］. 陈光金，沈杰，朱谐汉，译. 上海：上海人民出版社，2001.

［4］王北生. 教学艺术论［M］. 郑州：河南大学出版社，2001.

［5］郭成. 课堂教学设计［M］. 北京：人民教育出版社，2006.

［6］王升. 教学策略与教学艺术［M］. 北京：高等教育出版社，2007.

第三章　教学过程的优化艺术

> 教学过程的优化，实际上就是对教学活动要素的优化组合。教学活动的四大要素——教师、学生、教学内容、教学方法，需要结合具体情景和对象实现有所侧重、有所强化的优化组合，让所有参与者都能体验到教学过程张弛结合、快慢有度、起伏交替的愉悦感、自信心和成就感。

第一节　教学过程优化概述

教学情景：

三位中学教师聚在一起用餐，话题转向了教学和学生。

王老师问道："你们今年（七年级）的学生怎么样？我发现他们的心思都没放在学习上。"

陈老师说："我今年要教三个班的代数课，结果我花了两个月的时间帮他们复习他们本来应该要知道的东西！他们似乎不想开动脑筋思考问题。"他给了同事一个懊恼的表情。

冯老师则说："我的学生没那么糟，事实上，前几天我们才对'中国是不是要建造航空母舰'的话题进行了很热烈的讨论。学生们显得可兴奋了，各抒己见。即使是几个学习比较慢的学生，也做得很好，我对他们的评论印象深刻。"

陈老师很挫败地说："当他们连乘除都不知道时，怎么去引导他们思考呢？"

王老师补充道："我明白你的意思。我本来要教他们写作文的，但是他们连基本的语法都不懂，名词跟动词都分不清楚，我怎么教他们修辞手法的运用？"

陈老师附和："就是啊！我们在教其他如问题解决或思考技巧前，得先教他们基础的知识。"

冯老师说："这我倒是不那么确定。跟你说，先前我刚好去研习，主题是怎么利用分组写作的方式来上作文课，于是有天我就将成绩好与成绩差的学生放在同一组，他们得针对先前我们读过的短文写一篇短评。他们可以以电视、电影评论的模式撰写。我们先讨论基础的内容，如情节与行动，并看了两段电影短评，然后我就放手让他们自己去讨论、写。我自己都不敢相信，有些从来不参与课堂活动的学生居然也变得很兴奋！"

陈老师说："这些花哨的形式能提高学生的写作水平吗？我以前也试过各种各样的方法，课堂上学生也是热热闹闹的，但一做数学题，学生好像把课堂内容抛到九霄云外了。考试的成绩更是让人灰心，一看他们的答案就知道上课时教的东西没在他们脑子里留下印象。"

——摘自崔允漷《有效教学》（华东师范大学出版社，2009年版），有改动

教学探究：

在上面的材料中，王老师的困惑在于如何激发学生的学习动机；陈老师认为教学就是要掌握基础知识和技能，他关注的是学生所学的内容和结果；冯老师考虑的是如何才能让师生活动的情绪高涨，为此他积极尝试各种教学策略和组织形式，如主题辩论、分组活动等。那么，从教学过程的优化角度来说，这三位教师的教学能否实现教学过程的最优化？教学最优化需要考虑哪些因素？

教学过程既是教学实践问题，又是组织教学活动的理论基础。只有深刻认识和处理教学活动内部各种要素之间的关系，合理组织教学活动，选择恰当的教学方法，才能实现教学过程的最优化、教学效果的最大化。教学过程的含义，从整体和发展上看，大致有四层：第一层是指从学生进入小学开始到大学毕业或受完一定阶段的学校教育为止，整个过程是一个总的教学过程；第二层是指一门课程从开始到结束的教学过程；第三层是指一门课程中的一章或一个单元的教学过程，它具有相对的独立性和完整性；第四层是指一个知识点或一篇课文的教学过程。除第一层是比较宏观去考虑学校系统的课程组织之外，其他三层都跟学校的教学实践密切相关，教学过程的最优化应该在这三个层面实现。所谓教学过程的最优化，是指在一定的教学条件下寻求合理的教学方案，使教师和学生以最小的投入（包括时间、精力、财力等）去获得最好的教学效果，实现教师和学生的共同发展。

较早提出教学过程最优化理论和方法的是苏联教育家巴班斯基。在20世纪70年代，他针对学生普遍存在的留级、学习成绩不佳现象，提出要对学校教学进行整体

优化。巴班斯基主张把系统结构法作为研究教学规律的方法论，以此来深入研究教学过程与社会系统、条件之间有规律性的联系，探讨教学过程本身的任务、内容、方法、手段和组织形式之间的规律性联系，分析教学过程中教和学的联系。课堂教学设计就是应用系统的观点，从整体角度出发，对课堂教学活动中的基本要素以及各要素之间的相互关系进行认真分析，比较各种不同要素组合产生的效果，从而选择最优的教学方案，获取最佳教学效益的过程。教师在进行课堂教学设计时，必须运用系统的方法，分析教师、学生、内容和媒体、方法等要素在课堂活动中的地位和作用，明确各要素之间以及各要素和整个教学系统之间的相互关系，从而确定教学目标，选择教学媒体，制订教学策略，以求实现教学系统的功能最优化。在课堂教学活动中，媒体是教育信息的载体，它的作用就是用来传递教学内容。教师在进行媒体设计时，必须从整个教学系统考察媒体和教师、学生、教学内容等教学要素之间的相互关系，根据教学目标的需要制订出最适合学生学习的操作方案。否则，只是孤立地考虑课堂教学活动中的某一方面，简单地满足某种需要，就不能够达到优化课堂教学的目的，甚至会对课堂教学形成干扰和不利影响。巴班斯基指出，教学过程的规律有：教学过程受社会发展过程和社会需要的制约；教学过程跟个体成长过程中的教养过程、教育过程和发展过程相联系；教学过程依存于学生实际学习的可能性；教学过程依存于它所赖以进行的外部条件和环境因素；教的过程和学的过程在作为一个整体的教学过程中有规律地联系在一起，是不可分离的；教学内容取决于依据教学目标所确定的教学任务；激励、组织、检查和评价学习活动的方法和手段取决于教学的任务和内容；教学的组织形式取决于教学的任务、内容和方法；在相应的条件下，教学过程诸成分的相互联系和合力组织，可以保证取得巩固的、理解的和长远的教学效果。

最优化是课堂教学设计的追求。教师在课堂教学设计中，要把某种教学理论成果转化为教学技术时，可采用的方案、方法可以说是多种多样的。在这种情况下，究竟采用何种方案或模式，就必须对各种方案、模式的效能进行全面比较，选取其中效能最佳的方案或模式。在进行课堂教学设计最优化抉择时，教师不仅要考虑到眼前的效益，同时要兼顾长远的效益；不仅要注重设计的简单、方便、易行，更重要的是要注重其发展价值。当然，在方案和模式的选择中要善于选择那些节省教学时间、应用范围广、适应性能强、派生作用大的最优化方案或模式。要注意课堂教学设计最优化的根本问题是，针对不同的学习者使用何种教学方法才能收到最理想的效果。课堂教学设计的最优化应从各个角度考虑课堂教学中的各个组成要素。如：在教学任务上，设计的最优化就是要做到明确教学和发展的目标，了解学生的准备状态，把教学任务具体化；在教学内容上，就是要做到分析教材中主要内容、重点难点，确保学生能掌握这些教学内容；在教学方法上，就是要选择有助于有效地掌握所学的内容、完成教学任务的模式，针对不同的学习者，进行有区别的教学；在教学进度上，就是要做到确定适当的教学步调、速度，既完成教学任务，又节省时间；在分析教学效果上，就是要做到对教学结果科学地测评、分析和解释。但是，要素的优化并不等于系统的优化，系统的整体功能不是各个要素功能的简单相加，而是通过各要素的协调、整合，重新产生一种新的功能。所以课堂教学设计必须从整体效益出发，恰当地考虑各要素在整个课堂结构中的地位和作用，优化各要素间的组合方式，从而使课堂教学设计达到最优化。

第二节 教学过程优化的范围

从教学过程的层次来看，教学过程的优化大致有学校课程组织的优化、学科教学过程的优化、单元教学过程的优化、课堂教学的优化等。由于各个层次的侧重点不同，教学过程优化的范围和内容也不同。下面侧重从课堂教学层次来谈谈教学过程的优化艺术。

课堂教学设计的基本方法是系统的方法，是指从系统和要素、要素和要素之间的相互联系和相互作用的关系中综合地、精确地考察教学活动。它首先需要分析课堂教学系统各要素的地位和作用，使各要素得到最紧密、最佳的组合，从而提高课堂教学效果。从教学过程展开的角度来看，教学过程的优化起码应该包括以下三方面：优化教学导入的设计、优化过程衔接的设计以及优化板书设计。从教学过程的要素来看，教学过程优化应该包括教师自身形象的优化设计、教学内容的优化设计、师生活动方式的优化设计。下面集中讨论一下优化教学导入设计、优化过程衔接设计和师生活动方式的优化设计。

一、教学导入的优化设计

教学导入是课堂教学的重要组成部分，好的开始相当于成功了一半，它为一节课的展开奠定基础、营造气氛。因此，上课一开始就要借助导课环节吸引学生的注意。如有个物理教师在讲"牛顿第三定律"时，一开始，他就向学生提出这样一个问题："同学们，咱们班最近参加了拔河比赛，你们说，两队拔河，从拉绳来看，赢方一端的拉力大，还是输方一端的拉力大？"

这个问题看起来很浅显，似乎是明知故问，因为凭生活经验来推理，明摆着是赢方一端的拉力大，因此，学生们先是一愣，接着才争先恐后地说："赢方一端的拉力大。"

这个答案正是教师所期望出现的，因为教师可以借此让学生产生认知冲突，以达到吸引学生注意和启发学生思考的效果。

于是，教师顿了顿才说："不对！拉绳上两端的拉力一样大！"

"为什么？为什么？"同学们睁大眼睛，愣住了。

"这是作用和反作用，牛顿第三定律所要说的问题，我今天就讲这个问题。"

在这种情况下，教师的讲课内容就会引起学生的注意力，学生的思维活动也就纳入课堂的教学内容中。[①]

教学导入还要重视为教学情景的展开提供铺垫，营造与教学内容相适应的课堂氛围，让课堂在这种氛围中慢慢展开。情境教学的创立者特级教师李吉林深知情感性语言的价值，所以她在教学过程中总是力图用饱含自己情感的语言将学生引入课文所描述的情境中。在讲《穷人》这篇课文的第二段时，她用下面这段话把学生带入到一个刮着风暴的夜晚：

托尔斯泰爷爷的第一段描写把我们带到了海边的一间小屋里，我们仿佛看到在这又黑又冷，狂风呼啸的夜晚，女主人公桑娜正坐在火炉旁一边补着破渔网，一边焦急地等待着出海打鱼的丈夫归来的情景。桑娜听着屋外呼啸的海风再也坐不住了，她走出门，来到茫茫的大海边，希望能看到丈夫的小船。可是，漆黑的大海上什么也看不到。她又想到了那个生病的女邻居西蒙。现在我们的视线随着桑娜的身影移到了西蒙家的门口……

这一段富有感情的叙述，不仅一下子吸引了学生的注意力，激起了学生的情感，而且使课文中描写的画面呈现在学生的眼前。教室气氛显得沉静而紧张起来，那一颗颗幼小的心也悬起来了，情不自禁地和桑娜、西蒙的命运贴近了。倘若换一个说法："昨天我们学习了课文的第一段，今天开始学习第二段。大家先默读课文，看一看：这段写的是什么？"这样"冷冰冰"的语言来教《穷人》这篇感人至深的课文，显然是很难把学生带入情境的。[②]

二、过程衔接的优化设计

教学过程衔接的设计主要针对课堂教学展开过程的节奏来设计，衔接主要指教学过程从一个环节到另一个环节之间的过渡，从一节内容到另一节内容的延伸，起

---

① 李如密. 教学艺术论 [M]. 济南：山东教育出版社，1999：185.

② 何齐宗. 教育美学 [M]. 重庆：重庆出版社，1995：62.

着承上启下的作用。艺术的衔接表现为自然流畅，起伏有致，水到渠成，下一环节是上一环节的必然拓展和延伸，上一环节又是下一环节的铺垫性开端。它要求快慢适宜、动静相生、张弛结合。在教学实践中，有的教师在过渡时显得过于突然、生硬，就在于没有巧妙地揭示出两个环节之间的内在联系；有的教师在衔接上易犯拖沓的毛病，拖泥带水，把本来很短的衔接弄得很长，没有体现教学的简洁性，使人的注意力容易分散。真正要使整个教学过程富有艺术性，必须重视和把握衔接的艺术。掌握和运用衔接的艺术，一般要考虑两个主要因素：

一是前后环节内容联系的性质。两者可能是具体与抽象的关系，可能是分类转移的关系，也可能是已有经验与新知识学习的关系，等等。不同的关系，需用不同的衔接方法。

二是学生学习心理状况和动态需求。在一个环节结束时，学生可能仍情绪高涨，注意力集中，思维活跃；也可能有些疲劳，注意力涣散，进入冥思阶段；或是感到趣味索然，情绪低落。这些都是制约因素。

因此，使衔接富有艺术性并非易事，衔接的艺术在于视教学内容的性质、学生的心理状况而灵活掌握。如果教学只是一味地平铺直叙，那就乏味了。有调查研究表明，45 分钟的一节课当中，学生的认知积极性呈现一个波形：最初的 3～5 分钟注意力不稳定，学生处于上一节课的影响之中；其后的 30 分钟是一般学生进入注意力最积极的时期；下课之前的 7～10 分钟，注意力又开始逐渐地趋于衰退。这就为我们设置教学的张弛节奏提供了大致的时间划分。

著名特级教师于漪说，如果 45 分钟都是一个调子，平铺直叙，像流水般地淌，淌，淌，学生会感到乏味，打不起精神。她回忆 30 多年前她的一个年轻的语文教师，她说这个年轻的男教师，文质彬彬，戴着眼镜，总是能抓住学生的心灵。这个老师教鲁迅的《故乡》时，先是描绘那诗情画意的环境：那深蓝深蓝的天空中，圆圆的月亮是金黄色的，还有绿得惹人喜爱的西瓜地，在这优美的环境里，少年闰土出场了，他戴着银项圈，拿着钢叉，在月光下闪闪发亮。这些生动的语言，描绘了夏夜瓜地的美景。然后讲到中年后的闰土时，这个老师的声音低沉了，讲得那么感伤：中年的闰土紫色的脸灰黄了，皱纹很深，还有那破旧的毡帽，浑身瑟缩，开裂的手像松树皮。半天才喊出一声老爷。……他讲得非常动感情，眼眶里噙着泪水。[①]

这位老师的语调、语气变化贯串着一个思路——为什么威风凛凛的闰土会变得如此畏缩？这样，教学过程就在张弛结合的节奏中始终保持一定的思维张力，实现快慢适宜、动静相生的教学效果。

---

① 李如密. 教学艺术论 [M]. 济南：山东教育出版社，1999：101.

教学过程的衔接还要求教师不能狭隘地把课堂教学设计理解为教案的撰写。课堂教学设计既有动态的设计，也有静态的设计。静态的教学设计往往表现为备课、说课、制作课件、撰写教案学案等。动态的教学设计是指跟教学活动紧密伴随的课堂教学设计，包括课前预想、课中调控、课后反思等环节。尽管动态的课堂教学活动的每个步骤、每个环节都将受到静态的课堂教学设计方案的约束和控制，但是，教师可以在对课堂教学活动的整体把握基础上根据课堂教学情境的需要和教学对象的变化来调整教学目标。因为，无论如何充分的备课，如何完美的教案，如何精彩的课件，都最终必须落实到课堂教学活动中。为此，课前预想一方面是对教学进程的各个环节获得一个大致的印象，另一方面是针对已经设计好的教学内容和进程做调整。有时在课堂教学之前，突然发生或出现了有利于设计导语的事件或情景，教师应注意充分利用，即兴应变，以调动学生学习新课的主动性和积极性。比如有老师讲授《卖炭翁》，时值雪止天晴，教师走上讲台便道："同学们，断断续续，飞舞了近一周的雪花停下了。今天，阳光照耀，天气暖和，是我们盼望多日的好天气。但是，很久很久以前，有一个穿得十分单薄的老人，却不喜欢这样的天气，总是期待朔风凛冽，大雪纷飞。他，就是白居易笔下的卖炭翁（板书课题），卖炭老人为什么有这样的反常心理呢？"这样，教师巧妙而自然地借景引入课题，使学生以常人的体验不能理解卖炭翁的反常心理，从而激发起学生探究的欲望，收到好的效果。[①]

课中调控是指在教学展开过程中教师根据学生的情绪需求和学习状况，调整教学的快慢、动静，变换声调的高低，增删教学的环节和内容，等等。调控往往是为了适应潜在的或已出现的突发情境，它既需要借助一定经验基础之上发展起来的洞察力和判断力，也需要有迅速做出决断的反应力。课中调控需要教师保持冷静和自制，才能让教学进程流畅自然；需要教师在教学实践中轻课堂形式结构的完美，而重信息量的多寡和学生的兴奋点。如果教师不冷静，碰到意外情况，痛骂学生或失去分寸，或没有广博的知识，被学生问倒了，教学进程都会受到影响。

课后反思主要是针对课堂教学过程中出现的成功经验或不足方面的延伸思考或评价。由于本书有专门的章节谈论教学反思，在这里就不再展开论述了。

三、师生活动方式的优化设计

教学活动就是教师的教与学生的学的统一活动，其中学生的学居于核心地位，教师的教围绕着学而展开。我国传统教学思想就非常重视教学过程中的学习活动，《学记》在论及教育的作用时提出"君子如欲化民成俗，其必由学乎"。清末洋务派建

---

① 李如密. 教学艺术论 [M]. 济南：山东教育出版社，1999：188.

立的教育机构大都称为"学馆"或"学堂",如广东实学馆、天津武备学堂、江南水师学堂等,而把"教堂"这一名称留给了专事布道的宗教场所。我国古代虽然也有"教馆"的说法,但也只是用于指称专重记诵教学的私塾。清政府成立掌管全国教育事业的中央教育行政机关,也只是称为"学部",而没有出现"教"字。教学过程也通常被理解为"治学"过程,教学方法也通常被理解为"为学之道"。因此,师生活动方式的优化实质上就是如何优化围绕着学生的学而采用的统一活动方式。不过,教学活动毕竟是师生的一项共同活动,教师的活动往往制约和影响着学生的学,教师对自身的行为将可能带来的影响也要做出最大可能的估计。

那么,这种统一活动方式的设计需要考虑哪些因素呢?一般来说,一个独立的学习活动需要考虑的因素有:一是学习主体。主要是针对学生原有认知水平、学习风格、个性特征等进行分析,这是教学活动设计的重要基点,也是体现学生为中心的教育理念。二是学习内容。学习活动内容的选择和组织是教学准备的基本工作。在课堂上,学习者获得的知识通常包括教科书及教学参考书所承载的知识、教师的个人知识、师生互动所产生的新知识等三方面,但是,后两者是以前者为基础和引发点的。因此,教师应熟悉教材内容,把教材当成可以多样开采的教学资源,为学习活动任务的设计提供更多的感悟和引发点,而不是仅仅强调教材知识的传授。三是学习的目标与内容。师生活动任务的确定以及活动流程、活动组织的设计都受着学习目标和内容的制约。在考虑这些因素的基础上,师生活动方式的优化应该做到以下三个方面:

(一)优化学习内容

一节课教学什么内容,不能完全局限于教材中的例题或根据教材预设的提示进行,同时,先讲什么,后讲什么,以什么切入,教师都必须有一个大致思路,不能顺着教科书按部就班,也不能完全瞄着课后的习题来设计教学内容,或者就只是从现成的教材、课件和教案中去选取,而应该把学习的内容置于整个学科体系和社会生活背景中去思考。比如,有位数学老师在讲"等比级数求和"时,以"舍罕王赏麦"的故事为开场白:"传说印度的舍罕王要重赏发明 64 格国际象棋的大臣西萨。他问西萨想得到什么奖赏。西萨说:'我想要点儿麦子。您就在这棋盘的第一格赏我一粒麦子,第二格赏二粒,第三格赏四粒……依次都使后一格的麦粒比前一格多一倍,您就把 64 格内麦粒的总和赏给我吧。'国王听后连连说:'您的要求太低了。'"

讲到这里,教师转而问学生:"你们说,西萨的这个要求真的是太低了吗?"这一问,课堂上顿时活跃起来。学生们思索着,讨论着。这时,老师在黑板上写出了这样一串数字:18446744073709551615。全班学生都睁大眼睛看着黑板。教师解释说,"这就是西萨要求得到的麦粒的总和。这些麦粒以重量计算,约为 5270 亿吨。"听到这里，学生兴趣盎然，都说西萨真聪明，国王上了当。这时教师趁势导入新课，说："国王为什么会上当？这么大的数字怎样才能迅速算出？这是一个'等比级数求和'的问题，上完今天这节课大家就清楚了。"[①]

优化学习内容，不仅表现在静态预设的教学内容优化，还表现在动态进程中的教学内容优化，有时候虽然对教学内容进行了整体优化，但在教学进程中会出现以外的教学内容，这就需要教师不能回避，必须把这种内容优化进预设的内容中。比如，一位教师在讲《卧薪尝胆》一课前，查阅了大量资料，经过一番精心准备，终于形成了自己的教案，自以为集众家之长于一身，所以课堂上引经据典，讲得慷慨激昂。眼看一节课成功在望了，但意外情况出现了：

一个小女孩怯怯地举起手来，似乎有什么疑问，老师示意她说话。

"老师，苦胆是什么？"

"是啊，苦胆是什么，我们不知道！"

一石激起千层浪，经她这么一问，其他学生似乎也有同感，一双双小眼充满疑惑地望着老师。他一时语塞，无论如何也没有料到学生会提出这样的问题，课前他查阅的所有资料中都没有介绍"苦胆"的环节，所有的人都认为学生知道"苦胆"是什么，包括他自己。可学生实际上真的不知道苦胆为何物。是呀，他们吃的是经过加工的肉食，他们怎么能知道苦胆的样子？更不用说尝过苦胆的苦味了，又怎能体会越王卧薪尝胆的一片苦心呢？那么老师前面讲的这些不都成了无源之水、无本之木了吗？这真是一个颠覆性的问题。

这位老师迅速调整了教学思路，问："同学们，大家谁见过苦胆？"全班同学摇头。

"苦胆是动物的一个消化器官，它能分泌胆汁，胆汁有很强的苦味。"

他简单地介绍苦胆。从学生的表情可以看得出，学生对苦胆的苦味还是没有切身的体会。

"大家没见过苦胆没关系。想想：你吃过的啥东西最苦？"

"苦瓜！"

"苦菜！"

"中药！"

这一下，学生们活跃起来。

"对！苦胆就像大家说的这些食物一样苦，应该说比这些苦东西的味道还要苦得多！越王勾践每天都品尝这么苦的东西，为的是提醒自己不忘耻辱，报仇雪恨。"

---

① 何齐宗. 教育美学［M］. 重庆：重庆出版社，1995：224.

看着学生恍然大悟的神情，老师如释重负。①

（二）优化师生的互动方式

师生互动方式主要有教师与学生个体的互动、教师与班级整体学生的互动两种，教师与学生个体的互动是我国中小学课堂教学中常见的类型，常表现为师生之间的问答——教师提要求，学生回应；学生做出反应，教师进行评价；等等。这种互动要根据对象的差异进行。一般而言，就空间位置来看，坐在前排的学习者得到的互动机会更多，坐在教师左右两边以及后面的学生受到的关注较少；就性别和成绩来看，教师与男生的互动多于女生，与学习成绩好的学生的互动多于成绩一般的学生。因此，教师必须避免这些无意识的教学行为，有意识地跟更多的学生进行互动。教师与班级整体学生的互动通常表现为教师面向班级全体学生进行教学，如集体授课、统一要求、集中评价等。不过，有时候可能不是全班的整体，而是某一个小组的整体。比如，小组合作学习的参与、指导与评价，询问学习小组的进展情况，参与学习小组活动，指导并评价学习小组等。这种类型的师生互动是我国中小学课堂教学中师生互动的最主要形式，这种互动要根据教学的内容、方式与学生经验的切合点来进行优化，努力寻求学生感兴趣的方式和关注的内容。

比如，上海特级教师钱梦龙在讲知识短文《词义》时，为了让学生充分理解词义的多义性，就给学生讲了一个阿凡提的故事：一个无赖理发总是不给钱。阿凡提先给他剃了一个光头，然后在刮脸时问"眉毛要不要"，那个人说"当然要"。阿凡提把眉毛刮下来给他，那个人虽生气，但又不好怪罪阿凡提。阿凡提接着又问："你的胡子要不要？"那个人忙说："不要，不要。"阿凡提照样把他那漂亮的大胡子剃掉丢在地上。讲完故事，钱梦龙接着问学生："阿凡提是如何让那个人上当的？"钱老师把词语的多义性知识与生活中对这些知识的应用活动联系起来，激起了学生的求知欲。

（三）优化学习环境

学习环境可分为物质环境和精神环境（也可以称为心理环境）。就学生的学习活动来说，除学生以外的所有存在对象都是学习环境，教室的大小、座位的安排、墙壁的颜色、室内光线等都会影响学生的学习，教师是学生学习活动中最主要的环境因素。教师要考虑自身的特点、教学风格去组织教学活动，尤其是必须重视营造积极活跃的心理环境，形成良好的班风和学风。班级内的人际关系及班级氛围对课堂教学中学生的学习活动影响也较大，班级荣誉感强的班级较易促使更多的人参与到教学活动中；班级人际关系涣散，一些人会把那些积极参与教学活动的同学看成在讨好教师。一般来说，教师的教学行为有些是针对教学内容的，有些是针对课堂管理

① 摘自刘淑贞的《老师，苦胆是什么》。

的。针对教学内容的，教师应该全身心投入，以自己的思维和情感方式去影响学生，不仅与成绩好的学生、思维活跃的学生积极互动，而且要给成绩较低的学生更多的提示、肯定、表扬、暗示和鼓励。教学气氛沉闷或一些违反课堂纪律的现象出现时，教师切忌失去耐性，不宜采取专制、否定和控制的方式去实现课堂秩序管理。当课堂上一些无心学习的同学在小声聊天，影响正常教学时，教师不应该怒气冲天地对那些学生大动干戈，或给予体罚，而应该采用教育智慧，比如针对初中学生，可以突然停下来问学生："乌鸦和喜鹊都是喜欢叽叽喳喳的鸟，为什么我们喜欢喜鹊叫，而不喜欢乌鸦叫呢?"在学生的注意力被这个突如其来的问题吸引之后，教师慢慢地说："因为喜鹊是在大家希望它叫的时候叫，而乌鸦却是在大家不希望它叫的时候老是不停聒噪，吵得人无法忍受。"老师的话说完，教室里就会静下来，因为每个学生都怕被同伴扣上"乌鸦嘴"的绰号。当教师面对学生无理取闹时，与其拉下脸严肃地批评学生，倒不如幽默地化解。

第三节　教学过程优化的方法体系

实现教学过程的最优化，教师必须在了解教学任务、内容、学生特点的基础上反复思考、探索、寻求，教学过程优化的方法体系是与教学过程的规律和原则紧密相联系的，是符合教学过程规律和原则的优化组合。方法的运用必须首先考虑各种规律和原则之间不至于冲突。比如科学课上，要介绍各种鳍的作用，教师事先在水盆里放了一条活鲫鱼，让学生仔细观察鱼的形状、鱼的表面、背鳍、胸鳍、尾鳍，然后问学生各种鳍的作用是什么。让学生思考后，教师用剪刀把鱼的尾鳍剪掉，结果学生发现鱼在水中无法前进了；他又把胸鳍及腹鳍剪掉，结果鱼体在水里失去了平衡；再把背鳍剪掉，鱼只能一动不动地躺在水里喘气。通过观察，学生明白了各种鳍的作用。这样的教学方法似乎符合了直观性原则和理论联系实际原则，但是，这种做法却违背了思想性与科学性相统一的规律，教师残忍地处置一条鱼，不利于培养学生热爱自然、关爱生命的思想感情。因此，教学过程优化的方法体系应该追求各种方法的完美组合，是整体的、系统的方法组合。苏联的教育家巴班斯基在其《论教学过程最优化》一书中提出既能提高教育效率，又能防止过度消耗教师的时间和精力的基本活动方法有以下 8 种：

（1）以综合的观点选择和决定教学任务，安排教学内容、方法、手段和活动形式。

（2）考虑现有的条件和可能性，使教师活动的任务、内容、方法、手段和形式具体化。

（3）在规划活动的任务、内容、形式和方法时，突出主要的、本质的东西。

（4）比较评价教学方法、手段、形式的各种不同方案，以便按照有关标准选择最佳的方案。

（5）考虑各组学生的特点，有区别地选择教学任务、内容、方法和形式。

（6）创设必要的教学条件。

（7）考虑变化了的条件和可能性，随机校正教学。

（8）注意节约教学过程的时间、精力和费用。[①]

我国对教学方法体系的研究也认为，教学方法的选择与运用应该以系统的观点为指导，依据以下几个方面：（1）教学目的和任务；（2）教学过程的规律和教学原则；（3）本门学科的具体教学内容；（4）各种教学方法的功能、适用范围和使用条件；（5）学生的实际情况和可接受水平，包括生理、心理和认知等方面；（6）教师本身的素养，包括业务水平、实际经验、个性特点；（7）学校与地方可能提供的条件，包括社会条件、自然环境、物质设备等；（8）教学的时限，包括规定的课时与可利用的时间等。（9）学生所处的家庭文化背景、流行文化、伙伴关系等。

以语言传递信息为主的教学方法，是指教师运用口头语言向学生传授知识和技能、发展智力以及指导学生学习的方法，主要有讲授法、谈话法、讨论法。

1. 讲授法是教师通过简明、生动的口头语言向学生系统地传授知识和技能的方法。它主要通过循序渐进的叙述、描绘、解释、推论来传递信息、传授知识、阐明概念、论证规律和定理，引导学生分析和认识问题，并促进学生的智力与品德的发展。讲授法可以分为讲述、讲解和讲演三种。讲述是教师向学生描绘学习的对象、介绍学习的材料、叙述事物产生变化的过程；讲解是教师向学生对概念、原理、规律、公式等进行解释和论证的过程；讲演是教师向学生系统而全面地描述事实，通过分析、论证来归纳和概括科学的结论的过程。讲授法要求教授内容有科学性、系统性和思想性，既要突出重点、难点，又要系统、全面；既要使学生获得可靠的知识，又要在思想上有所提高。教师在讲授中要提出问题，并引导学生分析和思考问题，使他们的认识活动积极开展，自觉地领悟知识。讲授要讲究语言艺术，力求语言清晰、准确、简练、形象、条理清楚、通俗易懂。讲授的音量、速度要适度，注意音调的抑扬顿挫。以手势助说话，提高语言的感染力。

2. 谈话法又叫问答法，是教师和学生以口头语言问答的方式进行教学的一种方法。从实现教学任务来说，谈话法主要有引导性的谈话、传授新知识的谈话、复习巩

---

① 巴班斯基. 论教学过程最优化 [M]. 吴文侃，等译. 北京：教育科学出版社，2001：209.

固知识的谈话和总结性谈话。在课堂教学中，无论是哪种形式的谈话，都应设计不同类型的问题，开展不同形式的谈话活动，调动学生的学习积极性，这是发挥谈话法作用的关键所在。谈话法要求在上课前，教师应根据教学内容和学生的实际准备好谈话的问题和顺序以及如何从一个问题引出和过渡到另一个问题。向学生提出的问题要具体、明确、有趣和富有启发性，能引起学生思考。问题的难易要因人而异。要善于启发学生利用他们已有的知识经验或感性认识进行分析、思考，研究问题或矛盾所在，因势利导，让学生一步一步地去获取新知。当问题基本解决后，教师应及时进行归纳或小结，使学生的知识系统化、科学化，并纠正一些不正确的认识，帮助他们准确地掌握知识。

3. 讨论法是学生在教师指导下为解决某个问题而进行探讨、辨明是非真伪以获取知识的方法。讨论法的类型很多，既可以是整节的课堂讨论，也可以是几分钟的讨论；既可以是全班性的讨论，也可以是小组讨论。讨论法要求讨论的问题要有吸引力。讨论的问题应简明、深浅适当，能够激发学生的兴趣，有讨论、钻研的价值。教师要善于在讨论中对学生进行启发引导，启发学生进行独立思考，让他们勇于发表自己的观点和见解。积极引导讨论向纵深发展，研究关键问题，以便使问题得到解决。教师应做好讨论小结，简要概括讨论的情况，引导学生获得正确的观点和系统的知识，纠正错误、片面或模糊的认识。

以直接感知为主的教学方法，是指教师通过对实物或直观教具的演示和组织教学性参观等，引导学生利用各种感官直接感知客观事物或现象而获得知识的方法。这种教学方法的特点是具有形象性、直观性和真实性。这类教学方法主要包括演示法和参观法。

1. 演示法，是教师通过展示各种实物、直观教具或进行示范性实验，引导学生通过观察获得感性认识的方法。在课堂教学中，演示不仅是帮助学生感知、理解书本知识的手段，也是学生获得知识、信息的重要来源。演示法要求做好演示前的准备。教师在演示前应根据教学需要，做好教具准备。用以演示的对象要具有典型性，能够突出显示所要学习材料的主要特征。教师要明确演示的目的、要求和过程，引导学生知道要看什么、怎样看，需要考虑什么问题，从而使学生积极、主动、自觉地投入观察和思考。演示应紧密配合教学，及时进行。在演示过程中，教师要向学生提出问题，或作适当讲解、指点，引导他们边看、边听、边思考、边议论，以获得最佳效果。

2. 参观法，是教师根据教学任务的要求，组织学生到工厂、农村、展览馆、大自然和其他社会场地，通过对实际事物和现象的观察和研究而获得知识的方法。参观法能够打破课堂和教科书的束缚，使教学与实际生活、生产密切地联系起来，扩大学生的视野，使学生在接触社会中受到教育。参观要求事先做好参观准备工作。

教师在运用参观法时，必须根据教学大纲的要求和教学任务的需要，事先制订出参观计划和步骤，明确参观的目的和要求等，引导学生有目的、有重点地进行参观。在参观过程中，教师应适当结合讲解、谈话等方法，引导学生有目的、有重点地进行观察和思考，把注意力集中到参观的对象上，以更好地达到参观的目的。参观结束后，教师应组织和引导学生进行总结，把参观和学习书本知识结合起来，真正起到获得感性认识、加深理解书本知识的作用。

以实际训练为主的教学方法，是指通过练习、实验、实习等实践活动，引导学生巩固和完善知识、技能和技巧的方法。这类教学方法主要包括练习法、实验法和实习作业法。

1. 练习法，是指教师引导学生运用知识去完成一定的操作，以巩固知识、形成技能技巧的方法。练习的种类很多，按照培养学生不同方面的能力，可以分为口头练习、书面练习、实际操作练习；按照学生掌握技能技巧的进程，可以分为模仿性练习、独立性练习和创造性练习；按照练习的内容，可以分为心智技能练习、动作技能练习和文明行为习惯练习。练习法要求明确练习的目的和要求，掌握练习的原理和方法。任何练习都应以一定的理论为基础，都要掌握一定的程序、规范、要领和关键，才能提高练习的目的性和自觉性，保证练习的质量。防止练习中可能出现的盲目性。练习应循序渐进，逐步提高。在练习的数量、质量、难度、速度、独立程度和熟练程度、综合应用与创造性上，教师对学生都应有计划地提出要求，引导学生由易到难逐步提高，达到熟练、完善。无论是口头练习、书面练习或操作练习，教师都要严肃认真，要求学生一丝不苟、刻苦训练、精益求精，达到最高的水平，具有创造性。

2. 实验法，是指学生在教师指导下，运用一定的仪器设备进行独立作业，观察事物和过程的发生与变化，探求事物的规律，以获得知识和技能的方法。实验法不仅有助于学生理论联系实际，加深对概念、规律、原理等知识的理解，掌握实验操作技能，而且能够培养他们的探索研究和创造精神以及严谨的科学态度，有利于学生主体性的发挥。实验法要求教师做好实验前的准备工作：制订实验的课时计划，准备实验用品，分好实验小组，要求学生做好理论准备（如复习、预习等）；明确实验的目的、要求和做法，提高学生进行实验的自觉性。教师要加强实验过程中的指导，对困难较大的小组或个人给予帮助，使每个学生都能积极投入实验；做好实验小结，包括指出实验的优缺点，分析原因，提出改进意见；要求学生整理好实验用品；布置学生写好实验报告。

3. 实习作业法，是指教师根据教学大纲的要求，组织学生在校内外一定的场地运用已有的知识进行实际操作或其他实践活动，以获得一定的知识、技能和技巧的方法。实习作业法对于贯彻理论联系实际的教学原则，促进教学与生产劳动相结合，培养学生的劳动观点和劳动技能，都具有重要作用。实习作业法要求做好实习作业的准备，教师应制订好实习作业计划，确定好地点，准备好仪器，编好实习作业小组，做好实习作业的动员，引导学生明确实习作业的目的、任务、程序、制度、纪律和注意事项，提高学生进行实习作业的自觉性。做好实习作业过程中的指导，教师应掌握学生实习作业的全面情况，发现问题及时进行辅导，以保证实习作业的质量。做好实习作业的总结，教师应要求学生由个人或小组写出全面的或专题的总结，以巩固实习作业的收获。

以引导探究为主的教学方法，是指学生在教师的组织、引导下，通过独立的探索和研究，创造性地解决问题，从而获得知识和发展能力的方法。发现教学、探究教学和问题教学都属于以引导探究为主的教学方法。这种教学方法的优点是学生在教师的指导下完成比较复杂的课题或独立作业，可以激发学习兴趣，逐步掌握探究问题的方法，发展分析问题和解决问题的能力，培养创造性思维品质和积极进取的精神。其缺点是花费时间较多，不经济，而且需要学生具有相当的知识经验和一定的思维发展水平；同时，需要有逻辑较为严密的教材和素质较高的教师。

以引导探究为主的教学方法的基本步骤和过程是：

（1）创设问题情境，向学生提出要解决或研究的课题；

（2）学生利用有关材料，对提出的问题作出各种可能的假设和答案；

（3）从理论上或实践上检验假设，学生如果有不同观点，可以展开争辩；

（4）对结论作出补充、修改和总结。

以引导探究为主的教学方法要求正确选择探究课题，教师应根据教学要求、教学内容以及学生的知识和能力水平的实际，来正确选择探究的问题。问题应有一定的难度和研究价值，需要学生运用已学的多方面的知识，提出假设，并经过多次尝试才能解决。在探究过程中，教师除了在活动场所、教学仪器和设备、图书资料、教学时间等方面给学生创造良好的条件外，还需要通过师生的共同努力，创设一种互尊互爱、好学深思、奋发向上的环境和氛围。只有这样，学生才会展开深入的讨论，积极交流心得体会，敢于发表不同的观点和见解。探究活动应以学生为主体，让学生独立思考和自主探究，并在这个过程中得到锻炼提高。教师不可越俎代庖，必要时再给予学生适当的启发和引导。探究要求循序渐进，一般要从半独立探究逐步过渡到独立探究，从对单一问题的探究到复杂问题的探究，从参与局部的探究过渡到全过程的探究。这类教学方法以问题为核心，以最大限度地发挥学生的学习主动性为追求，会出现问题多、合作多、材料多、指导少的现象，呈现出教学目标的情景性、教学过程的多向性、教师的辅助性、教学结果的建构性等特点。

建构与思考

1. 什么是教学过程最优化？

2. 教学过程的优化包括哪些方面？如何进行教学过程的优化设计？

3. 教学过程优化的方法体系包括哪些？

4. 如何综合运用各种教学方法实现教学过程的最优化？

参考文献

[1] 李如密. 教学艺术论 [M]. 济南：山东教育出版社，1999.

[2] 何齐宗. 教育美学 [M]. 重庆：重庆出版社，1995.

[3] 王北生. 教学艺术论 [M]. 郑州：河南大学出版社，2001.

[4] 巴班斯基. 论教学过程最优化 [M]. 吴文侃，等译. 北京：教育科学出版社，2001.

第四章　教师教学行为的呈现艺术

　　高效的教学设计，需要教师呈现有艺术的教学行为，才能实现预期的教学效果。教师在教学过程中的教学行为呈现艺术有哪些？教师该如何通过这些教学艺术行为更好地帮助自己去实现预设教学目标呢？

第一节　课堂教学管理艺术

　　课堂教学管理是保障课堂教学顺利进行，提高教学效益，促进学生发展，实现教学目标的过程。课堂教学管理包括课堂秩序管理、师生关系管理、时间管理、教学内容管理等内容。课堂常规是提高课堂教学管理艺术的关键手段。课堂常规制订的依据有哪些？制订和执行课堂常规有哪些原则与要求？

教学情景：

　　小学二年级的一节语文复习课，复习的内容是小学语文第三册课本中所有的多音字。老师顺利地完成导课环节，然后提问学生找到了多少个多音字。学生们回答的有多有少，所以老师便布置了任务：四人一组合作学习，看看谁找的多音字多，比别的同学多哪几个。经过十多分钟的讨论，老师宣布每个小组推选一名代表来回答两个多音字。问题就出在了回答环节。

　　每个小组只能由一个人来回答，而大家都想做这个回答者，所以有的小组就开始用"锤子、剪子、布"的游戏来决定，有的小组就由擅长演讲的来回答，还有的小组由学生干部来回答。在轮到第三组的时候，由被同学推选的回答。但被推选和未被推选的同学同时站起来，都要回答。老师为了不伤同学的积极性，就想了个办法，让两人每人回答一个多音字。两人回答完后，满意地坐下了。接下来的事情就出乎老师的意料了。受到前组的启发，很多想回答但是没有得到"资格"的同学，也开始站起来和有"资格"的同学一起回答，变成了两个人同时回答问题。先前的规则被改变了。老师没有什么表示，仍然按照两人每人回答一个多音字的做法来进行。到了倒数第二组的时候，同时站起来的三个同学都要回答问题。其中 C 同学说，他们组本来决定由 D 同学来回答，后来看到可以有两个人回答，就和 E 同学通过"锤子、剪子、布"来决定第二个回答名额。C 同学赢了，但是 E 同学却还是要回答，就也站起来了，并振振有词地说："B 同学（指第三组的那个没有'资格'的同学）可以，我为什么不可以？"老师有点儿为难，但是想到新课程"尊重学生"的理念，想了想说："E 同学这样积极回答问题，老师就奖励你回答一个多音字吧！"课堂提问还在继续，但很明显，前面已回答过的一些小组的同学都在遗憾："自己怎么没有像 E 和 B 那样勇敢地站起来回答呢！"①

教学探究：

在上述课堂中，教师应该以生为本，尊重学生主动性，鼓励学生积极回答问题，还是应该倡导学生遵守规则呢？显而易见，这个教师遇到了"两难"选择，如果按照规则来办事，他认为会降低学生参与课堂的积极性，但如果鼓励学生都积极回答问题，则破坏了自己制订的规则。最后，教师选择了鼓励学生积极回答问题。请从课堂教学管理艺术的角度，说说你对这节课堂的评价。

一、课堂教学管理的概述

（一）课堂教学管理的内涵

课堂教学管理是课堂场所教学组织工作的重要活动手段，是教师为了保证教学的秩序和效益，协调课堂中人与事、时间与空间等各种因素及其关系的过程，即在课堂教学中教师遵循一定的规则，有效地处理课堂上影响教学的诸因素及其之间的关系，使课堂教学顺利进行，提高教学效益，促进学生发展，实现教学目标的过程。② 课堂教学管理为一系列的多元管理活动，不仅包括教学对象、教学内容、教学方法，还包括教学时间、教学空间、教学环境等相关因素的管理。

根据系统理论，课堂教学管理可以分为宏观、中观、微观三个层级。宏观层面课堂教学管理是从统领视角出发，主要是国家教学主管部门从宏观层面制定政策、颁

---

① 谢洪昌. 本期话题：课堂规则的建立与超越 是尊重学生个性，还是倡导遵守规则？[J]. 人民教育，2004（8）：25.

② 辛继湘. 一般教学策略系列·课堂教学管理策略 [M]. 北京：北京师范大学出版社，2010：1.

布相关文件规范指导课堂教学。中观层面的课堂教学管理是从实施的视角出发，是地方各级教育行政部门及学校教学管理部门，基于学校的实际情况和社会、家长等资源的具体情况，为学校课堂教学提供的教学计划和改进意见、教学目标要求等一系列教学规则。微观课堂教学管理是落实于具体的一堂教学，根据国家规定的具体学科的教学目标，为提高教学效率和质量水平，采用科学的管理学理念和方法，营造课堂气氛、调动学生积极性、灵活应对问题的一种情境性管理。微观教学的主要特点是教师和学生双方都是课堂教学的管理主体，共同合作，实现教学目标。本书关注微观层面的课堂教学管理。

（二）课堂教学管理的范畴

微观课堂教学管理的范围包括课堂秩序管理、师生关系管理、课堂时间管理、教学内容管理等。

1. 课堂秩序管理

课堂秩序是检验课堂活动规范化与否的有效指标，体现出学生对课堂秩序与纪律的遵守程度。新课程标要求的课堂秩序是一种新型课堂教学秩序，既要控制学生纪律，又要关注学生的自主探究，建构愉快和谐的合作学习群体和自信向上的学习氛围。如何在学生更自由、更自主地提出问题、提出质疑的现代课程中，保障学习目标实现，发挥教师的主体作用，让课堂"活"而不"乱"，让课堂"动"而有"度"，对大多数教师来说是一种挑战。我们既要摒弃传统的教师控制课堂，又要舍弃为活跃气氛而不顾"秩序"的极端管理现状，避免低效课堂教学。如果"没有限度、规则、秩序造成了教育上的无政府主义（混乱），学生不会从中学到如何尊重规则、权威，或如何掌握对待自由的责任心"。[1]

2. 师生关系管理

师生关系既包括教师与学生之间，也包括学生与学生之间的关系。师生关系管理是课堂教学管理中的人际关系管理，既表现出学生对教师的关注、认可与喜爱程度，教师对学生的尊重、理解、关心以及帮助程度；也表现出学生与学生之间团结合作、互助互帮的程度。"教学过程中师生的内在关系是教学过程创造主体之间的交往（对话、合作、沟通）关系，这种关系在教学过程的动态生成中得以展开和实现"。[2]课堂并不是教师的个人表演，依靠刻意控制学生行为而实现的，而是师生、生生在

---

① 纳卡穆拉. 健康课堂管理：激发、交流和纪律［M］. 王建平，等译. 北京：中国轻工业出版社，2002：190.

② 叶澜. 重建课堂教学过程观："新基础教育"课堂教学改革的理论与实践探究之二［J］. 教育研究，2002（10）：24-30，50.

课堂上互动、交流的灵动的、生成的、丰富的有机整体，一种情感共鸣和思维共振状。师生关系的管理涉及教学内容、启发讨论、提问应答、讲授评价、作业练习、小组合作等活动与环节中体现出来的教师与学生之间、学生与学生之间的关系。

3. 课堂时间管理

课堂时间管理关系到课堂的生产效益，有效的课堂时间管理能够最大程度地推动学生知识能力提升、思维品质发展、价值观树立，同时实现教师的专业成长。教师作为课堂时间管理的主导者，需要增强时间管理意识，课前依据教学目标、教学内容、教学重难点、教学方法和学生的实际情况统筹和规划课堂时间，使教学各环节实现效益最大化，实现重点、难点的最优化解决，使学生保持好的学习状态。

4. 教学内容管理

在课堂教学管理过程中，教师对教学内容的管理，不只是关注教材内容，还要适度扩展、合理选择与精心凝练教学内容；不仅要理解内容所要传达的思想和智慧，还要思考传达思想和智慧的方法和手段及可以用来支持观点的论据。也就是说，教学内容管理要结合情境，依据学生实际，"基于教材，高于教材，突出特色"。基于教材是教师从规定教材中提炼基础的学科知识，高于教材是教师对教学内容的传授要融入学科发展前沿知识、学生生活经验知识，突出特色是教师在教学内容构建过程中融入自己的教学风格、学科认知，融入学校特色和社区认知。教学内容的管理还应该关注以下三点基本要求：（1）教学内容应该能够被学习者用作发展知识的基础；（2）教学内容应该能够被用来发展学习技巧，能够帮助学习者掌握学习策略、方式和技能，使学习者在类似科目的学习中可以有效运用；（3）教学内容应该能够被用来提升学习者自我学习的意识，培养学习者处理学习任务的能力和自信心。[①]

二、课堂教学管理的理论基础

课堂教学管理虽然是实践性的，但是它同时立基于丰厚的理论土壤。

（一）教育生态学理论

二战后美国著名的教育家和教育史学家劳伦斯·亚瑟·克雷明建构起了由教育机构、社会与学习者构成的教育生态学理论框架，他把教育视为"通过周密的、系统的和持久的努力来传播或激发知识、态度、价值、技术和情感的过程"。[②] 他认为教育不仅包括有目的地传递文化活动，还包括有目的地进行自我教育和他人教育的活

① 赖绍聪. 论课堂教学内容的合理选择与有效凝练 [J]. 中国大学教学，2019（3）：54-58，75.

② LAWRENCE A. CREMIN. American Education：The Colonial Experience（1607-1783）[M]. NewYork：Harper & Row，1970：4.

第四章 教师教学行为的呈现艺术

动；教育不仅学习知识，还包括思想、行为、价值观的转变和选择过程，这个过程本身就是社会化的过程。因此，他给教育下定义为"教育是为传递、引起或获得知识、态度、价值标准、技能或情感而作的审慎、系统和持久的努力，以及这种努力的所有的成果"。①教育生态学将教育活动与生态环境建构相结合，对教育的系统问题开展开放、和谐与生成分析。从教育生态学的视角看，课堂教学被视为一个课堂生态系统。课堂教学中的教师、学生和影响课堂教学的因素进行着物质和能量的传递，课堂生态中的物质可以指知识和技能，能量可以表达为教学的目标和兴趣等。因此，借鉴教育生态学理论，我们可以运用该理论的耐度定律、最适度原则、限制因子定律、一潭活水效应、花盆效应等原理有效提高课堂教学管理。

（二）人本主义管理理论

人本主义由美国心理学家马斯洛与罗杰斯提出，强调人的本性。他们着重凸显人的本性，重视人的价值、经验和人与人之间的内在关系。人本主义管理理论强调在管理中人的主导地位，将人作为管理的主体和管理的中心。人本主义管理思想认为管理的目标是促进人的发展，制订的管理规则必须考虑到管理成员的实际，管理的目的必须使所有的人都能充分发挥积极性和主动性，使他们的价值得以实现。② 人本主义管理理论运用到具体的课堂教学管理实践，就是说，要树立有效的课堂教学管理，不纯粹是对学生行为的控制，而更关键的应当是对学生行为的促进，促进学生由他律转向自律的自我成长。因此，应将人本管理思想贯串于课堂教学实践，注重坚持师生间、学生间的对话机制。

（三）行为主义理论

早期行为主义强调环境刺激与行为反应之间的规律性关系。美国心理学家斯金纳（Skinner）对这一理论进行更深入的研究，他认为人的心理不仅仅是刺激与反应之间的关系，这些反应之间存在着一系列影响因素。在教学过程中，教师作为施教者和组织者，学生被动地接受教师安排的教学活动和学习任务，学生通过练习来学习与理解知识，这从某种程度上表明，教师控制学生的学习行为。因此，他认为"刺激与反应"是教学过程的重要表现形式，要关注"怎样教"。在教学方式上要对学生的各种不同类型、不同大小的反应提出有效、可靠的回应，也就是形成性评价。不仅如此，教师还要让知识循序渐进，让学生能够接受并掌握，最后才将重点放在学生自我学习方面。这对于课堂管理的启示为：首先，强调教师在课堂教学管理中的主导作用，教师作为专业知识启迪者，要启发、引导学生学习、理解和思考。其次，作

---

① LAWRENCE A. CREMIN. Public Education [M]. New York: Basic Books, 1976: 27.
② 李兴山. 现代管理学 [M]. 北京：现代出版社，1998：109.

为教育主体，教师要遵循学生规律，设计怎么教、教什么，循序渐进地增加教学内容和增加难度，促进学生自主学习。最后，教师要全面关注每一名学生的个性特点、心理特征、年龄特征、知识基础，挖掘学生潜能，使学生形成积极的学习态度。

（四）个性化理论

个性是指一个人的精神属性中区别于他人的独特性。个性有积极与消极、健康与不健康之分。这里讲的个性教育主要是从积极的意义上来对待个性。就像康德所说的："他有'个性'，这在绝大多数场合下不单是说到他，而且是在称赞他，因为这是一种激起人家对他的敬重和赞叹的可贵品质。"弗洛伊德认为个性主要由本我、自我、超我三部分构成。本我是指本能，个性的初始从本能冲动开始；自我是对自己认识建立的一种程序，人们基于自我认知基础从事外界认知；超我所指的是人精神世界、价值观境界，以人格、自我实现来监督评价自己的行为举止。把个性化理论运用于课堂教学管理中，即开展个性教育，尊重、鼓励和发展学生的独特性和优势。个性教育从本质上来说是扬长教育，发现学生的优点和长处并且予以积极的鼓励，这是个性教育的基本特征。每个学生都有自己的优点和长处，教育者应当努力发现他们的优点和长处，并且予以尊重、鼓励和发展。个性教育的实施是一个非常复杂的系统工程，涉及教育的方方面面，从教育目的或培养目标到教育内容，从教育途径到教育方法，从教育制度到教育评价等，都跟个性教育有着密切的关系。因此，个性教育应当贯串于课堂教学管理的各个方面，应当贯彻到课堂教学管理的各个环节，为学生个性的成长和发展提供有利的条件和充分的机会。[①] 它对课堂管理的启示在于：一是每个学生学习水平以及成长生活环境存在一定的差异，往往与人合作时会产生自主性，表现自己对事物特殊的认知与理解。二是在与具体事物的联系上，每个学生往往拥有与众不同的主动性，要不断与学生进行沟通，并在磨合过程当中，适应不同的环境。三是学生个性化成长后，在自我关系当中具有一定的超越性，能够准确地发现问题并有效地应对问题，同时不断增强自我解决问题的能力。

三、课堂常规：提高课堂教学管理艺术的关键手段

进行课堂教学管理，制订课堂常规是关键。常规是通常的规则，是人们对事物客观规律性的认识和反映，是人们遵循规律办事的依据。课堂常规是依据课堂教学规律、学生成长规律和学科特点，在教学过程中保障课堂教学顺利开展的合理规章制度。它要求每一位学生都必须遵守，保证课堂秩序基本行为的合规合法。

---

① 李铁凝. 小班化背景下小学英语课堂教学管理存在的问题及对策研究 [D]. 大连：辽宁师范大学，2018.

俗语说，无规矩不成方圆。课堂常规是实现高效课堂教学管理的根本方法。一是保障课堂秩序，促进学生自主学习。课堂常规有助于教师维持课堂秩序，规范和约束学生行为，监督和及时纠正学生问题行为，保障教学顺利进行。二是培养学生良好的学习习惯。课堂常规不仅控制学生行为，还引导学生正确的学习行为，使学生由他律到自律转化。课堂常规从教师的外部治理逐渐到被学生接受和内化，使学生养成主动学习的良好习惯。三是树立学生的秩序意识。课堂常规培养学生的规则意识，培养学生学会求知，学会做事，学会共处，学会生存。四是建构教育生态环境系统。课堂是由教师、学生、教学内容、教学环境等多因素组成的教育系统，课堂常规能够融洽师生关系，协同教师、学生与教学内容、教学环境的关系，实现整体价值最优化，建构师生和谐、生生合作的教育生态课程。[①]

（一）课堂常规的内容

从课的阶段看，课堂常规包括课前、课中和课后内容。

1. 课前课堂常规的内容

课堂常规的内容并不是仅限于课堂时间范围，还包括先于课堂教学时间，与课堂直接相关的相关教学规定，这类常规内容会影响到学生的课堂学习行为与效果，同样对教师的教学开展、教学任务、教学形式等直接相关。这就是我们常见的教学预习环节，这类课前课堂常规的内容规范学生完成预习任务。如初中语文课前常规可包括：（1）完成老师布置的预习任务；（2）可采用"划、批、试、分"的预习方法。此两项常规规定了学生的预习内容和预习方法，既能培养学生主动学习的良好习惯，又能为接下来的教学顺利开展奠定坚实的基础。

2. 课中课堂常规的内容

课中课堂常规的内容则指向课堂教学的顺利开展，一般包括高效快速理解与掌握教学内容的要求、教学秩序的维持、教学模式的建立、学生学习注意力的提高等等方面的规定。这就是我们所说的上课环节，这类课中课堂常规的内容规范学生的课堂学习态度与行为。如初中语文课中课堂常规：（1）课前准备好语文书、笔记本、资料和必要文具；（2）课上认真做笔记、仔细倾听，举手提问；（3）课堂讨论：前后左右每4人为一组，遵守讨论规则，共同解决老师布置的问题，寻求答案；（4）对生字词、解释、段落大意、中心等重要知识点，当堂讲完当堂记忆。此四项常规规定了课堂学习准备、学习行为规范、合作探讨和学习要求，既能维护课堂学习秩序、端正学生态度，又能提高教学效率。

---

① 张翠. 基于英语课堂教学目标的课堂管理策略探究 [J]. 英语教师，2017，17（2）：56-59.

3. 课后课堂常规的内容

课后课堂常规的内容是巩固、理解、掌握课堂教学内容的相关规定，同时为进一步的新知识学习排除障碍，夯实基础。这就是我们所说的作业环节，这类课后课堂常规的内容规范课后作业的书写。如初中语文课后课堂常规：（1）书面作业独立完成，不准抄袭，每天早读前交给小组长。（2）口头作业（生字词、重点段落、背诵课文等）按老师当日的具体要求按时按质完成。

（二）课堂常规制订的依据

课堂常规制订的依据有国家的法律和学校的相关规章制度、社会及家长的期望、学生对课堂规则的认识规律和态度、学生的年龄特点和成熟水平及学科特点。[①] 因此，制订课堂常规要考虑如下问题：

1. 法律与规章制度

法律与规章制度，是制订课堂常规的根本依据，包括国家法律、政府规章制度、地方性法规条文及学生守则、学生行为规范条例和学校规章制度等。学校可行使下列权利："按章程自主管理。"履行下列义务："遵守法律、法规。""贯彻国家的教育方针。""依法接受监督。"根据《教育基本法》《教师法》《未成年人保护法》《民法典》等相关法律的规定，制订课堂常规，尤其考虑把与学生相关的法律法规条文融入课堂常规，保护学生权利。因此，课堂常规的制订，绝对不能与法律相悖，绝对不能侵犯学生权利。同时，必须明确，课堂常规作为衡量课堂秩序好坏的标准，不是仅关注管理效率高低本身，还要看其能否实现对学生权利的正当保障。

如"没收零食"的规定，看起来是维护课堂纪律，控制学生的问题行为，但如果从法规角度，则是侵犯了学生的权益。《民法典》规定："国家、集体、私人的物权和其他权利人的物权受法律保护，任何单位和个人不得侵犯。"因此，制订常规时需要考虑：制订该常规的法律依据是什么？是否侵犯学生权益？处理的方式是否合理？可允许学生带什么食物进入班级？什么时候可以吃零食？怎样做既有益于学生身心健康，又能得到家长真心支持？还有"不完成作业者，到教室外面蹲起完成后再上课"类常规，教师认为可督促和惩罚不认真的学生学习，改正他们的不良学习习惯。从教育效果看，这类常规也只能起短期作用，不能促进学生的持续成长。因此，常规制订时要考虑情与理、规定与教育等的切合点。

2. 学校及班级文化

学校文化是学校发展历史和历史积淀的结果，是学校在长期办学过程中践行的共同价值追求。"从现实层面来看，学校文化是集管理制度、课程教学、师生交往、

---

① 王本陆. 课程与教学论：第 2 版 [M]. 北京：高等教育出版社，2004：306-307.

环境建设等教育活动要素于一体的复合型整体,不同活动要素之间相辅相成,内在地彰显着学校文化的本质规律。"① 因此,学校规章制度、教学氛围、环境布置、学校优良传统等都成为课堂常规制订的土壤,为课堂常规制订提供经验、借鉴或参照。此外,班级文化由班级活动的人、事、物构成,表现为班级中人的文化、环境文化、活动文化三部分,是班级同学在学习、生活以及日常活动中相互作用形成的一种价值观念、行为规范等,它为大多数同学所认同,包括价值观、道德、精神追求、风气、思维方式等。这些都从现实角度影响着课堂常规的制订。

3. 学生的年龄特点和成熟水平

依据学生年龄特征制订课堂常规,才能切实提高教学效果,促进学生发展。以下从小学、初中、高中三个阶段分析课堂常规制订。②

第一,小学阶段。小学教育阶段学生处于长身体的时期,他们的肌肉力量和运动器官都在迅速发展,但容易受伤。根据这些特点,课堂常规要规范儿童在行、坐卧、写字和体育训练时保持正确的姿势。同时,他们的大脑的兴奋和抑制过程的控制能力较差,为此,对于作业的规定应当份、量适当,采取多种多样的形式。在思维方面,他们的心理发展从不随意性向随意性过渡,从具体形象思维向抽象逻辑思维过渡。根据小学生思维发展的特点,教学内容应该是比较具体的知识,尽量将抽象乏味的知识与道理具体化,可采用精讲多练的教学方式。课堂常规制订要依据小学阶段学生生理与心理规律,有利于促进小学生具体形象记忆,提高识记效果。

第二,初中阶段。初中学生思维的独立性和批判性已发展到一个新水平,但他们的自觉性、坚持性、自制力等远不成熟,感情容易冲动,常常不能控制自己。因此,常规既要对他们的行为进行规范,又应体现对他们的独立性和自尊的尊重,给予他们展示能力和独立活动的机会。此外,他们的身体成长迅速,但还未完全成熟,在坐姿等方面可作适当要求,尤其体育学科时要有常规严格地要求学生。因此,根据他们身心特点,给予他们积极耐心的指导和监督尤其必要。

第三,高中阶段。高中阶段学生身体发展方面已接近成人水平,智力发展已接近成熟,抽象思维的能力也达到高水平,具有明显的自觉性和目的性,但这些方面都还有待于不断地发展和完善,他们的人生观、世界观并未最后形成。因此,课堂常规应该给予他们人格与价值观方向的引导,体现对学生的关心和爱护。

课堂常规的制订一定要考虑学生的年龄特点。如常规:"课堂上如果纪律较差时,老师就说指令,使学生安静下来(比如老师说:1,2,3;学生说:3,2,1)。"

① 徐洁,张燕,钱晓敏. 论学校文化建设的三重逻辑 [J]. 中国教育学刊,2022 (12):65-69.

② 朱鹤年. 学生年龄特征与教育 [J]. 江苏师院学报,1980 (1):82-88.

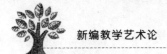

"课堂上学生回答问题时回答很好，老师就会用手势表示'你很棒'，然后其他学生说：'棒，棒，你真棒！'"这样的常规比较适用于小学阶段的学生。

4. 学生及家长的期望

期望理论又称作"效价—手段—期望理论"，是管理心理学与行为科学的一种理论。这个理论可以用公式表示为：激动力量＝期望值×效价。这是由北美著名心理学家和行为科学家维克托·弗鲁姆于1964年在《工作与激励》中提出来的激励理论（期望理论）。在这个公式中，激动力量指调动个人积极性，激发人内部潜力的强度；期望值是根据个人的经验判断达到目标的把握程度；效价则是所能达到的目标对满足个人需要的价值。这个理论的公式说明，人的积极性被调动的大小取决于期望值与效价的乘积。也就是说，一个人对目标的把握越大，估计达到目标的概率越高，激发起的动力越强烈，积极性也就越大。在管理工作中，运用期望理论有利于调动员工积极性。因此，将期望理论运用于课堂管理中，教师应该重视学生与家长的期望。也就是说，常规如果符合学生及家长的期望，就能调动学生的内在动力，家长也能积极支持、配合与监督，显然会实现1＋1大于2的效果。但是学生尚不成熟，而且家长教育背景、社会工作等多元复杂，期望并非完全合理，同时学生期望可能与家长期望互相冲突，因此，教师要对学生及家长的期望进行正向、积极选择，同时要对他们强调的不合理期望给予重视和引导。

5. 学科特点

课堂常规主要服务于课堂教学秩序，保障教学顺利开展。不同学科特点有差异，上课方式、方法、手段不同，对学生也有不同的要求。如体育与音乐学科，课堂活动比较多，一方面需要考虑如何让学生动起来，热烈参加；另一方面，也要考虑学生如何避免受伤，把热情控制在一定度内。数学、语文英语等课程则要考虑如何让学生读写、听讲、练习等，化学、物理等课堂则还要考虑在实验室教学中的实验要求、观察、记录、操作等相关常规制订。因此，制订课堂常规要符合学科特点，不同学科有不同的课堂常规。譬如"要严格遵守实验室和微机室的各项制度、规程。上机或做实验时必须安全操作，服从老师的指令和管理，不得擅自使用仪器设备"的常规，很显然是物理、化学或生物等学科的要求。"对生字、词组、解释、段落大意、中心等重要知识点，当堂讲完当堂记忆"的常规，就适用于语文学科课堂教学。

（三）制订和执行课堂常规的原则与要求

1. 合理可行

合理可行，是指课堂常规应合乎常理，符合科学，并可实行。一是制订原则要遵循学生的身心健康，保护学生的权益。"如上课期间禁止上厕所"，这样的常规既不合理，也不可行，不利于学生的身心健康。二是常规要具有清晰的行为指向，不能模糊不清，不能无法落实到具体行动。如"注重自己的行为""不做与课堂无关的事"等，表面具正向引导性，但对于学生而言显然难以清楚能做什么，不能做什么，也就难以起到约束与指导作用。三是常规要有一定张力，不能僵化学生的行为，降低学生参与课堂的积极性。如"上课要坐端正，要双臂交叉放在课桌上"这种常规不仅僵化学生的行为，不利于学生的身心健康，也难以营造积极探索的课堂氛围。这里，其实教师只要表述"上课要坐端正"即可，其他具体要求，如"两手要放在背后""要双臂交叉放在课桌上"，老师可在解释常规时举例或补充，作为可供选择的正确坐姿。因为学生是成长中的"未完成的人"，任何常规都无法规避学生问题行为的产生，教师应该以正确、积极的态度和方法应对学生问题。但教师又不能走向另一个极端，认为常规可有可无，从而否定常规的规范性与导向性。课堂常规规范整个班集体的课堂行为，设计要合理可行。

2. 师生共同参与课堂常规的制订

师生共同参与课堂规则的制订可以树立学生的主体意识，发展学生的智慧、情感和意志，提高课堂常规的执行力，让学生产生自觉的规范行为。同时，同学之间意见的交流，增进他们之间的相互了解、互信互助，加强了他们的团结，这种相互尊重、对话交流的过程本身就是一种生动活泼的"纪律教育"。师生共同参与课堂常规的制订过程如下：[1]

第一，一起讨论课堂常规的意义和作用。教师可以通过与学生讨论一些公共规则，如为什么要遵守交通规则、排队等候等，引发学生对常规价值的思考，进一步引发班级课堂常规讨论，并形成对课堂常规重要性的认识。

第二，编写课堂常规清单。教师引导学生根据课堂教学程序和学科特点，将他们认为重要的规则都列出来。这里需要引导学生认识到课堂常规包括整个教学过程，所以涉及课前预习、课堂教学、课后作业。教师也要引导学生结合课堂中影响教学的不良言行，融入课堂常规加以规范。最后，教师和学生根据适用与否对这些行为规则进行汇总与修改，最终形成正式的课堂常规。

第三，解释说明，遵守执行。确定正式的课堂常规后，教师要组织全班学生学习与讨论，对某些常规条文进行解释和说明，以让每一位学生明晰每项规定。同时，让学生可以将清单带回家，让家长了解这些规定，争取家长的支持和配合，更顺利实现教育目的。

第四，评估与监督课堂常规的执行。制订出一套合理的常规后，对常规执行进行

---

① 袁琳，赵丽霞. 小学教师如何建立有效的课堂规则 [J]. 教学与管理，2013 (23)：22-24.

监督，尤其常规执行的一周内。此外，还要开展定期评估：一是观察学生行为，违反纪律的行为是否在减少，课堂学习氛围是否更好；二是引导学生评价自己及他人课堂常规颁布后的行为变化程度，看还有哪些地方做得不够。

3. 课堂常规内容应少而精

课堂常规少而精，易于记住，易于操作，才能提高执行效力。因此，教师要对师生共同讨论后的规则条文进行归纳、总结和删改，避免意思重复、语句冗长表述，制订出尽量简明、适宜、可行的规则。一般以 5 至 10 条为宜，如果还有学生需遵守的规定，可在学生熟悉已有规则基础上，再进行增加。因为常规太多，学生难以把握，执行效果就会比较差。同时，常规要简明，还基于以下考虑：一是常规是约束纪律，不是限制行为。因此，教师要在常规的规定下，保障学生主观能动性发挥的空间，所以不能完全寄托通过条文框架管理学生，固化学生思想与行为。二是详细的常规固然能清晰阐明问题，但是也不可能包罗问题万象，因为不同学生产生不同的问题，特定的常规只能调节特定类型的学生行为。如一位师范生制订了关于"提问及举手发言"的常规：[①]

积极思考老师提出的问题，举手发言，踊跃展示，争取锻炼自我的机会。回答问题声音要响亮，态度要大方；敢于质疑问题，提问题要举手，以示对老师和其他同学的尊重；口头表达使用普通话，语言表达力求完整流畅。老师指定学生回答时，被指定的学生应及时起立，大声回答老师的提问，不延误时间。如果不会，应大声告诉老师"对不起，我不知道或我不会"。一位学生回答问题时，其他同学要认真倾听，有不同意见或看法要举手，不随便讲话、插话，不讽刺、挖苦、嘲笑同学，避免随便讲话、插嘴、离开座位等扰乱课堂秩序的行为。

这条常规被进行了充分的阐述与说明，从表述看，学生会产生抵触情绪；从执行的具体环节看，细节要求太多，学生的言行也不能完全遵循这项规定。因此，简洁、明了的课堂常规，才能真正发挥实效。

4. 课堂常规表述应以鼓励、肯定为主

"教育、管理、法制等以人为主体和对象的实践活动都以人的理念和人性把握为逻辑前提。然而，这种前提本身却不是理性的结果，而是一种设定，因为人性的善恶无法确证。正是这种以对人性的信心和信念为基础的设定，才体现了教育的人文精神的特殊品质。……缺乏伦理精神，就会动摇教育的根本信念，就会因为失去对人的信心而使教育成为不可能和不必要。只有善的理念才能物化为善的制度，才能成

---

① 案例来源于师范生学习课堂。

为对教育有意义的制度。"① 因此，课堂常规内容的表述尽量以正面引导为主，进行肯定和引导。多用鼓励、积极的语言，多采用"做什么"，少采用"必须怎么做""不准或严禁做什么"之类的词语。以"不""严禁"为冠的课堂常规表述，在学生看来就是限制他们某些方面的自由，他们无法理解其所蕴含的价值意义，容易产生违抗的心理与行为；以"必须"为冠的课堂常规表述，缺乏对学生鲜活生命的关注，成就冷冷冰冰的行为。而基于学生的视角，明确规定"做什么"，彰显行动号召，鼓励和帮助学生，尊重他们的自由，鼓励他们在课堂中展现自我，营造一种充满生命活力的课堂环境。例如，把"不许迟到"换为"按照学校规定的时间到校"；"不准抄袭他人作业"换为"自主完成作业，必要时寻求老师或同学的指导和帮助"。这些明确具体、积极正面的语言能让学生知道怎么做，应该做什么，同时，表现了教师对学生的关心和期望，容易产生积极的心理效应，给予学生积极的行为指引，产生正强化的作用。

我们来看以下小学课堂常规②：

（1）上课不准迟到

（2）上课不准睡觉

（3）上课不准吃东西

（4）上课不准和同学打闹

（5）上课不准随意下座位

这样的常规往往让学生产生消极的心理，学生无从知道究竟能做什么，怎么做。

5. 课堂常规应及时制订和不断调整

随着新课程标准的颁布与实施，教学更关注学生的内在驱动力。因此，课堂常规也应从传统的控制学生行为的工具转变为调动学生主体的因素，实现工具性常规向发展性常规的转变。为此，及时制订课堂常规相当重要。从学段来说，每一学段开始均是常规制订的最佳期；从学期来说，开学初就应该制订。因为学生时期，特别是小学与初中，是习惯养成的关键阶段。一旦好习惯养成，学习就会事半功倍；相反，则事倍功半。同时，从学生角度看，课堂常规的及时制订，让学生从开始就知道他们行为的规范，明了教师的意图和行为期望，能顺利地适应课堂学习生活。从教师的角度而言，课堂常规的及时制订，教师把期望和设想的规则告知学生，也是让学生对不良行为进行事前预警、防范与矫正。

课堂常规应不断调整。任何课堂常规都不可能尽善尽美，不可能一旦建立起来，

---

① 祝惠，刘姣娥. 反思当前中小学课堂常规［J］. 安徽文学（下半月），2007（4）：124-125.
② 案例来源于师范生学习课堂。

就完全符合课堂的现实情境和学生的具体状况。因此，对于制订的课堂常规，每过一两个星期，要师生共同讨论、共同参与修改。同时，也可能因学生、因教学内容、因时间、因环境等的变化而产生新的问题。另外，不断调整课堂常规可解决课堂常规规定过多的问题，删减学生已习惯化的常规条文，增加需要改进的相关思想与行为规定。这些都要求教师根据具体情况，对课堂常规加以补充、修改或调整。当需要调整或修改的规则较多时，我们应先从最重要的一项或两项开始。在这一过程中，教师应让常规保持弹性和折中性，以保证课堂常规得到学生的认可和支持，但教师可以保留最后的否决权。

6. 关注学生的独特文化

学生的独特文化包括班级学生的文化、学生的校园文化和学生的社区文化。一是班级学生的文化。需要指出的是我们无法对每一个学生均制订特定的课堂常规，这个没必要，也不可能，因为每个学生个体都具有一般性。但是课堂常规毕竟是针对具体班级情况制订的，如班级整体的学习氛围、学习基础、纪律情况、学习习惯等，所以，这就涉及个别典型问题学生、学生群体等对班级整体的影响，如果他们的问题行为影响到了整个班级的正常教学秩序，有必要对相应的问题行为制订相对应的规范，在纠正问题行为同时，培养良好习惯，确保课堂教学的顺利开展。一个"学生上课时不认真、吵吵闹闹，课前课后很少预习和复习等风气的班级"与一个"太注重学业成绩，同学之间相互提防，不愿合作、恶性竞争的班级"的课堂常规制订时应该有所侧重。二是学生的校园文化。校园文化对学生的影响力更不容小觑，特别是具有深厚悠久历史的校园。对于学生来说，校园的历史发展、历年学长、同学老师、荣誉称号及校园中的一草一木、一砖一瓦，都具有教育的力量，有利于营造良好的人文环境。因此，常规中应融入这些文化，提升学生的学校归属感和班级认同感。三是学生的社区文化。社区文化是课堂常规制订的精神根基，社区的精神氛围、礼仪风俗、环境建设等潜移默化地影响学生的人格、价值追求，对学生的健康成长具有重要作用。因此，如果常规汲取了社区积极的文化，就容易获得学生的认同。

7. 注重班级规定与课堂常规的区别与联系

班级规定与课堂常规有联系，也有区别。班级管理，注重学生的全面发展。如魏书生老师制订的班规班法，涉及的范围很广，有思想教育、学习检查、纪律监督、体育锻炼、卫生保健，内容涵盖了学生的德、智、体、美、劳及学生在校生活的各个方面，里面涉及了各种常规，包括一日常规、一周常规、一月常规、每学期常规等。可见班级常规范围更广，全方位、多渠道开展管理育人。课堂常规侧重点不同。不同的学科课堂常规会有所不现，同一学科，不同教师也会设置不同的课堂常规，因此，课堂常规具有学科课程特征和学科教师特点。同时，虽然课堂常规也以促进学生的全面发展为目标，特别是新课程标准要求实现全学科育人的目标，但课堂常规育人是基于知识技能教学为基础，依托知识学习，在教育内容、教学方法、教学媒体、教学情境、作业布置、教学评价等全过程中融入育人元素，培养学生的人生观、世界观和价值观，实现育人目标。

8. 注重常规执行时的公正性

常规制订是为了规范学生课堂行为，保障全体学生学习的自由。但这种自由并不是绝对的自由，而是有限制的自由，创造平等、公正的学习机会和教学氛围。"每个小组奖励的加分规则"是针对班级每个学生积极行为的激励，但是如何根据课堂情境、教学内容、教学时间、教学方法及教学对象进行奖励，需要教师智慧执行课堂常规。一位老师在执行此常规时，就发生问题：一节课的各个环节中，一些小组学生回答得多些，其中一个回答得少些的小组中一位学生举了几次手，教师因为举手的人多，没注意到，他很生气，直接站起来："老师，你上课偏心，不叫我。"这表明教师确实需要注重常规执行过程中的公正性。

第二节　教学提问艺术

教学的真正目的是学生能够不断地提出问题、思考问题和解决问题。《义务教育课程方案和课程标准（2022 年版）》提出坚持问题导向，强化教学提问。那么，怎么样的提问是有艺术的？

教学情景：

师：同学们，喜欢看中央电视台《幸运 52》节目吗？

生：（齐声）喜欢。

师：那我们先一起来做一个《幸运 52》里出现的问题吧！（屏幕显示问题）猜一猜：她是谁？①她原籍波兰，后移居法国；②她是一位伟大的物理学家；③她和她的丈夫一起发现了一种放射性元素；④她是世界上第一个两次获得诺贝尔奖的人。

生：居里夫人。

师：她发现的放射性元素叫什么？

生：镭。

师：非常好！你了解居里夫人的这一发现对人类的意义吗？（停顿，学生急于想知道）看下面的问题（屏幕显示）：1 千克镭完全衰变后，放出的热量相当于 3.75×10^5 千克煤燃烧放出的热量。估计地壳里含有 1×10^{10} 千克镭，这些镭完全衰变后放出

的热量相当于多少千克煤燃烧放出的热量？

生1：$3.75 \times 10^5 \times 10^{10}$ 千克。（有学生小声说："3.75×10^{15}"，但未引起老师注意）

师：很好！这里的 10^5、10^{10} 各有什么意义？

生2：10^5 中的 10 为底数，5 为指数，10 称为幂。10^{10} 中的底数为 10，指数也为 10。

师：像 10^5、10^{10} 这样底数相同的幂叫作同底数幂。10^5 与 10^{10} 这两个同底数的幂相乘后积为多少呢？就是我们要研究的问题（板书课题：同底数幂的乘法）。

师：请大家看屏幕上问题：你会算吗？① $5^2 \times 5^3$；② $2^3 \times 2^4$；③ $a^3 \times a^2$；④ $a^m \times a^n$。

先完成①②，要将过程表达出来。

（两名学生到黑板上板演，板演后由学生纠错，老师适时进行表扬与鼓励。再口答③④，教师在学生口答时板书 $a^m \cdot a^n = \underbrace{a \cdots\cdots a}_{m} \cdot \underbrace{a \cdots\cdots a}_{n} = a^{m+n}$）

师：$a^m \times a^n = a^{m+n}$ 如何证明？

生：（疑惑，思考片刻后恍然大悟）上面的计算过程就是证明过程。

师：下面我们先运用这个公式来处理一些简单的计算。（以下略）①

教学探究：

上述案例中，老师在教学导入中设置了激发学生兴趣的问题，引发学生感受科学发明的伟大，引出本节课学习的主要问题，调动了学生学习知识的积极性。然而，在教学过程中，学生只是根据教师设置的问题机械地回答并学习知识，缺少主动思考和探究的学习过程，被老师牵着鼻子走。那么，什么样的问题能真正实现新课程标准的核心素养目标？什么样的教学提问是有艺术的？

孔子主张的"不愤不启，不悱不发，举一隅不以三隅反，则不复也"和"疑思问"等强调了教师教学提问艺术的重要性。

一、教学提问的作用

（一）培养学生的问题意识，激发学生思考

《中国学生发展核心素养》提出，尊重事实和证据，有实证意识和严谨的求知态度；逻辑清晰，能运用科学的思维方式认识事物、解决问题、指导行为等，在实践创

---

① 叶亚美. 两个"同底数幂的乘法"课例片断的比较分析 [J]. 中学数学教学参考，2005（5）：14-16.

新中，强调"善于发现和提出问题，有解决问题的兴趣和热情；能依据特定情境和具体条件，选择制订合理的解决方案；具有在复杂环境中行动的能力等"。可以说，学生学会了提出问题，就会去思考问题、解决问题，也就学会了学习。所以，提问就是培养学生的问题意识，激发学生思考。

（二）培养学生的思维习惯和思维能力

提问具有启发性，能激发学生思维的火花，促进学生智力的发展。因此，提问要关注学生的主体地位，以"叩其两端"的方法引导学生从正反两方面去探索知识。但提问是在教师的主导下开展的教学活动，不论是问题设计的内容，还是问题设计的形式、问题探讨的方式、问题探讨的方向，直到问题最后的结论，教师全程都起着主导作用。因此，教师在提问中要善于启发诱导，开放学生思维的闸门，引发学生积极思考。教师所提的问题也要能开拓思维，发展学生的理解力和逻辑力，培养学生的想象能力和探究能力。那种不用动脑筋、随声附和就能回答的问题，那种教师问上半句、学生答下半句式的提问，不但不能引起学生思考，反而养成学生的思维惰性。因此，设计启发性的问题才能培养学生良好的思维习惯和思维能力。

（三）集中学生注意力，建设高效课堂教学

注意，是心理活动对一定对象的指向和集中，具有指向性和集中性两个基本特征。注意活动开展时，总是伴随着人的感知、理解、记忆、思考、分析与想象等活动。因此，有艺术的提问往往体现在教师有目的地指向某类型学生、学习某个知识点，并抑制干扰学生学习的内外部因素，从而集中学生注意力。因此，有艺术的提问能增强教学的吸引力，把学生的注意力牢牢吸引住，使学生的注意力处于高度集中的状态——思考或讨论，使课堂教学在动静结合中生成知识的火花。秩序静中有动、动中有静，但都朝着一个共同的目标驶进。有艺术的提问既是一种镇静剂，也是一种兴奋剂，同时是一股凝聚力，促进教学朝着同一个目标驶进，建设高效课堂教学。

（四）增进师生的交流，实现信息双向交流

提问是一种双向的课堂交流。回答教师的提问，学生需要从教材中、教学中提取信息，有的还需要理解、归纳、概括、分析，甚至得出结论后，与教师进行沟通交流。但课堂提问不仅限于教师向学生单向提出问题，还包括学生提问教师，学生提问学生。为此，教师要善于为学生创设一个多向交流的学习氛围，激励学生提问，增进师生的交流。教师在教学中要鼓励学生勇于提出问题，敢于对教师所讲内容质疑问难，对教师讲错或讲得不够准确或解释不周全的地方及时质疑。

一位语文教师为让学生理解《背影》中父亲的特点，对学生开展了提问，请看以下教学片段：

教学片段

我（师）：同学们在预习时提出了一些问题，都是经过自己认真思考的问题。我整理归纳为：在"我"眼里，父亲是怎样的人？有着怎样的背影？老师再加一个问题："我"是怎样的人？在"我"眼里，父亲是怎样的人？（我预计学生可能的回答是：(1)父亲是个坚强的人；(2)舍己为子（奉献）的人；(3)关心、呵护儿子的人。）

学生沉默。这是我料到的沉默。这个班女生多，大多相对内向；男生虽然爱说，但有老师听课就一言不发。接手这个班一个多月来，我知道他们的这些特点，虽然在课堂上我多次鼓励引导他们，但是只要有老师来听课，他们的表现就不尽如人意。今天他们可能被十几个听课老师的阵势吓得无言了。我有这个心理准备，于是向课代表提问。

我（师）：（充满期待地看着他）从文中你读出了父亲是个怎样的人？可以用自己的语言，也可以用文中的语言。

课代表：（站起来，紧张得脸都红了，低着头，讷讷地说）父亲是个很"迂"的人。

当时我以为他会说些父亲很疼爱儿子之类的话，这个回答是我始料未及的，我一时想不出该怎样接话。于是，我只好使出惯用法宝，把问题踢给学生：你们也认为父亲是个很"迂"的人吗？

生：父亲不是很"迂"的人，他是个很爱自己的儿子的父亲。

我（师）：（由尴尬转为高兴）你能用文中的话说说哪些地方可以看出父亲很爱自己的儿子吗？

生：父亲给"我"拣座位、买橘子。

我（师）：那文章开头可以看出父亲爱儿子吗？

生：能。比如文章说……

我（师）：好。关于父亲是不是很"迂"，后面我们再来理解……①

从上述案例看，这位教师对学生预习时提出的问题单方面来分析，处理中没有把学生作为提出问题和解决问题的主体来处理，师生之间没有开展有效的沟通交流。

一位语文老师为让学生体会和领悟诗人孤独的心境，设置了以下提问：

教学片段

师：学了这首诗，还有不懂的问题吗？

---

① 胡定荣. 教师的教学反思为何不见效：以一位中学教师的教学反思经历为例 [J]. 教育科学研究，2013 (1)：74-77，80.

生：老师，那么冷的天，老翁为什么还要到江中钓鱼？

生：我知道，因为那老翁家里穷，没什么吃的了。

师：（神情凝重，饱含深情）同学们，或许老翁家里真的很穷，钓鱼充饥。可他真在钓鱼吗？

生：不是。

师：其实他在干什么？钓什么呢？

生：老翁在欣赏冰天雪地那晶莹剔透的美景。

生：告诉人们他非常坚强。在冰天雪地寒风凛冽的环境中钓鱼。

生：告诉人们他非常孤独。我发现这四句诗的第一个字连起来是"千万孤独"四个字，是一首藏头诗。

生：老翁钓鱼很有情趣。"孤舟蓑笠翁，独钓寒江雪。"这是一种孤独的情、期盼的情、顽强不屈的情。

师：啊！多深的发现，多有见地的领悟。

生：我认为老翁在钓一个春天。冬天到了，春天还会远吗？①

这是一个多有艺术的提问，教师的巧妙一问——"可他真在钓鱼吗？"（神情凝重、饱含深情），引发了学生心灵与思维的共鸣，师生在双向信息交流中理解与体验了诗人孤独至深的心境，感悟到了丰富的人文情怀。

（五）检查学生学习掌握情况，提升课堂教学质量

提问作为师生之间的一种双向课堂交流活动，教师和学生可相互获得对各自有效的反馈信息，作为进一步教与学活动的重要参考。教师通过提问，了解学生对知识的理解与掌握情况，检查学生对重点内容的学习情况，分析学生知识掌握缺漏和错误原因，反省自己的教学设计与教学过程中的不足或错误等，在此基础上，调整后继的教学活动。学生也可通过答问，从教师的评价中获得对自己学习状况的反馈信息，对自己的知识掌握程度进行查缺补漏，反思自己的学习态度、方法，从而实现更有效的学习。因此，提问所获得的反馈信息对教师和学生来说都要是非常重要和有效的。充分提高提问艺术以更好地提升课堂教学质量，显然是教师的重要教学技能。

二、教学提问的教学改革背景

（一）课程标准的规定

我国《义务教育课程方案和课程标准（2022年版）》也明确提出学生的培养目标，"乐于提问，敢于质疑，学会在真实情境中发现问题、解决问题，具有探究能力

---

① 曾文婕. 教学反思的多重路径 [J]. 教育科学研究，2009 (11)：65-68.

和创新精神"。也就是说新课程标准要求转向以学生为主体的课堂提问。因此，提问应注重以下要求：第一，教师在课堂教学中激发学生提出问题，培育学生的思维意识，而不是仅引导学生回答教师提出的问题。第二，在教学设计与教学过程中注重催生提问的方法，改变仅由教师单向提问的课堂教学现状。第三，实现以学生为中心的教学模式变革，从知识技能传授转向问题思维培养的教学，从提高学习注意力、巩固学习知识、检验学习效果的课堂提问转向学生发现问题、提出问题、思考问题、解决问题的课堂教学，开展师生和生生的互动对话的课堂教学模式，构建师生共同体的课堂教学。

（二）课程思政的导向

党的二十大报告提出，必须坚持问题导向；要增强问题意识，聚焦实践遇到的新问题；不断提出真正解决问题的新理念新思路新办法。在教学过程中，教师以问题为导向、以解决问题为方法，培养学生的问题意识，引导学生由课堂问题联系现实社会问题，基于现实社会、国家实际客观理性分析问题、理解问题、解决问题，激励学生为成为社会主义建设接班人。这样的问题解决过程实质是思政教育。

三、教学提问的类型

（一）根据思维角度分类

从思维方向看，有聚合性提问和发散性提问。

1. 聚合性提问

聚合性问题，即求同性问题，其思维方式往往朝着同一个方向，且只有一个正确答案。聚合性提问是提问内容性的问题，根据教学知识点检查学生对教学内容的理解和掌握情况。这种提问的问题能在教学内容中直接找到答案，答案求同是聚合性提问的主要特点。如一位教师在教学人教版九年级第二十四章第 3 节《正多边形和圆》时，提出了以下问题：（1）正多边形的定义是什么？（2）大家来观察下列图案，并说出它们是由什么图形组成的。（3）如何等分一个圆？[①]这些问题均能从课本直接找到答案，是聚合性提问。

2. 发散性提问

发散性提问则在教学内容基础上，学生概括、创新形成自己的解释和观点。答案是开放性的，教师可能预设几种答案，但不能预设所有答案，有些答案是教师和学生在对话过程中逐渐形成的。这种提问往往能引发学生适度的紧张心理，促使学

---

① 黄会来，王迎. 数学高效与低效教师课堂提问教学行为的案例比较 [J]. 数学教育学报，2011，20（3）：90-92.

生产生困惑、疑虑、探究等心理状态，目的是鼓励学生思考和解决问题，提高学生思维能力。这种提问常使用"为什么""怎么样""哪些"等开放性疑问句。如一位教师在教学《故乡》一课时，就少年闰土月夜看瓜的一个细节，故意提出了这样一个问题：少年闰土聪明机灵，可为什么没有刺到猹？这一问题激起了学生的多角度思维，推出了各种各样的答案。①

（二）根据教学提问的水平分类

根据布卢姆的目标分类，教学提问可分成由低到高六个水平，具体见表 4－1。

表 4－1　教学提问的 6 个水平类型②

类型	释义	要求	关键词	举例
知识水平提问	也叫回忆水平提问，属最低水平的提问，可用来检查学生是否已记住先前所学习的内容。	可用正确或错误作出判断，提问内容不超出先前学习的知识范围。	谁、什么是、哪里、什么时候、写出等。	定义、公式、定理、概念、原理和事实等。如：圆心角多少度？
理解水平提问	帮助学生组织所学的知识，弄清它们的含义。	用自己的话来叙述所学的知识，能比较和对照知识或事件的异同，还要求学生能把一些知识从一种形式转变为另一种形式。	叙述、比较、对照、解释。	语言、文字、符号、数据等表达。如：A＜B代表什么？"这一段写了几种生物？它们有什么活动？"
应用水平提问	这类提问可用来鼓励和帮助学生应用已学知识去解决某些问题，对问题进行分类、选择，以确定正确的答案。	学生能把所学的某些规则或理论应用于某些问题，对问题进行分类、选择，以确定正确的答案。	应用、运用、分类、选择、举例等。	为防止煤气中毒，热水器应该安装什么在位置？
分析水平提问	分析知识的结构、因素，弄清事物间的关系或事项的前因后果。	要求学生进行批判性思维，分析资料，确定原因，进行推论。	为什么、什么因素、得出结论、证明、分析等。	作者为什么会关注这些小生命？他笔下的这些小虫、小生物为什么如此活泼可爱？
综合水平提问	帮助学生将所学知识创造性地形成一种新的关系，发展学生的创造能力。	要求学生能对知识进行预见，创造性地解决问题。	预见、创作、如果……会……、总结等。	假如你所在的地区处于地震带上，若遇到地震，你如何处理？

① 李如密，孙元涛. 新世纪教师教学艺术要略［M］. 北京：中国青年出版社，2001：229.
② 李如密. 教学艺术论［M］. 济南：山东教育出版社，1995：352-353.

评价水平提问	帮助学生根据一定的标准来判断材料的价值。	要求学生对一些观念、价值观、问题的解决办法或伦理行为进行判断和选择，也要求学生能提出自己的见解。	判断、评价、证明、你对……有什么看法等。	你认为成为一位好教师应具备哪些方面的综合素质？

（三）根据教学提问的方式分类

根据教学提问的具体方式，可分为四组八种，具体见表 4-2。

表 4-2 教学提问的八种方式①

维度	类型	释义	举例
提问方式意向	直问	即"问在此而意在此"。教师向学生直截了当地提出问题，学生直接做出回答，不必拐弯抹角。	在葡萄糖、果糖、脂肪、蔗糖和磷脂等物质中，哪些属于糖类？哪些属于脂质？
	曲问	即"问在此而意在彼"。要解决甲问题，却绕个弯提出乙问题，学生解答了乙问题，甲问题便等于"不答而解"。	钱梦龙老师为了讲"孀妻"的"孀"，设计了这样一问题："这个年纪小小的孩子跟老愚公一起去移山，他爸爸肯让他去吗？"
提问方式视角	正问	从正面提出问题，让学生顺藤摸瓜探求问题。	这篇文章这样写有什么作用？
	逆问	又称倒问。从相反的方面提出假设，让学生通过对照比较，自己得出正确结论。	这篇文章不这样写行不行？
提问方式对象范围	单问	又称常规提问。提问的对象是一个学生。	让一个学生站起来口答或到讲台上板书回答问题。
	复问	又称并行提问。在同一时间内同时提问几个学生。	一次提问一个或几个问题，让学生有的去黑板上作图解、板演、画图解答，有的在座位上口答。

---

① 李如密. 教学艺术论 [M]. 济南：山东教育出版社，1995：357-359.

续　表

| 提问方式时间速率 | 快问 | 又称急问抢答。教师快速急问，学生争先恐后地抢答。 | 多用于填空式和选择式的作答题目。 |
| | 慢问 | 又称深求慢问。提出问题后给学生足够的思考时间，学生通过周密思考，力求圆满解答问题。 | 多用于教材内容中的重点、难点和疑点，多用于高年级学生。 |

四、提问注意事项与要求

（一）预先设计好问题

1. 提出的问题是好问题

物理学家海森堡强调："提出正确的问题，往往等于解决了问题的大半。"[①] 教学的要义也在于引导学生学会提问，即善于提出好的问题。只有教师提出好问题，才能引发学生思考，才能促进学生的知识能力、思维品质、价值观、学习能力的发展，才能引导学生提出好问题，才是具有艺术的教学。

好的问题需要具备如下条件：（1）能满足学生学习需要，服务学生发展；（2）能激发学生探索兴趣，调动学生学习积极性；（3）具有探究性，能促进学生积极思考；（4）具有开放性，能激励学生自由想象和思考，而不是有预设或固定答案的；（5）与学生的学习经验和生活经验相联系，能推动学生对知识和意义的建构。如一位教师教学五年级上册的《复式统计表》时，出示例子，先引导学生根据例题的信息填写四张单式统计表，并用投影出示所填结果，有如下教学片段：[②]

◈**教学片段**

师：哪个小组的男生人数最多？你是怎么知道的？

生：航模小组的人数最多，有8人。我是一张张看的，音乐小组和书法小组都只有3人，美术小组有4人，而航模小组有8人，所以航模小组男生人数是最多的。

师：那么要这样一张张比较，你觉得怎么样啊？

生：比较麻烦。

师：那么可以怎么办呢？（教室里鸦雀无声。）

师：我们可以把四张表合并成一张表。对不对？（学生勉强附和：对。）

师：把这四张表合并在一起，这张表要反映哪些情况呢？（教室里又是一片寂静。

① 饶璞. 名人名言录：英汉对照 [M]. 成都：四川大学出版社，2001：156.
② 张夫伟. 课堂提问四"问"[J]. 教育科学研究，2008（10）：44-47.

教师只能把答案告诉学生，这样才把这个环节应付过去。）

以上教学提问，教师没设计好问题。"哪个小组的男生人数最多？你是怎么知道的？"这是简单的你问我答形式化的问题。"那么要这样一张张比较，你觉得怎么样啊？"这个问题显然不能引导学生认知和探索该堂课的知识点。

2. 提出的问题要有层次，能覆盖全体学生

从学生知识基础看，可分为基础薄弱、基础一般、基础好。因此，问题设置要有梯度，要有针对不同学生设置的难易程度不同的问题，切实实现课堂教学全体参与，切实实现激励学习主动性的目的。第一，适应性问题。依据学生的现有水平，即学生的基础、能力和水平，提出与学生的认知程度相匹配的问题，即提适应性问题，此类问题与学生回答问题的心理准备和愿望相适应。学生感到有能力回答的，也会去主动回答。譬如知识能力目标中的识记性知识、理解性知识，教师可以设计"……是什么？""从哪里可以找到……？""……有什么表述？"等问题，让学生使用理解性知识来回答。学生通过使用已有知识，回忆并重述已有知识经验、重组认知结构等形式来回答。这类提问一般都是封闭性的、事实性的问题，一般都只有唯一的答案。第二，发展性问题。设置"跳一跳"能摘到的问题，即基于维果斯基的"最近发展区理论"。设置高一阶的问题，引发学生感知问题，引导学生的思考和参与，刺激学生产生解决的欲望和内部驱动力量，挖掘学生的潜能，调动学生的积极性，发展学生下一阶段的发展水平，然后在此基础上又进行下一个发展区的发展。譬如要实现思维、文化、情感、态度与价值观等维度的教学目标，要通过探究教学策略等发展和提升学生思维能力，要求学生在现有认知基础上，经过综合、分析与评价等更加复杂的思维和原创性思考，就应有意识地设计一些高层次问题和发散性问题。如"……为什么？""……怎么样？""你有什么观点？"这类问题需要学生经过思维加工，经历思维遇阻随后顿悟的思维过程，这类问题的答案往往具有开放性或是具有多样的问题解决路径。

3. 提出的问题要简洁、清晰

好问题的特点还在于表述时简洁、清晰。因此，教师在提问时应采取如下策略：使用简洁恰当的、与学生认知水平和生活经验相符合的具有学科特点的语言，不能是日常生活用语或超越学生现有认知水平的专业学术语言；提问的内容仅包括学生了解和理解问题所需要的词汇和等待学生处理的问题，不包括无关的术语；提问的问题与授课内容直接相关，以理解知识、巩固知识、检查知识、创新思维、发展能力为目的，不包括与授课内容无关的问题。

（二）注意提问的技巧与要求

1. 根据教学的需要在关键处提问

在教学的重点处提问。此处提问不仅与教学目标直接相关，突出和强化教学的重点，而且最容易激发学生的思维与兴趣。教学的重点一般为教材的重点，为学习最重要的知识点，通过有艺术的提问引导学生学习、理解和掌握，拓展学生的思维，从而使学生掌握知识要点。如一位教师在教学《船长》一课时，为让学生掌握文章重点，提出问题：当船发生撞击，人们处于生命危险时，船长是怎么做的？表现了船长什么样的思想品质？

在教学的难点处提问。教材中难点知识，是学生在学习费时费力仍难以理解、掌握和迁移应用的知识，突破这些知识点关系着教学的效果，而且影响着下一步的学习进程。有艺术的提问可以帮助学生移除这类学习障碍，顺利开展学习。在教学实践中，可以采取以下方法：针对难点，进行层递式提问、探究式提问、提示性提问、比较式提问、结合背景提问、迂回地提问。[①] 如在教学《回自己的祖国去》时，教师为让学生深化对文章内容的认知和了解，结合文章的关键词"斩钉截铁"提问："斩钉截铁"是什么意思？文章中哪些句子能够体现华罗庚斩钉截铁的态度？用什么语气读才能体现华罗庚"斩钉截铁"的精神？这既体现了层递式提问，还体现了探究式提问，引导学生开展深入探究。

在教学的联结处提问。在教学的联结处提问是帮助学生达成教学目标的重要作用。如新旧知识联结处、新知识内在联结处、知识的进阶处、内容的转折处、意义的升华处等等，教师在这些联结处提问激疑，促进学生深入思考问题，培养学生发现问题、分析问题和解决问题的能力。

2. 设置科学的候答时间

候答时间是提问与应答时间间隔。候答时间包括两个环节：一是教师提问和学生回答之间的时间间隔；二是学生回答和学生反馈之间的时间间隔。第一个环节时教师要给学生以足够的时间思考，避免让学生急着回答，从而产生让学生无效回答、失去信心、失去积极性的教学负向影响。有些教师在提问之后和学生回答之前的时间间隔甚至不足 1 秒钟，显然不符合教学艺术。有艺术的教学需要根据提问的内容、教学的实际情境、提问的目的设置科学合理的候答时间，或许 3 到 10 秒钟，或许 15 到 30 秒钟，或许 1 分钟，甚至更多。因此，有艺术的提问，给予学生合理的候答时间，使所有学生都能参与到问题的思考之中。这里要特别关注基础差的学生，他们

---

① 严永金. 让学生的思维活起来：名师最能激发潜能的课堂提问艺术［M］. 重庆：西南师范大学出版社，2008：93-94.

参与到教学中，师生之间及生生之间的积极互动才能大量增加，才能真正彰显课堂提问的艺术。此外，要灵活运用候答时间。可采用如下方法：第一，明确规定候答时间，防止学生抢答或无效回答，同时保障全部学生的思考时间；第二，回答过程中不要因学生回答错误而打断回答，可利用第二个环节的学生回答和学生反馈之间的时间间隔，引导其他学生反馈并做出判断。如果学生错误回答，教师可引导该学生再次思考，如果仍然不能解决此问题，可采用第二个环节的候答让其他学生回答，或引导其他学生积极思考该学生的回答并提问，让学生自己学会主动提问。

3. 每个学生都有同等机会回答问题

让每个学生都能参与回答课堂问题，实现教学过程学习机会的公平。《国家中长期教育改革和发展规划纲要（2010－2020 年）》指出，教育公平的关键是机会公平。对学生来说，尽管在同一课堂之中，学习相同的课程内容，接受相同老师的教学，但他们在各个教学环节之中的学习机会并不一定相同。因为，座位的排法、教师的偏爱、教学方法的可适性等，而这些可能通过课堂提问的方式缩小差距。如对座位远离讲台的学生、学习基础差的学生、性格比较内向的学生、表达能力比较差的学生，等等，教师可借助提问改变他们的弱势位置，实现因材施教的目的。此外，教师可通过变换叫答技巧，如采取抽签形式，在每张小卡片上写下每个学生的名字，随机抽取叫答，这样每一个学生任何时候都可能被叫到，既能体现教学的公平，又能激励学生的注意力，维持他们对课堂的参与积极性。现实课堂学生回答问题机会不同等，一方面因为学业成绩优秀的学生问题回答正确率较高，便于教师顺利完成教学任务；另一方面因为教师担心学习困难学生回答错误或回答迟疑，因此浪费时间；还因为教师的学业成绩取向，自觉不自觉地只关注学业成绩优秀的学生，从而忽视学困生。这样课堂成为聚焦优秀学生的舞台，而学困生成为舞台下面的观众，没有机会回答问题，失去学习兴趣和学习信心，从而产生各种各样的课堂问题行为。所以，教师要针对不同层次的学生，设计不同层次的问题，让全体学生拥有同等参与问题回答的机会。

4. 注重激励性反馈

课堂教学提问时出现"冷场"现象，排除好问题的原因外，还因学生担心回答错误或缺乏自信。要改变此状况，教师可以采取的策略，具体见表 4 - 3。

表4-3 冷场时的提问策略①

策略	概念	方法
澄清	用不同的表述重新陈述同一个问题。	清晰、简单地选择合适措词，表述问题的关键点。
追问	向回答问题的学生提一个或几个额外的问题，帮助他们回答正确或提升回答水平。	或让学生举个类似的例子，或变换描述问题的重点。
转问	在前一位学生回答错误的前提下，让另一个学生来回答同一个问题。	对前一位学生的回答必须作出反馈，再转问另一位学生。如"你会怎么处理呢？说说你的解答"等。
悬置	暂时搁置师生无法当堂共同解决的问题。	师生共同查阅有关资料，共同探寻和研究，在后续的教学中解决。

5. 引导学生自己学会提问

"课堂提问的价值理性是让学生作为课堂提问的主体提出问题并培养学生的问题意识。"②因此，提问是科学探究的基础，培养学生提出问题并进行归纳概括、分析推理、解决问题、批判性思考的逻辑能力，是课堂提问的价值取向，也是新课标下教学改革的要求。新课标提倡从灌输式教学转向引导式教学、预成性教学转向生成性教学、模式化教学转向开放性教学、表演型教学转向高效率教学。如有位教师在教学"激素的调节"时，有以下片段：

◈案例分享

"我小时候曾经问父母：'为什么女孩子的胸部比男孩子的大？'结果遭到父母一顿臭骂，于是一个天才夭折了！为了让你们都成为天才，今天请大家自由提问！关于人体激素调节方面，你们最想弄明白的问题是什么？"学生哄堂大笑，接着窃窃私语，而后踊跃提问："个子小一定是激素方面的问题吗？""太监和人妖是如何形成的？""变性人能生育吗？""同性恋是怎么一回事？""吃了含甲状腺的猪肉会患甲亢吗？""个子小的人多吃猪的垂体有疗效吗？""女人长胡须是怎么一回事？""成年人甲状腺激素分泌不足所引起的也是呆小症吗？""邻居家的矮个子小孩上高中了，他患的是呆小症还是侏儒症？""妇女为何生小孩后就分泌乳汁？小孩大了后母亲就不分泌乳汁？""奶牛为何能长时间分泌乳汁？""前不久有报道说一个男人怀孕了，这是怎么一

---

① 邵怀领. 课堂提问有效性：标准、策略及观察 [J]. 教育科学，2009，25（1）：38-41.

② 王陆，张敏霞，冯涛. 课堂提问主体转向的机理分析 [J]. 课程·教材·教法，2022，42（8）：107-114.

回事?""古书上记载的'牝鸡司晨'是什么意思?""小猪养大后为什么要被阉割?"……①

这是教师引导下,学生成为提问主体的成功教学案例。引导学生注意观察生活,倡导学习与生活联系,学生在自主寻求答案的过程中自觉不自觉地运用所学知识解释生活的自然现象。

第三节　教学反思艺术

教学反思是为了实现教学目标而引发,以走出教学困境为目标。那么,什么是教学反思?教学反思的内容包括哪些?如何开展教学反思?

教学情景:

一位生物学科教师在反思笔记中记录了如下导入环节:

首先出示"陕西华南虎照片惹争议"组图,接下来联系以前所学的"人类遗传病"的内容,介绍华南虎的生存现状,接着再提到其他珍稀生物,提及了南海子麋鹿苑的世界灭绝动物之墓;然后,提出了"最后灭亡的生物是谁"的问题;最后,教师采用教材上的语言导入新课:"多种多样的生物是地球赐予人类的宝贵财富……地球上这些丰富多彩的生物就构成了生物的多样性,这节课我们来学习……"在这个过程中,教师的导入活动占用了十几分钟的时间,严重影响了后面环节的教学。

该教师在教学反思笔记中进行了如下分析:自己教学的失策在于"设计"的痕迹太重,给一个简单的导入环节赋予了太多的责任:联系生活中的热门话题、复习遗传学知识、唤醒环境保护意识、激发学生兴趣等,使得导入环节过长,程序过于复杂、花哨。②

教学探究:

上述案例中,教师针对自己的教学导入问题开展了教学反思。上述教学反思属于反思的哪个步骤?解决问题的方案是什么?

一、教学反思艺术概述

波斯纳提出"经验＋反思＝教师的专业成长",这已成为教育界的共识。当前,

---

① 吴举宏. 试论课堂提问的有效性 [J]. 教育理论与实践, 2013, 33 (23): 53-55.
② 何光峰. 从教学反思笔记分析教学中存在的问题 [J]. 教育理论与实践, 2012, 32 (5): 46-48.

国际教师教育界的研究与实践认为，教学反思能力提升与教学能力的提升高度相关，教学反思能促进教师知识和经验不断地积累，促进教师能力提高。因此，教学反思能力提高对于教师顺利任职、加快专业发展、增强专业发展后劲均具有重要意义，职前教师反思能力的培养是未来教师准备的必要成分。

（一）教学反思的理论基础

1. 儒家的"三省吾身"

在我国，儒家曾子言："吾日三省吾身，为人谋而不忠乎？与朋友交而不信乎？传不习乎？"这里，蕴含以下反思内容：第一，反思的必要性与基础性："三省吾身"的原因是"不忠""不信""不习"。第二，反思的高频性与持续性："一日三省"是因为"一省"可能不够深刻和全面，不能有效修身。第三，反思的问题性与实践性："省"使人能觉察到已经发生行为的存在问题，开始改变。第四，反思的效果性与前瞻性："省"形成判断或决定，指向未来的行为，"省"可能导引新行为。第五，反思的标准性与弹性："忠""信""习"是每个人"省"所参考的标准，标准高，行为落实就难。第六，反思的阶梯性与发展性：经常反思，行为会自动化、习惯化，不断地接近标准，甚至不断地超越初始水平，进而进入高阶水平。[1]

2. 杜威的反省思维

杜威认为，反省思维是对某个问题进行反复的、严肃的和持续不断的深思，这种思维方式是"最好的思维方式"。杜威说"按照这种思维方式，就能把事情做得好一些"。[2]杜威认为反省思维包含感觉问题所在、观察各方面的情况、提出假设的结论并进行推理、积极地进行实验的检验等阶段。他进一步明确反省的步骤，并形成"思维五步法"。[3]

第一个阶段是暗示。当面临某种困境时，出现可能的解决方法，即暗示。一个人的思维总是起源于疑惑或怀疑，这时不得不提出某种暗示，即"制订某种尝试问题的办法，考虑对问题作出某种解释"。这个阶段中，手头拥有的资料还不能找到解决问题的答案，只能是提出解决问题的暗示。此时，疑难仍旧是疑难。

第二个阶段是问题。这一阶段是将感觉到的、直接经验到的疑难或困惑理智化，成为有待解决的难题和必须寻求答案的问题。所有的问题都与情境相关联，这一阶段要对多样的、复杂的问题进行探索，把模糊不清、令人不安的问题情境化和明晰

① 衣新发. 教学反思能力实训 [M]. 北京：高等教育出版社，2019：7.

② 吕达，刘立德，邹海燕. 杜威教育文集：第5卷 [M]. 北京：人民教育出版社，2008：37-272.

③ 吕达，刘立德，邹海燕. 杜威教育文集：第5卷 [M]. 北京：人民教育出版社，2008：129-137.

化。把握主要问题的主要方面，才能够有效地解决问题。

第三个阶段是假设。假设其实是对第一阶段暗示的修正。第一阶段暗示是自发出现的，它忽然跳出，忽然出现，如人们常说的"掠过心头"。第一阶段暗示来去自由，不含理智性质，只有将暗示与实际要解决的问题联系起来考虑，随着对问题的深入洞察和理解，结合情境透彻认识问题，也可以说是逐步改正或扩展原来发生的暗示，从而把暗示变成确定的推测，这种暗示就称为假设。

第四个阶段是推理。推理是对概念或假设从理智上加以认真的推敲。

第五个阶段是用行动检验假设。即"精心布置符合观念或假设要求的种种情境，从而审视这种观念在理论上说明的结果在实际上是否发生"。如果试验的结果同前阶段推论的结果一致，那么就证明在这种情境会产生这种结果，这个推理和结论将作为新的知识被保存下来。如果经过实验，结论出现偏差，那么就要继续回到最初的思维阶段，进行新的假设，再予以检验。如此循环往复，直至结果一致。对于反省思维者而言，失败是经常会发生的事，而这也正是吸收教益的良好时机。

以上的暗示、假设等每一步思维都有分析、综合或观察的介入，因此"五个阶段的顺序不是固定的"，它们不是按一定的次序一个接一个地出现。在现实情境的思维中，每个阶段都可能产生暗示，这个暗示又可能变成主要的观念或指导性的假设，从而使人明晰问题症结所在和问题的性质，引导到新的观察。而且，精心地提出假设，也不一定要等到问题确定之后，任何时候都可以提出假设，检验也并不需要到最后阶段，而是可以依照出现的结果，开展新的观察，作出新的暗示。另外，五个阶段也只是一个大概的轮廓，实际反省思维中，它们中有的两个阶段可以合并起来，有的阶段也可以简略带过，而谋求结论的重担也可能主要地放在单一的某个阶段上。总之，怎样处理，是凭靠个人的理智的技巧和敏感性或者具体情境或者具体问题。而且，五个阶段的每一个阶段均可展开，在复杂的情况下，五个阶段中的某些阶段内部又包含着几个小阶段。

3. 林崇德的思维结构智力理论

林崇德聚焦思维结构的智力理论[①]，基于系统科学、结构主义和唯物辩证法等思想，把思维作为一个整体结构，他认为要理解思维，应该从人类主体与其客体的、思维的整体和部分的关系、思维的部分和部分之间的关系来理解。思维结构包括思维的目的、思维的过程、思维的材料或结果、思维的监控或自我调节，思维的品质、思维中的认知因素与非认知因素等。在这个模型中，思维既是智力的核心，也是智力

---

① 林崇德. 学习与发展：中小学生心理能力发展与培养：修订版 [M]. 北京：北京师范大学出版社，2003：184-190.

活动的最高形式，概括是思维的基础。以下为具体分析：[①]

第一，思维的目的。思维是人类理解和解决问题的有目的的活动，思维过程以定向为前提，其任务在于找到一种能把初始的问题状态转化为目标状态的心智操作序列。思维的目的性是思维的根本特点，反映出人类思维的自觉性、意识性、导向性和主动性，是思维结构中的功能要素。

第二，思维的过程。思维的过程是把思维作为一种认知的活动过程。思维过程主要涉及三个问题：持续时间、发生顺序和具体流程。传统心理学中的思维过程主要包括分析与综合，在此基础上进行研究抽象和概括、比较和分类，系统化和具体化等思维操作。而林崇德指出思维过程主要包括以下流程：确定目标—接收信息—加工编码—概括抽象—操作运用—获得成功。

第三，思维的材料。思维的材料包括感性和理性两种材料。感性材质包括感觉、知觉、表象等，思维凭借这些材料，借助动作、形象和符号三种表象来进行。理性的材料主要包括语言、数和形，并主要借助概念的形式来体现。概念是思维的细胞，概念的形成和发展与判断和推理密不可分，是思维的主要形式。中小学生的思维发展，从具体形象占主导地位，发展到理性的思维材料占主导，其思维的抽象和整体水平越来越高。

第四，思维的监控。林崇德认为在思维结构中，这部分是思维活动的自我觉知，主要功能包括定向、控制和调节。定向是确定思维的目的，对思维的任务作出定向，提高思维的自觉性和目标性。控制是控制思维活动的内外信息，排除阻碍思维任务的干扰，删除思维过程中的冗余因素，提高思维活动的独立性和批判性。调节是及时调节思维活动的进程，根据具体情况修正暗示、修改任务、改变策略，以提高思维的速度和效率。也就是在教学中，不断讨论与分析解题思路，不断地调节思维的方法和手段，提高解决问题的能力。

第五，思维的品质。思维的品质包括敏捷性、灵活性、创造性、批判性和深刻性。思维品质又称为思维的智力品质。林崇德认为思维品质是智力心理学的重要研究课题，是培养思维、智力和能力的重大突破口。

第六，思维中的认知因素与非认知因素存在紧密的关系。思维是人的心理过程，属于认知系统。人的各种心理会表现出不同的特点，在这些特点的背后，又有其他心理现象的影响，因此心理带有浓厚的个性色彩，会和主体的动机、兴趣、情感、气质等非认知因素相互交叉和相互影响。所以，完整的思维结构研究应该兼顾认知和非认知因素，才能更好地研究思维的整体性。

---

①　衣新发. 教学反思能力实训［M］. 北京：高等教育出版社，2019：46-48.

第七，思维的动态性与静态性。从上述理论看，思维结构是一个多层面、多形态、多水平的结构，思维的目的、过程、材料构成思维结构的主要框架，并由自我意识来监控和调节，表现出各种思维品质，同时其又是认知因素和非认知因素相互作用的系统。因此，林崇德认为思维结构是动态性和静态性的统一，而动态性是它的核心所在。

第八，思维是一个较难穷尽的多元结构。思维是个体的思维，个体存在先天和后天的关系、个人认知和社会认知的关系、内容和形式的关系、表层和深层的关系，因此，思维是一个较难穷尽的多元结构。同时，思维总要置于一个具体的情境中，才能发展个体的智力。

（二）教学反思概念

林崇德认为教学监控的本质是反思，是对教学过程的自我意识和调控，是教师素质的核心要素。[①] 申继亮和辛涛将教学反思（教学监控）能力定义为，教师为了保证教学的成功、达到预期的教学目标，而在教学的全过程中，将教学活动本身作为意识的对象，不断地对教学活动进行积极、主动地计划、检查、评价、反馈、控制和调节的能力。[②]

综上所述，教学反思既是教师素质的核心要素，又把教学活动作为意识对象，在全过程中积极、主动地计划、检查、评价、反馈、控制和调节。因此，教学反思是指教师对教学行为与教学意向、教学设计及其之间关系的调节性思考。[③] 本书采用此教学反思界定，也即教学反思是一种具有教学调节性的思考，调节教学行为与教学意向、教学设计及其之间关系，促进教师专业发展，提高教学质量，实现教学目标。具体地说，教学反思有以下几个方面特点：

第一，教学反思是为了实现教学目标而引发。教学目标实现与否是教学反思的出发点和归宿，教师往往因教学目标或教学效果差而开展教学反思，剖析教学问题，查找原因，并最终以实现教学目标为旨向。

第二，教学反思以走出教学困境为目标。教学反思在探寻一系列内部和外部影响因素的基础上，解决教学问题，从而走出教学困境。

第三，教学反思的主体是教师自我。教学反思主要反思的是"如何教""教什么""怎么教"，要求教师作为主体，主动地从理念、行为、方法等全方位进行思考，才能真正提高教学效果。

———————————

① 林崇德. 林崇德心理学文选：上卷 [M]. 北京：人民教育出版社出版，2012：531-538.

② 申继亮，辛涛. 关于教师教学监控能力的培养研究 [J]. 北京师范大学学报（社会科学版），1996（1）：10.

③ 衣新发. 教学反思能力实训 [M]. 北京：高等教育出版社，2019：4.

（三）教学反思的价值

教学反思的价值可以从提高教学水平和实现教学改革研究两大方面来分析。

1. 有助于教师提高教学水平

教学反思的内容包括课堂教学目标、知识形成过程、已有知识经验、非智力因素、学生思维品质、教学情境、个别教育等。因此，教学反思有助于教师提高教学水平。

第一，反思课堂教学目标是反思课堂教学目标有否根据学生、教师和教学内容来制订，教学过程有否围绕或监控课堂教学目标来开展，课堂教学目标有否全部实现，等等。

第二，反思知识形成过程是要回答每个知识点的过程时间多长、过程顺序是什么和流程怎样等问题，还要特别关注学生在知识形成过程中的思维能力发展问题，引导学生进行探索。

第三，反思是否联系已有的知识经验。反思实质是思维的建构过程。在此过程中，需要反思学生有否积极主动地思考，现有的知识学习是否与学生已有的知识相联系。因此，基于中小学生的思维规律，教师有否将学生已有的生活经验和已有的知识相联系进行教学，以提高他们思维活动的逻辑性，强化他们对抽象知识的理解。

第四，反思非智力因素的培养。思维活动需要智力因素和非智力因素两者有机结合，以发挥思维活动的整体效能。因此，教学反思除了反思智力因素外，还要反思非智力因素的培养。新课程标准强调培育学生的情感、态度、价值观，因此，要反思教学有否重视学生的动机、兴趣、理想、信念、世界观等培育，促进学生积极主动地思考。

第五，反思训练学生的思维品质。"思维品质是指智力活动特别是思维活动中智力与能力特点在个体身上的表现，体现了个体的思维水平、智力与能力的差异。"[①]反思训练学生的思维品质，是反思教学中有否注重引导学生深入地、逻辑清晰地思考问题，有否系统地、全面地、综合地开展思维活动，有否从不同角度、不同方面去思考问题，有否采用不同的方法正确分析与解决问题。

第六，反思有否创设良好的教学情境。良好的教学情境是教师积极思维的前提条件。反思有否创设良好的教学情境，促进学生积极主动思考；有否创设学生愿意积极参与的课堂氛围，培养创造型的教学情境；有否积极鼓励、引导学生积极提问，激发学生积极思考。

第七，反思有否开展分层教学。针对学生智能的多元性，正视学生之间差异的

---

① 衣新发. 教学反思能力实训 [M]. 北京：高等教育出版社，2019：53-54.

客观存在，对学生开展多元的评价，如学习领域、道德领域、艺术领域、体育领域、文学领域等。

2．有助于实现教学改革研究

教学反思是教师开展教学科研的重要途径之一。从教学反思中生长出教研主题，实质是教学理论与教学实践相互转化与融合的过程。教学实践经过教学反思可以上升为教学理论，教学理论进一步指导教学实践，拓展教学改革领域。因此，对于教学反思和教学研究来说，是相辅相成、相得益彰的一种价值取向（详见表4-4）。"教学研究是放大的教学反思，教学反思是微缩的教学研究；教学研究处处都体现着教学反思的形态，教学反思时时都回应着教学研究的关切。"[1]

表4-4　教学反思和教学研究差别与联系[2]

杜威的"思维五步法"	行动研究法	教学反思六步法	教育经验总结法	教育实验法
暗示——情境触发观念	确定问题	发现问题	经验积累与提供	课题选择
问题——理性思考	寻求问题解决办法	归结原因	经验筛选	文献综述
假设——提出假设	应用策略解决问题	探索解决方案	经验核实	实验实施
推理——推敲假设或概念	结果分析	搜集科学依据	理论化	论文写作
行动检验假设	理论发展	导入实践	经验推广	
		完善优化		

从上表看，教育经验总结法、教育实验法、行动研究法与杜威的"思维五步法"、教学反思六步法具体研究与反思过程有差异，但都是以从现实中找寻问题、发现问题为出发点，探寻已知的经验，探求未知的方法，总结经验或得出结论，这些都含有教学反思的一般步骤。

二、教学反思的困境与原因

教学反思困境受教师、学校、环境等多元因素的影响，本书侧重于教师角度分析。

（一）教学反思困境

一位教师如果写三年教案，他不一定会成为名师，但一位教师如果写三年教学反思，他则有可能成为名师。我国名师于漪、魏书生和李吉林等老师在自己的成长与教学生涯中都特别注重教学反思。于漪老师出版了自己的教学反思方面的系列著作。魏书生老师则几十年如一日坚持写日记、做自我反思，如他自己所言，他写的教

① 衣新发.教学反思能力实训［M］.北京：高等教育出版社，2019：166.
② 衣新发.教学反思能力实训［M］.北京：高等教育出版社，2019：165.

· 108 ·

学日记可以从地面堆到房顶。一项针对某市8个区县的骨干教师的调查显示：在教学反思的习惯方面，69％的教师没有习惯把教学反思作为日常教学工作必要构成部分，64％的教师只有遭遇问题时才开展教学反思，而52％的教师则不是经常能在反思后改进教学行为；在教学反思的认知方面，41％的教师不是自觉自愿进行反思；28％的教师认为目前的教学反思活动对教学的改进不大，69％的教师认为自身理论知识水平不够影响制约自己的反思，41％的教师认为缺乏自觉反思的意识而影响了自己的反思。[①] 也就是说，目前的教学反思大部分都是被要求的行为，不是教师自觉的行为。这就产生了形式化的反思，为接受检查反思而写反思，无实质性的反思，对教师的教学能力提升作用并不明显。而不作反思规定，教师则又会因工作繁重而基本不会有任何反思。

（二）教学反思困境的原因分析

1. 对教学反思重要性认识不足，欠缺反思动力

很多教师认为做好每一天的教学工作，经过三五年教学水平会自然提升，而反思作为一项慢功夫，也不是今天反思了，明天教学技能就会立竿见影地提升与飞跃。这种"重要，但不能立即见效"的工作，就得不到教师的重视。为此，教师即使认识到反思的重要性，但没有"不反思，教学水平就不能提升"的风险认识。因此，应提升教师的教学反思动机，调动并引发教学反思行为的内部驱动力量。高水平的教学反思动机，会引发教师深入认真开展教学反思，使教学反思行为成为自觉和持续的行为。因此，如何让教师在教学反思过程中切实地体会到内在成长与专业发展的快乐，是开展教学反思的先决条件。教师因为自身对教学的兴趣和对学生的热爱，因为喜欢学生而教学，而不是为了金钱、名声等外在因素，就会产生对职业的内在兴趣和职业期望，开展实质意义的反思行为。此外，学校可以为教师做好教学反思提供信息和平台方面的支持，如一些录课设备的配备，开展教学研讨、集体备课、教学竞赛等活动，还可与高校科研开展合作行动研究。以内在动机和外在动机合力提升教学反思重要性认识，提高教师反思积极性。只有这样，教师才有自觉意愿投入必要的精力和时间，才能切实做好教学反思，从而实质性地提升教育教学水平。

2. 缺乏教学反思的知识技能指导

反思是对日常教学工作的反省、经验总结，可在分析归纳及再实践的基础上，上升到理论的高度，指导教学行为。如果舍弃教学反思，教师就会成天淹没在"问题"海洋中，教学效率低，教学效果差，从而影响职业信念，自我怀疑。因此，对教

---

① 邵光华，顾泠沅. 中学教师教学反思现状的调查分析与研究 [J]. 教师教育研究，2010，22 (2)：66-70.

师进行教学反思理论指导，教师在有反思愿望的基础上，学习反思所必需的相关知识，知道反思些什么，如何反思，怎么反思效果最佳，才能有效并深入开展教学反思。

3. 缺乏教学反思的自我效能感

教学反思的困境还在于教师不相信通过自己努力可以开展有效的教学反思，不相信通过反思自己能成为一名优秀教师。教师会自我怀疑："自己能天天坚持教学反思吗？""做好教学反思真的能成为好教师吗？"因此，如何发挥像魏书生老师、于漪老师的榜样示范作用，特别是教师身边的教学反思学习样板，让教师对教学反思的价值、对自我反思能力抱有积极的、正向的自我判断。在此基础上，对教师进行教学反思日记格式、写法等方面的指导，教师才能树立积极信念，树立积极教学反思的期望，进而获得积极的教学反思自我效能感，从而实现良性循环。

三、教学反思的途径和形式

（一）教学反思的途径

教学反思的途径主要为课前反思、教学观摩和微格教学。

1. 课前反思

课前反思，也叫虚拟式教学反思，是教师根据已准备好的教学设计和自己经验中的学生情况在课堂教学前先虚拟课堂教学情景，对整个课堂教学环节以想象形式在大脑中演绎一遍，包含教学预设中值得肯定之处的思考和可能需要应对的教学情境，以此进一步修改或补充教学设计环节或内容。虚拟式教学反思可包括教学环节的处理是否得当、教学重点与难点能否顺利解决、教学方法能否引导学生探索与思考、教学问题设置能否提升学生思维力和解决问题能力、学生可能会提出哪些质疑、学生自主学习的时间是否恰当、学生的价值观能否有效提升、教学目标能否有效实现，等等。

2. 观摩教学

观摩教学，又称公开课教学，是研讨教学改革，探讨教学方法、教学内容、教学评价、教学设计和推广教学经验的一种教学组织形式。观摩教学一般包括示范课、教学专题研究课和青年教师汇报课等。示范课是由教学经验丰富的教师开展授课，目的是传授优秀的教学思想或方法；教学专题研究课是由学科组教师讨论某个专题后，再由授课教师进行教学设计和开展教学；青年教师汇报课，是由任课的青年教师自己独立设计教案后，经由经验丰富的教师或科组指导修订教学设计，再开展教学。无论是什么类型的观摩教学，听课者都要做好听课记录，一是记录授课者的教学过程、教学方法、教学内容及板书设计等，二是记录下作为听课者的评价意见。观摩课堂结束后，听课者还要注重记录执教者的说课。说课是执教者简明扼要说明教材处理、教学方法选用、教学思路设计、教学目标实现等，这将有助于听课者更客观、全面、系统了解课堂教学，给授课者提出有价值的意见。观摩教学最后一个环节是共同评议。这一环节一般会围绕教学目标、教学过程、教学亮点、教学问题、教学疑问等开展讨论与评价，注意对不同类型教学的观摩目的开展有针对性评论。

3. 微格教学

微格教学最初是师范生和在职教师掌握教学技能的一种训练方法，现今已广泛应用于教学研讨和经验推广等方面。微格教学是对授课教师的教学活动进行录像，再重放录像，执教者与相关人员边看边评价。微格教学能够准确、全面、形象、直观把握整个课堂教学过程和教学具体环节，使授课教师以"第三者"的身份来分析自己的教学，提高自我认识和自我评价的准确性。微格教学需要在教学实践过程中，全程记录教学过程。在评议环节，重放录像，教学结束时就及时重放录像，让执教者、学生及同行与专家等从不同视角一起观看和分析录像材料，同时听取授课教师的自我分析，共同讨论和评价授课教师教学中的精彩之处和存在的问题，明确可以发扬的地方和需要努力的方向。

（二）教学反思的形式

教学反思的形式主要为教学日记、教学自传和教学案例反思。

1. 教学日记

波斯勒强调更多的学识来自对经验的反思而不是经验本身。教学反思日记可以帮助教师养成反思习惯，系统、及时、客观地反思自己的教学理念、教学行为、专业发展和职业信念等，使得教学者的教学实践与教师个人的教学理念、教学技能、价值观等联系起来。教学反思日记可反思某次教学活动，也可反思一段时间内发生的事。教学反思一般会描述活动的环节或事件的情节，对具体环节或事件作出解释和说明，分析其影响因素或进行原因探寻，并可针对事件作出假设，提出可能的改善方案，或者进一步记录通过具体环节或事件联想到的相关联问题和事件，从中得到启发并学到东西。

2. 教学自传

教学自传让教师反思当前的教学经验，促进教师自我认识、认知个人成长以及自我专业发展，从而更加理性地处理问题。写自传，教师需要对故事的含义、构成因素进行反思，从自己教学实践中抽身而出，在故事中沉思自己日常教学中蕴含的个人化的观念和行动；通过追问与诘难，帮助自己认清教学中、与学生交往中、与同事

交往中形成的教学观点、态度及行为的变化，发现故事背后体现的教育学意义。霍尔特·雷诺兹写道："通过写自传，经验被具体化了，更有助于理解，使学习者呈现他们的观念、目标以及对'什么样的教学是好的教学'的看法。"

3. 教学案例反思

"教学案例，即含有问题或疑难情境在内的真实发生的典型性教学事件。"[①] 案例具有真实性、问题性、过程性、典型性、价值性等特点，是教师教学经验的浓缩。对案例中教学环节和教学事件的分析，可以指导和启发教师在现实教学情境中处理真实问题。案例的撰写要注意几点：第一，要以第一人称或第三人称进行记叙；第二，要详细描述真实的教学事件，记叙尽可能多的细节；第三，记叙时要采用生动、活泼的描述性语言，不要加入个人的推断；第四，对教学事件的描述要完整，要有事件发生的具体过程；第五，案例中的事件要含有问题或疑难情境，最好是有多种解决方案、需要分析者进行决策的问题或情境。案例的分析评论是案例的精华所在，分析评论就是运用先进的教学思想和教学理念，围绕案例的主题评析成功或不足之处，针对教师外显的教学行为分析其内含的理论依据，进而提炼出具有普遍意义的新理念、新观点、新策略，给人以启示。[②]

四、教学反思内容

（一）从教学预设与教学实现之间的关联看

根据衣新发的教学反思界定，我们把教学反思作为一种调节性的思考，教学反思内容包括反思教学意向、反思教学设计、反思教学行为和反思三者之间的实现程度。

1. 反思教学意向

教学意向是指导教学设计和教学行为的教学信念、教育教学效能感、理想和态度、动机等的复合体，被教师实际认可的教育理论和理念。[③] 它涉及教师对学生发展、教师发展、职业认同等认识及调整。因此，反思教学意向包括反思课堂教学理论和学习理论、教师专业标准、课程标准的理解与实现程度、所教学段的学生发展核心素养的科学理解与灵活运用、教师道德、师生交往、教育制度变革等问题。

2. 反思教学设计

反思教学设计主要是针对教学目标、教学内容和教学方法的预设。在新课程标

① 章亮. 例谈教学案例写作中存在的问题山 [J]. 教学与管理，2009（25）：28-29.
② 陶西文. 教学案例撰写"六要"[J]. 教学与管理，2012（12）：33-34.
③ 衣新发. 教学反思能力实训 [M]. 北京：高等教育出版社，2019：5.

准和中国学生核心素养发展背景下，当前最主要是反思如何将学科核心素养与每一专题、每一课堂的教学设计紧密结合起来。

3. 反思教学行为

反思教学行为，主要内容大多为教学目标、教学内容和教学方法在教学中的实现程度与效果。

4. 反思三者之间的实现程度

反思上述三者之间的实现程度，是反思教学意向、教学设计和教学行为三者关联的实现程度。反思三者中的任何一个环节，都不能脱离其他两个教学环节，因为教学意向必然影响教学设计和教学行为；教学设计必然受教学意向的引导，并影响教学行为的实现程度；同样，教学行为也必然受教学意向和教学设计的引导。因此，三者之间彼此联系，相辅相成，共同作用于教学预设与教学实现之间的关联。

（二）从教师的发展阶段看

从教师的发展阶段看，教学反思的内容侧重点会有所区别。[1] 职前教师的教学反思侧重于关注自身的生存状况、学生的学习状态以及所学理论知识的验证。从教学过程看，他们尤其注重对备课开展反思，但仅重视对授课内容进行梳理，而忽略学生的认知水平、已有知识、教学方法等方面的内容。在职教师的教学反思重视学生的思维、能力等方面的发展，以及自身的专业成长。他们的反思内容包括学生思维、能力、兴趣的发展，教学技能的恰当运用，如课堂提问、师生互动、教学方法、教学评价等，并关注自我的专业发展状况，反思学生、教学、教师三者整合成的整体。另外，需要指明的是，不管是职前还是在职教师，都要对教材及课程开展反思。

（三）从课堂教学过程看

教学反思包括反思教学内容、教学过程与方法、教学评价与反馈、学生非智力因素、学生的思维品质、课堂气氛、教师基本技能、教师教学特点、学生课堂表现等。具体见表4-5。

表4-5　基于课堂教学过程的教学反思内容[2]

教学反思内容	简释
教学内容	指知识技能、教学重点与难点知识等。
教学过程与方法	指整体教学过程及其使用的教学方式与手段。

① 王碧梅，胡卫平. 职前教师和在职教师教学反思关注点比较 [J]. 教育科学，2016，32（1）：39-44.

② 田兰，张志祯，陈玉姣. 视频促进师范生微格教学反思效果研究 [J]. 现代教育技术，2015，25（10）：54-60.

教学评价与反馈	指教师检验教学效果的方式以及对学生反馈的信息作出回应的方式。
教师基本技能	指教师的教态、语言、板书、媒体操作等方面的表现。
教师教学特点	指教师自身的幽默感、教学风格等特点。
课堂气氛	指课堂氛围以及师生之间的交互方式。
学生课堂表现	指学生在教学中的参与度、纪律情况、反馈情况等表现。
学生非智力因素	包括学生的情感、态度、价值观,特别是动机、兴趣、理想、信念和世界观等。
学生的思维品质	包括抽象思维、思维逻辑水平、思维灵活性、批判性思维、创新性思维等。

五、教学反思的类型

国外学者 Van Manen 等将教学反思水平划分为三个层次:技术理性反思、实践行动反思和批判性反思,详见表 4-6:

表 4-6 教学反思水平三层次[①]

反思水平层次	释义	反思目的	反思内容
技术理性反思水平	依据个人经验对教学事件进行反思,关注预先设定目标而采取的方法是否有效,而不关注预设目标是否合理,这个水平的反思内容是教学技能、技巧、方法。	评估自己教学行为的有效性,以改变或优化自己的教学行为。	主要围绕教学事件本身的现象进行反思,回答"是什么"和"怎么样"的问题。
实践行动反思水平	依据个人经验,考虑教学事件背后的教学信念或教学理论,分析自身教学行为问题产生的原因。	探讨适用于未来的多种可供选择的方案系列。	主要围绕教学事件发生的直接原因进行反思,回答"为什么"的问题。
批判性反思水平	反思的最高水平,客观描述教学事件并依据道德和伦理标准解释教学事件,不带任何个人偏见地关注对学生发展有益的知识和社会环境的价值。	对影响教学活动背后更广泛的社会、历史、伦理、道德进行思考,从众多可能性中作出最受价值支配的选择。	主要依据伦理和道德标准,对教学事件作出价值判断,回答"这样做是否正确"的问题。

---

① 罗晓杰. 校本教研体制下提升新教师教学反思水平的个案研究 [J]. 天津师范大学学报(基础教育版),2021,22(4):29-34.

六、教学反思的步骤

教学反思可以开展"六步法"的具体操作：发现问题、归结原因、制订解决方案、寻找科学依据、纳入实践和优化调节。[①]

（一）发现问题

第一步是发现问题。描述教师自己或其他教师的教学行为，包括教学成功的地方和有待改进的地方。目前教学设计本一般都有"教学反思"或"教后记"栏目，记录自己课堂中印象深刻的教学环节；听课笔记本则一般有"听课活动记录"和"听课意见"栏目，记录听课过程中该堂课的教学流程和教学内容、印象深刻的教学行为、师生互动情况、学生参与情况、教师对突发事件的处理机智力等，这是课后教学反思依据。该阶段教学反思的总体原则是及时记录、内容具体明确，因为好的教学反思需要及时捕捉和记录教学反思点，以便课后进行精细性复述和详细深入探讨，这样教学反思才具有时效性，对教学产生切实影响。因此，教师要知道如何选取教学反思的切入点，把教学或听课中有感触的地方及时记录下来。

（二）归结原因

第二步是归结原因，解释为何会有这样的教学行为。从教学意向和教学设计两个角度，找到并聚焦反思点，解释亮点或遗憾之处，进行原因分析与归纳。伯纳德·维纳把成败的归因从三个维度进行：一是控制点，原因的控制点可分为个体的内部和外部；二是稳定性，即检验引起事件的原因是否具有跨时间和跨情境的一致性；三是可控性，即事件发生能否被控制的归因，如果归因为运气，这是一种外部的控制点，具有不稳定的和不可控的因素；或归因为外部的控制点，具有稳定性的和可控性，那么教师对教学问题的认识、解决或成功与否会完全不同。[②]"数学课堂上学生反应不过来的原因是什么？"是教师备课疏忽导致的吗？"英语课上学生不敢大声朗读的问题症结在哪里？"是教师的教学理念问题还是学生学习问题？"为什么采用游戏化的语文课堂导入教学？"这样做是不是激发了学生兴趣？还是流于形式而浪费了大量的时间？"为何物理课上小组合作没有实现讨论探索的目的？"这些问题都值得追问和求解。教师要开展调查，运用自己的知识和经验分析。当教师进行归因后，问题解决的方案框架就基本成型了。如果教师把教学问题归因为稳定因素，教师可能会放弃解决问题，或者不认真解决问题，以后遇到问题还会失败。如果归结为不

①　衣新发. 教学反思能力实训［M］. 北京：高等教育出版社，2019：102-136.

②　伍尔福克. 伍尔福克教育心理学［M］. 武新春，赖丹凤，李娇，等译. 北京：中国人民大学出版社，2013：336.

稳定的、可控制的，教师就会想尽一切办法解决问题，教学效果就会越来越好。

（三）制订解决方案

第三步是制订解决方案。解决方案可以是思想或理论层面的，也可以是具体实施环节层面的。制订解决方案是思考更好的教学意向和教学设计，列出优选的教学意向与教学设计。这一步骤要求在全面与准确分析前阶段的问题和寻找原因的基础上，充分利用自己的知识和经验反复衡量对比，以求最佳的解决方法。同时，需要注意的是，这也是对上阶段内部的、可控的和不稳定的归因予以改变的过程。假如教师已经关注着有待解决的问题和值得传承的优点，那么他有可能在自己开展教学设计、观摩其他教师的教学、参加集体备课、参加教学研讨、与其他教师日常交流，或是自己在上课、改作业、与学生交流中都有可能引发对该问题的思维灵感，激活自己对相似经历的关联，从而顺着这条线索落实解决方案。

◈ 案例分享

有一名五年级学生，学习习惯较差，上课不认真听讲，容易走神；课堂上总是能无缘无故玩小东西，老师提醒，他也只能安静几分钟，自制能力差；作业书写潦草马虎。经调查访问，他父亲常年外出打工，母亲初中文化，不知如何管教孩子，也不愿与老师沟通。家庭监督基本处于空白状态，就养成了他的惰性，学习缺乏自觉性，老师布置的作业能拖则拖。由于基础不牢，加之粗心马虎，学习成绩不断滑落。根据他的实际情况，采取如下措施：1. 家访。争取孩子母亲的支持和配合，让孩子母亲认识到教师的一切工作都是为孩子着想，信赖老师，避免孩子未来走上错路；同时，与家长沟通孩子的教育方法，改变对孩子的教育态度。2. 与学生谈心。耐心指导，认真帮助学生分析错误原因，让他自己找出错误所在；同时，保护其自尊心，用爱心去关怀爱护他，用爱心去严格要求他，使他真正体验到教师对他的关爱，促进他良好行为规范的养成。3. 激励学生参与班级日常工作，树立主人翁意识。如认真做值日工作，就及时给予他鼓励；主动帮助教师拿教具等，则给予他肯定。

（四）寻找科学依据

第四步是寻找解决方案制订的科学依据，即为解决教学问题的方案找到科学依据，也就是说论证选取的教学意向和教学设计好的原因，把科学的理论和实践相对照。这也是书面教学反思的立论依据。如果以解决问题为教学反思目的，找到了解决方案也意味着解决了问题。但是解决方案并不意味着就事论事，而是上升到理论层面的指导策略，寻求解决方案背后的科学理论依据显得尤其重要。已经有不少教师将解决方案"升华"为理论依据了，如华东师大版八年级数学上册《幂的运算》中第一课时"同底数幂的乘法"，一位老师在听了该课堂教学后，反思如下：

◆案例分享

　　该课堂教学：一是以问题为出发点，把知识回忆与导入新课融为一体。根据课堂上的具体情况，不仅确立问题为新课服务的意识，而且始终关注学生对问题的不同认识。二是开放的学习情景，让学生在感受乐趣中充分发挥做数学的主体性。教师创造条件让学生去动手实践，自主探究，将学生置于完全开放的学习情景之中，建设开阔的学生思维空间，促进学生"做数学"。三是以教师为主导，让学生获得数学活动的经验。教师帮助他们在自主探究和合作交流的过程中真正理解和掌握基本的数学知识与技能、数学思想方法，获得广泛的数学活动经验。四是尊重与鼓励，让学生产生共鸣。尊重与欣赏学生，对学生的激励作用是无法比拟的，也是好老师的充分体现。五是以新课程理念为指导，创造性地使用教材。新课程标准要求教师可以不必拘泥于教材形式，根据自己的教学实际情况创造性地运用教材，使学生始终处于探索过程，调动学生学习的积极性。[①]

　　从以上的反思看，其科学依据涉及教育学、心理学等的理论与方法，还涉及学生核心素养和学科核心素养、国家的教育政策文件规定及一些教育专家的教育成果。

（五）纳入实践

　　第五步是纳入实践，即将优先选择的方案纳入自己的教学实践进行具体操作并验证。在前面四个步骤的基础上，教师重新回到教学实践，用教学行为检验方案的科学可行性，把前面的解决方案采用具体的方法落实到教学实际中。一位教师用爱的教育理念和爱的教育方法开展教育学生的实践。

◆案例分享

　　"爱"是教育的灵魂，没有爱就没有教育。教师只有热爱所有的学生，才能使学生感到来自教师的真心实意，起到良好的教育效果。我们往往忽视那些在思想、行为等方面有偏差的学生，当他们最不值得爱的时候，恰好是他们最需要爱的时候。

　　在班里，有一个学生叫王嘉嘉，他聪明，脑子灵活，思维敏捷，但争强好胜，对自己过分自信，达不到目标就哭鼻子，而且不能严格要求自己，经常需要别人帮忙收拾自己的书桌，上课时常会沉浸于自我情境。比如，让他把书翻到第九页，他可能就会被别的内容给吸引了，就自己看起来了；有时候不知是想到什么高兴的事，他就会自顾自地在那里哼歌。然而，当作业完成慢或是受到一点批评时他就会满头是

---

　　①　叶亚美. 两个"同底数幂的乘法"课例片断的比较分析［J］. 中学数学教学参考，2005（5）：14-16.

汗，甚至会嚎啕大哭。看到他那天真无邪充满稚气的小胖脸，我下定决心，用自己的爱心感染他，使他健康成长。

我发现他是一名有着上进心的孩子，而且特别懂事，就是性子慢。我利用课余时间跟他聊天，指出他在学习、生活中的不足。每次他都是积极主动说："老师，那我改还不行吗？"他语气憨厚，但是转头又忘了。我就想办法慢慢地改变他。有一天早上正上着课，我发现他又在本上画画，尽管他这样做不对，但画却画得相当不错，我灵机一动，就让他展示自己的画，同学们都认为他画得不错。然后向他提出如果在听课、行为习惯等方面也能这样出色就更红了。从那时起，他每天都认真地听讲、积极地回答问题，有时还积极帮助其他有困难的学生解决学习问题。只要他有进步了，我就及时表扬他。每次表扬他，他都会露出笑脸，十分自豪的样子，让我感到欣慰。他还十分爱看书，我就让他当了我们班的图书角管理员。他非常热爱自己的工作，把图书整理得井井有条，并能很好、及时地处理一些同学们借书、还书时发生的问题。平时，我爱帮他整理书包，问寒问暖，谈谈家常，交流想法。经过一段时间，我发现他做事更认真了。看到他的点滴进步，我由衷地感到高兴……。由于他不断改掉自己的小毛病，加上他原来学习成绩就好，上学期他还被评为"三好"学生。

这个案例中，教师用爱的教育理念和爱的教育方法成功改变了一个学生，正如这位教师所言："身为教师，就应该时刻认真履行自己的职责，就应该真心实意地去爱每个学生，我已在爱的教育中收获了希望，那甜甜的味道让我回味无穷。"

（六）优化调节

第六步是优化调节，即分析解决方案纳入实际教学后的状况。这一步，教师仍要思考优选的方法纳入教学实践之后产生了怎样的影响，发生了什么效应，同时，可能出现了什么样的新问题，原因又是什么，如何解决，为何要这样做。这个步骤其实是循环回到之前的第一步、第一步、第二步、第三步和第四步，但每一次都是在更高层面的循环。

◈ 案例分享

刚入职的我被各种杂事、教学任务压得喘不过气来，在连续守着午休一个月后，我——一个新入职的老师——才二十出头的年轻老师"光荣"地收到了职业生涯的第一个"礼物"——鼻炎和咽喉炎。身心乏力的我已经没有精力再去好好地跟小丽交流沟通了。晓之以理：迟到对不对？迟到有什么后果？动之以情：你经常迟到，老师和你的爸爸爷爷奶奶会着急的。施于惩罚：罚站、罚扫、抄书。我以为我千方百计都试过了，效果还是不大。我难掩失望和愧疚地跟家长提出：让孩子在家里午休吧。从此，不再理会她中午在家该干什么，尽管我知道她在家也没睡觉，从她下午打瞌睡就可略知一二。

当说到要写教育事件反思时，我恍然间就想到了这个折腾不休的孩子。换成现在接受了"做一名有情怀的班主任"培训的我，我会有何解决之道呢？

首先，我对小丽外显行为的关注忽视了孩子自我意识的体验。为什么小丽中午不喜欢睡觉，老是违反纪律呢？小孩子六七岁正处于精力旺盛的时候，中午不想睡觉是正常现象。她在外面玩着玩着就忘记了时间，或者觉得在室外玩比在室内玩更开心。

其次，我惩罚性的矫正方式更是割裂了我和她有效沟通的桥梁。我和家长只会用单一斥责的教育方式，这种对待"问题行为"矫正的方式只是缓兵之计，看似事情处理完毕，但是小丽真正的想法没有得到理解，其问题行为并未得到完全的规避。

最后，马克斯·范梅南说："教育反思指向对儿童生活的实践和情景的教育意义的理解。它的目的是理解在儿童的生活方面自己或他人过去行为的教育恰当性。"教师作为儿童道德发展的引路人，更需要时时刻刻反思自己的教育方式。而教师对儿童问题行为的矫正，不止是简单的责备与惩罚，帮助儿童"凸显真实的自我"才是教师教育方式应有之义。

因此，应从单一的斥责教育转向师生之间以理解为基础的对话式教育。谈话过程中，我应先站在她的角度，表示对她问题行为的理解，清楚明了地告诉她："喜欢玩是没有错的，但是要注意时间和场所。要在该上学的时候准时到，完成作业后尽情玩。"再通过规则制订让她意识到"迟到行为"的做法是没有任何好处的，只要她表现好，我就可以奖励她一颗糖。借助物质奖励强化问题行为的矫正。经过一段时间的自我约束后，小丽知道按时到校不困难，进而转向引导儿童自我教化。

上述教师在采取说理教育和惩戒教育后，面对毫不悔改之心的学生失望放弃，自我怀疑与否定。在培训过程中进行教学反思，优化问题的解决方案，取得了良好的教育效果。

七、教学反思艺术的养成

（一）努力学习教学理论知识，树立教学反思责任感

强化教学理论知识的学习，理解学生、尊重学生的需求，掌握教学规律，提升自己的教学技能，从内心深处建构"为教学负责就是为自己、为学生、为社会、为国家负责"的职业信念。做好每一次教学反思就是这种自我责任感的体现，从而形成反思原动力意愿建构的基础。

（二）重视教学反思知识与技能的学习，成为反思型教师

要成为反思型教师，首先必须强化学习。根据自身实际，自觉建立完整的教学

反思知识体系，促进自我特性的教学反思行为。从认知知识体系看，教学反思需要具有如下知识：一是教师要学习有关教学反思的概念、分类、作用与理论基础，即陈述性知识；二是教师要学习有效反思的程序，也就是知道如何进行反思方面的知识，即程序性知识；三是教师要学习进行反思、坚持反思、完成反思所需要的时间、空间、管理、方式和条件等方面的知识，即条件性知识。同时，教学反思需要具备如下技能：一是反思计划。教师需要计划教学反思所花费的时间，选取的策略、方法与程序，反思的切入点及收集的教学信息，需要反思教学重点和教学难点等问题。二是反思监控。对自己正在做的教学反思进行自我追问，以监管教学反思情境性和效用性，力图再现课堂教学情景。如："我是真正在做反思吗？这个问题与以前遇到的问题有可相似和不同之处？这个反思需不需要写下来？今天的课堂氛围这么好，学生们真正获得了什么？教学目标有否真正实现？"三是反思自评。教师对教学反思的过程及结果的自我判断，主要涉及"这个教学反思的精彩之处在哪里？这个教学反思的效果如何？这些同类型的教学反思是否有教学规律可遵循？"在充分学习、理解与掌握教学反思知识与技能的基础上，教师有策略地思考，应对教学目标达成和解决教学过程问题，向反思型教师养成迈进。[①]

（三）提升教学反思的动机，提高反思水平风险知觉

教师提升教学反思的动机，以改变对教学反思可有可无的态度和认知，激发强烈的反思内生动力。在系统学习教学反思知识与技能的基础上，将教育教学理论融入教学实践，学习典型教学反思案例，或者学习针对性案例，开展教学反思的实践分析，切实提升教师参与教学反思的内在动机。

同时，提高教师对反思水平风险认识："不反思，教学水平难以提升。""应付式反思，误人误己。""未认真反思，阻碍教师专业发展。"具体可开展如下探讨：一是开展小组讨论。结合自己的教学实践，分享自己教学成功的经验与实践困惑，引导教师思考自己是否有意识及无意识地开展过教学反思，进一步探讨有意识的思考会产生的蝴蝶效应。二是案例学习。引入教学一线个案，包括不同发展水平教师的教学案例和反思文本，还包括某些教龄虽短的骨干教师的教学案例及反思文本的分析，以评价、预测不同水平程度的反思可能带来的行动变化，从而产生对教师成长的影响。三是时间管理探讨。让教师整理自己日常教学的时间安排，分析时间长短、缓急等安排情况，以提高时间安排的效率与针对性。同时，整理教师所面临的"繁忙困境"，开展轻、重、缓、急的分析，设计教师个性化的时间管理方案，切实提高时间

① 衣新发. 教学反思能力实训［M］. 北京：高等教育出版社，2019：18.

管理效率。[①]

（四）提升教学反思自我效能感，形成教学反思的良好期望

首先，在提升教学反思自我效能感方面，主要是采用优秀教学反思案例和口头反思等方法。一是展示与分析大量一线普通教师的优秀反思案例，特别是教师自己身边同事的优秀教学反思案例，帮教师树立"我能行"的反思信念。二是展示教师自己的录制课堂教学，在同科组和同年级组教师的帮助下，口头反思自己的课堂教学，其他教师给予必要的补充，从显现出来的教学优势和潜在的教学优势出发，教师认清自身的优势，体验教学反思的成功与快乐，从而树立自身持续做好教学反思的效能感。其次，以系统的分析和实践形成良好的教学反思期望。一是开展对教学反思案例的系统分析，教师能够观察、思考各科组、各年级、各级别教师的课堂教学实况和反思成效，从教学理念、核心素养、课堂导入、课堂提问、教师讲授、师生互动、教学生成、巩固练习和作业布置等各个角度认识到反思艺术对教师教学水平提升的重要作用，对教学反思效果产生积极期望。二是借助上述教学反思六步骤，教师对自己的课堂教学开展反思，训练自己的反思操作技能，在反思中理解、掌握和运用反思，养成良好的教学反思的习惯，形成良好的教学反思期望。

建构与思考

1. 结合实际，找出课堂教学管理中存在的问题，分析其存在原因。

2. 请以某个学科教师的身份，尝试制订某个学段的课堂教学常规。

3. 制订课堂常规时，要注意些什么问题？

4. 请谈谈你对制订和执行课堂常规的原则与要求的理解，并谈谈你在制订和执行课堂常规时可能遇到的困难。

5. 什么是教学反思？教学反思的内容包括哪些？

6. 谈谈你对杜威的"思维五步法"的认识和理解。

7. 谈谈你对教学反思步骤的理解。

8. 教学反思的途径和形式有哪些？

9. 请根据你自己的教学设计，尝试写一篇课前教学反思。

10. 观摩一节你所学专业的教学视频，尝试写一篇教学反思。

11. 提问要注意什么问题？

12. 以下是对人教版九年级第二十四章第 3 节《正多边形和圆》（第一课时），B

---

① 衣新发. 教学反思能力实训 [M]. 北京：高等教育出版社，2019：101.

和 W 两位老师提问行为进行的归纳和总结。请根据教学提问艺术的相关理论与技巧，比较分析下表（见表 4-7）两位老师的教学提问行为对教学目标、教学重难点、教学过程、学生主体、教师主导等方面作用的异同。

表 4-7 两位教师课堂提问行为的比较[①]

提问水平	B 老师		W 老师	
	问题	数量	问题	数量
感知	1. 观察这组图片，请猜测：正多边形和圆有何关系？ 2. 在圆上顺次截取五段等弧，这样我们就得到了五个分点，然后顺次连接五个分点，得五边形。这个五边形是什么样的五边形呢？	2	1. 请大家依据正三角形的命名方式猜测：以下各多边形应如何命名？ 2. 请大家看图猜测：应如何做出正五边形？ 3. 这个五边形的内角在圆中是什么角？	3
识记	1. 我们来观察一组图片，这些图片就是我们日常生活中常见的一些正多边形组成的，大家找找看，你能否从中发现正多边形？有哪些正多边形？ 2. 圆心角多少度？	2	1. 正多边形的定义是什么？ 2. 大家来观察下列图案，它们是由什么图形组成的？ 3. 如何等分一个圆？ 4. 等分圆具有什么样的条件？ 5. 下面我们再回忆一下初一时讲过的知识：什么样的多边形叫正多边形？	5
理解	1. 观察正五边形、正六边形、正七边形、正八边形、正九边形，随着边数的增多越来越接近一个圆，那么它们是否有外接圆呢？ 2. 优弧 BCE ＝优弧 AEC，你如何通过小弧相等得到这个结论？ 3. 弧 BCE ＝弧 AEC，你又会得到何结论？ 4. 弦等会得出什么结论？	4	1. 下面我们来看一看：正三边形、正四边形、正五边形，是不是有外接圆？ 2. 思考一下：我们是在满足什么的前提下，证明出它是正五边形？	2

———————————

① 黄会来，王迎. 数学高效与低效教师课堂提问教学行为的案例比较 [J]. 数学教育学报，2011，20（3）：90-92.

应用	1. 这两个条件是缺一不可的，大家思考一下：若缺少了，它还是正多边形吗？ 2. 你的猜测是否正确？ 3. 如果我把一个圆 n（n≥3）等分，因为两条弦不可能构成多边形，顺次连接这 n 个分点，所得的多边形是不是一个正 n 边形？为什么？ 4. 大家以小组为单位讨论，判断以下结论是否正确：（1）各边相等的圆的内接多边形是正多边形。（2）各角相等的圆的内接多边形是正多边形。	4	1. 小亭子的底座是个什么图形？ 2. 正多边形三要素：边、边心距和半径中哪些是已知的？ 3. 谁来说说如何求出其他要素？	3
分析	1. 通过刚才的作图，有哪些条件是已知的呢？ 2. 五边形的各边在圆里是什么？ 3. 如何证明这五弦相等呢？ 4. 在圆中我们要想证明两个圆周角相等，需要证什么？	4	1. 将一个圆周 n 等分，依次连接 n 个分点，所得到的 n 边形是什么图形？ 2. 有哪些图形是由正多边形拼凑的？ 3. 连接各半径，正多边形被分为了几个三角形？是什么样的三角形？ 4. ∠A 所对的弧是什么？∠B 呢？ 5. 正多边形的边心距、半径、边构成了什么图形？ 6. 进一步作高，即作出正多边形的边心距，得到了什么？ 7. 所得的新图形是不是比刚才的等腰三角形更利于解决计算问题？	7
综合	1. 下面我们就证明一下，这个新的五边形是一个正五边形。首先大家跟我一起在练习本上，把图画下来，先把圆五等分，怎样分？ 2. 要分五份，每一份的圆心角度数为多少？ 3. 怎样证明这两条优弧相等呢？ 4. 我们需要的第二个结论也出来了，我们就可得出什么结论？	4	1. 等分圆的方法，对于我们画正多边形有什么启发？ 2. 如何证明它是正多边形？ 3. 由小弧等，如何得到大弧等？	3

评价	1. 你们说李明说的对不对？为什么？ 2. 说清楚是弧 AB，还是弦 AB，不要只说 AB，明白吗？ 3. 证边等就要证弧等，这个思路有道理吗？为什么？	3	1. 他说每一个角都对着 n−2 条等弧，大家认为对吗？为什么？ 2. 谁愿意评价一下哪个小组的发言最确切、明了？	2

 参考文献

[1] 辛继湘. 一般教学策略系列·课堂教学管理策略 [M]. 北京：北京师范大学出版社，2010.

[2] 纳卡穆拉. 健康课堂管理：激发、交流和纪律 [M]. 王建平，等译. 北京：中国轻工业出版社，2002.

[3] 殷世东，伍德勤. 新型课堂秩序及其重构策略 [J]. 中国教育学刊，2004 (8).

[4] 叶澜. 重建课堂教学过程观："新基础教育"课堂教学改革的理论与实践探究之二 [J]. 教育研究，2002 (10).

[5] 赖绍聪. 论课堂教学内容的合理选择与有效凝练 [J]. 中国大学教学，2019 (3).

[6] 何秀竹. 基于教育生态学的教师课堂组控能力研究 [D]. 哈尔滨：哈尔滨师范大学，2017.

[7] 崔善花. 小班化教育背景下初中英语课堂管理现状与对策研究：以延吉市朝鲜族初中为例 [D]. 延吉：延边大学，2016.

[8] 李铁凝. 小班化背景下小学英语课堂教学管理存在的问题及对策研究 [D]. 大连：辽宁师范大学，2018.

[9] 张翠. 基于英语课堂教学目标的课堂管理策略探究 [J]. 英语教师，2017，17 (2).

[10] 李如密，孙元涛. 新世纪教师教学艺术要略 [M]. 北京：中国青年出版社，2001.

[11] 徐洁，张燕，钱晓敏. 论学校文化建设的三重逻辑 [J]. 中国教育学刊，2022 (12).

[12] 冀丽. 塑造班级文化　完善班级管理 [J]. 教育理论与实践，2007，27

(S2).

[13] 朱鹤年. 学生年龄特征与教育 [J]. 江苏师院学报，1980（1）.

[14] 李兴山. 现代管理学 [M]. 北京：现代出版社，1998.

[15] 袁琳，赵丽霞. 小学教师如何建立有效的课堂规则 [J]. 教学与管理，2013（23）.

[16] 祝惠，刘姣娥. 反思当前中小学课堂常规 [J]. 安徽文学（下半月），2007（4）.

[17] 叶亚美. 两个"同底数幂的乘法"课例片断的比较分析 [J]. 中学数学教学参考，2005（5）.

[18] 王本陆. 课程与教学论：第 2 版 [M]. 北京：高等教育出版社，2004.

[19] 邵怀领. 课堂提问有效性：标准、策略及观察 [J]. 教育科学，2009，25（1）.

[20] 王陆，张敏霞，冯涛. 课堂提问主体转向的机理分析 [J]. 课程·教材·教法，2022，42（8）.

[21] 黄会来，王迎. 数学高效与低效教师课堂提问教学行为的案例比较 [J]. 数学教育学报，2011，20（3）.

[22] 李如密. 教学艺术论 [M]. 济南：山东教育出版社，1995.

[23] 张夫伟. 课堂提问四"问"[J]. 教育科学研究，2008（10）.

[24] 吴举宏. 试论课堂提问的有效性 [J]. 教育理论与实践，2013，33（23）.

[25] 谢洪昌. 本期话题：课堂规则的建立与超越 是尊重学生个性，还是倡导遵守规则？[J]. 人民教育，2004（8）.

[26] 沈小碚，袁玉芹. 影响小学教师课堂提问效能的因素分析及其策略研究 [J]. 课程·教材·教法，2013，33（8）.

[27] 吕达，刘立德，邹海燕. 杜威教育文集：第 5 卷 [M]. 北京：人民教育出版社，2008.

[28] 衣新发. 教学反思能力实训 [M]. 北京：高等教育出版社，2019.

[29] 邵光华，顾泠沅. 中学教师教学反思现状的调查分析与研究 [J]. 教师教育研究，2010，22（2）.

[30] 郭俊杰，李芒，王佳莹. 解析教学反思：成分、过程、策略、方法 [J]. 教师教育研究，2014，26（4）.

[31] 田兰，张志祯，陈玉姣. 视频促进师范生微格教学反思效果研究 [J]. 现代教育技术，2015，25（10）.

新编教学艺术论

［32］王碧梅，胡卫平. 职前教师和在职教师教学反思关注点比较［J］. 教育科学，2016，32（1）.

［33］罗晓杰. 校本教研体制下提升新教师教学反思水平的个案研究［J］. 天津师范大学学报（基础教育版），2021，22（4）.

［34］周志发. 教学案例新解：从杜威的思维五步法看新课改［J］. 上海教育科研，2007（11）.

［35］何光峰. 从教学反思笔记分析教学中存在的问题［J］. 教育理论与实践，2012，32（5）.

［36］李必成. 教学反思是教师成长的有效途径［J］. 中国教育学刊，2013（S3）.

［37］常虎温. 教学反思刍议［J］. 教育理论与实践，2016，36（11）.

第五章　教师形象的塑造艺术

本 章 导 语

　　教师的形象是一种无声的语言，是教学过程不可或缺的组成部分，对学生具有直接或潜移默化的影响。教师要认真思考：教师形象包括哪些要素？教师该如何塑造自身良好的形象？

第一节　关于教师形象的认识

教学情景：

　　师：我们学习了正弦函数的性质——周期，如果一个函数 $f(x)$ 满足 $f(x+T)=f(x)$，那么，我们就说这个函数具有周期 T，是个周期函数。如 $y=\sin x$ 这个函数是周期函数，它的最小正周期是 2π。大家想一想：生活中哪些事物也是有周期的呢？它们的最小正周期是多少呢？

　　生：太阳升起和落下。

　　师：真不错，那你知道它运行的最小正周期是多少吗？

　　生1：2个小时。

　　生：（七嘴八舌）不对，24个小时。

　　生2：一天。

　　师：说得很好，还有呢？

　　生3：细胞分裂。

　　师：呵呵，是的。

　　生4：（挤眉弄眼）月经！（学生跟着偷笑，课堂本来热烈的讨论气氛一下子变了

味道)

师：(语气平缓)谁说的，能不能站起来呀？

生4：(挑衅的语气)我说的，是有周期的！不对啊？(个别调皮的学生也跟着附和。此时，大部分学生看着老师，等着老师的反应)

师：(走过去，看着他的眼睛并微笑)初中学过生理卫生了？

生4：(略有不安)学过了。

师：那你知道它的确切定义吗？

生4：(沉默)……

师：月经是指有规律的、周期性的子宫出血。正是有了这种细胞的周期性的产生、成熟、脱落的过程，才有了人类生命的延续和生存。(稍做停顿，扫视全班)这是一个严肃的生命科学的话题，可不是我们嘻嘻哈哈用来开玩笑的！当然，刚才这位同学能将知识与我们的生活相联系，表明他能够"学以致用"嘛！但同时老师也希望同学们不仅能看到生活中事物的表象，更能具有科学的探究精神，发现事物的实质，好吗？

生4：(脸涨得红红的)嗯！

师：请坐下。我们的动物学家们就是利用动物的某些规律来保护濒临灭绝的哺乳类和灵长类动物的。说到月份嘛，这个月还有几天啊？

生：(齐声)28天。

师：那么2020年是什么年呢？

生：闰年。

师：闰年多久出现一次啊，它的周期是……(延长声音)

生：(齐声，响亮)4年1次！

师：同学们的思维很开阔，生活中有很多周期出现的事物。希望课后思考：能利用正弦函数的周期这一性质解决我们生活中的什么问题呢？现在我们来学习正弦函数的另一个性质……

教学探究：

这是一节常态的、真实的课，教师、学生内心所担心的课堂问题行为为什么没有发生？教师应该在孩子们心目中树立怎样的形象？

有的孩子放学回家后，总爱和家长玩"老师与学生"的游戏。孩子扮演老师站在前面上课，父母则坐下来当学生。孩子模仿得惟妙惟肖，他们的一举一动都像老师的样子，甚至老师平时的一些小动作，都被模仿得十分逼真。虽然这是孩子们玩的游戏，但是从中我们看到了教师形象的影响力。古往今来，我们常用"人类灵魂工程师""学高为师，身正为范"来传颂教师的榜样形象。教师从事的是育人的职业，他们用自己的思想、学识和言行，通过示范的方式直接、间接或潜移默化地影响学生。因此，第斯多惠曾表述："教师本人是学校里最重要的师表，是最直观的最有教益的模范，是学生最活生生的榜样。"教师应该注意自己的言行举止，注意自己的形象。

一、教师形象的基本内涵

教师形象是指基于教师职业的道德、修养、学识、行为、仪表、人格以及个性品质等多种素养在教育教学活动中综合展现给社会公众的整体表征。其外显特征表现为教师的容貌、体态、穿着、谈吐等方面，内在特征则表现为教师的性格、气质、情绪、人格等方面。在当今知识经济国际化与信息化的新时代，教师形象首先应当蕴含爱；其次，具有非凡的人格魅力；再次，具有创新精神。

（一）爱岗敬业，理解学生

爱是教师形象的内在特征，是教育成功的基础。教师有了爱，才会用伯乐的眼光挖掘学生的潜能，发现学生的闪光点。教师应以宽广的心胸，真心理解学生，真情帮助学生，真诚善待学生，做他们的良师益友。只有给学生关爱，才能开启学生的内心世界，架起师生沟通的桥梁，给学生以有效的教育。对学生"摸一摸后脑勺"，与学生"谈谈心"，给学生"一个电话"，向学生"问一下冷暖"等，都表达着关爱与理解，能消除学生的心理隔阂，更能有效地教育学生。

（二）知识渊博，富有创新精神

高尔基说："人的知识愈广，人的本身也愈臻完善。"对于培养祖国未来希望的教师来说更应具备这一点。教师要想在学生心中有良好的形象，不但要精通本学科专业知识，还要博览群书，能将各个领域的知识巧妙地渗透给学生，拓宽学生的视野，陶冶学生的情操，让他们去体验、探究、发现。同时，教师需要勇于追求、敢于创新、乐于奉献，创新教学方法，引导学生主动学习，创新思维。学生在教师的教育中逐渐成长，充满了对知识的渴求，对世界的探索，对未来的憧憬，学生能不自觉尊重这样的教师吗？教师的形象能不提高吗？

◉案例分享

在数学兴趣选修课上，一个教师在黑板上写下了这样一道题目：有一个人要吃10块巧克力，每天至少吃1块，共有几种不同的吃法？……10分钟到了，教师开始按照点名册的顺序让学生报答案，很多人都是一个一个数的，数出来的答案都很离谱，大部分学生只找出几十种，个别学生找出超过一百种。有一名学生报出"455"的答案，惹来其他人一阵哄笑。教师说："10块巧克力太多，我们先从简单的来讨论。如果只有1块巧克力，那么有几种吃法呢？""1种。"很多声音回答道。"很好。"

教师一边说，一边在黑板上写下"1"，一边问："如果有2块巧克力呢？""2种。"几秒钟后答案趋于一致。教师又在黑板上写下"2"。那么，3块巧克力呢？学生很快说出了"4"的答案。教师又写下"4"。有同学小声嘀咕说"2倍"。有同学已经发现规律了，教师肯定道。我们再看一下4块巧克力的情况，看是不是符合这个规律。学生花了半分钟的时间确定了有8种吃法。"好，1、2、4、8，大家看出规律了吗？""后面一个数字是前面一个数字的2倍。"学生此起彼伏地叫起来。"那么，按照这个规律，你们算一算10块巧克力应该有多少种吃法，然后比较一下你们的答案。最终答案是多少？"教师问道。"512。"学生回答。接下来的课，教师用另一种更简单的方法把刚才那道巧克力的题目又重新解答了一遍，听懂之后，这些学生都像猫一样"妙啊妙啊"地叫起来。

可见，具备渊博的、创新性的知识，是树立教师威信、塑造教师形象的重要特征。

（三）仪表大方，有非凡的人格魅力

仪表是指人的外表，它包含衣着、发式、举止和姿态等方面。教师仪表是教师形象的重要内容之一。教育心理学的研究也表明，"教师的仪容体态，对学生的心理有一定的影响，特别对幼儿园、小学、中学的学生影响较大。教师仪容不整，反映其精神面貌不佳，而奇装异服，也有损严肃端庄的形象，都不利于教育工作。只有仪表大方、衣着整洁、朴素，才能得到学生的尊重和好感"。一个教师若不修边幅，不仅不易得到学生的尊重和好感，而且学生对他的批评或表扬往往持满不在乎的态度。

◈ 案例分享

记得几年前我们班有一个姓李的男生老是跟数学老师过不去，甚至在课堂上无理取闹，我多次找他谈话，效果都不好。在一次礼仪课上，我讲到了打扮要注意身份，比如学生应该如何打扮自己，教师应该如何打扮自己。他就在下面嘀咕："有的老师不像老师，像个卖菜的！"全班同学会心地哄堂大笑。事后我找他真诚交谈，让他给老师提意见。他告诉我："就是看不惯数学老师，经常一个裤脚挽起，一个裤脚放下，不像个老师……"

由此可见，教师的仪表风度是一种"无形"的教学力量，在一定程度上，教师的仪表、风度、气质和人格魅力，比专业知识、教学方法还重要。一个教师在仪容体态方面给学生印象的好坏与否，是影响教师能否得到学生的尊重和好感、能否在学生中获得威信的重要因素之一。教师端庄的仪表、高雅的风度对学生有较为强烈的感应作用，它能拉近师生的距离，有利于良好课堂氛围的形成，有助于教育教学的成

功。因此，受欢迎的教师的素质中，良好的仪表必不可少。

因此，教师不仅要熟读教材、钻研业务，还要有渊博的知识、新颖的教学方法，调动学生的情绪，把握学习的氛围，使学生在教师的循序诱导中慢慢消化、理解、接受及至创新知识。可以说，渊博的知识是征服学生的首要手段，也是树立教师形象的必要前提。

二、教师形象的历史考察

教师形象并非当今教师专业化发展的新要求，教师形象有着悠久的历史。

（一）我国教师形象的历史溯源

我国古代有着丰富的论述教师形象的思想。如"智如泉源，行可以为表仪者，人师也"，谈到了作为教师应具备的基本条件；"师者，人之模范也"，谈到了教师职业形象对学生身心发展的影响；"师者，所以传道受业解惑也"，阐明教师作为传道、授业、解惑的实施者一直为人们所尊重，树立了教师职业的光辉形象。孔子长期从事教育工作，他对教师职业及其教师风范有着与别人不同的见解，他认为理想的教师要有为理想而"知其不可而为之"的执着奋斗精神；要有高尚的职业道德，忠于职守、诲人不倦、无私奉献的精神，如"爱之，能勿劳乎？忠焉，能勿诲乎"；要有优良的教师风范，以身作则，言传身教；教师的行为端正、品行高尚是一种强大的教育力量，严于修己，是为人师表必备的品质，"其身正，不令而行；其身不正，虽令不从"，"身教"重于"言教"。"冉求曰：'非不说子之道，力不足也。'子曰：'力不足者，中道而废，今女画。'"从这段对话中我们可以看出，教师要有高度责任感，要对学生提出严格要求。后来的教育大师们也对教师形象做了论述，如孟子提出"乐教之师"，董仲舒提出"圣化之师"，朱熹提出"指引之师"，陶行知提出教师应当成为有创造和开辟精神的一流教育家。这些论述都为后世的教师树立了典范。

近现代广大教育理论工作者和教育实践工作者从不同角度审视教师形象，形成丰富复杂的教师形象结构。如提出教师形象的"真、善、美"三大类要素，提出师表形象、师道形象、师职形象等三类形象，并在此基础上细分为师德形象、知识形象、能力形象、人格形象、外表形象、行为形象等。[①] 有学者认为教师形象是由其人格、学识、修养、情趣、能力、语言、风度、服饰等多方面因素构成的，主要可以概括为才学、品德、风度。[②] 这些观点都对教师形象包含的内容进行了不同角度的划分。关

---

① 张德山. 形象、教师形象与教师形象学 [J]. 景德镇高专学报, 2000 (1)：25-26.
② 郝月梅. 教师形象与审美教育 [J]. 山东教育科研, 1999 (4)：4.

于教师形象的层次结构的划分，最为常见的就是外在形象和内在形象两个层次。外在形象，是教师在个体身上表现出来的，别人可以感知并且有一定反应的一系列因素与状态，包括语言、行为、仪表、神态等；内在形象，是教师通过长期努力逐步形成的、较为稳定的、直接对外在状态产生决定性作用的一系列潜在隐性因素，包括道德、心理、人格、知识、能力等。① 这些研究对我们把握教师形象的内涵有着积极的启示和借鉴作用。

这些思想家、学者提出的教师形象使我们认识到精深广博的专业知识和高尚的道德操守是为人师表的必要条件。教师的形象影响着学生的成长、社会风气的形成。在追溯教师形象历史渊源的同时，我们一方面要吸取传统教师的可贵之处，另一方面更要培养富有时代精神的教师风范。这就需要每一个教师不断学习，严于律己，善于自省，勇于创新，勤于践行。

（二）外国教师形象的历史溯源

自教育学作为学科独立开始，教师形象就一直为国外教育学者所关注。捷克教育家夸美纽斯在《大教学论》中谈道："为儿童的共同教育选出一些有丰富知识和崇高道德的人，这种教导青年的人叫作训导者、教师、教员或者教授。"② 这是强调教师的知识形象和道德形象。英国教育家约翰·洛克指出："做导师的人自己便应当具有良好的教养，随人、随时、随地都有适当的举止与礼貌。"③ 这是强调教师应具有的外在形象。美国教育家杜威在《民主主义与教育》中指出教师不仅应具备所教学科的知识，还应具有教育学和心理学的知识："教师既须懂得教材，还须懂得学生特有的需要和能力。"④ 这是教师形象很重要的方面，理解学生，尊重学生，进入学生内心世界，为学生的学习生活排忧解难，是现代教师应具备的重要素养。俄国著名教育家加里宁在《论共产主义教育和教学》中有关教师形象的论述有"教师们一方面应当是学识很高的人，另一方面应当是无上诚实的人"，"为了真正进行教育，不仅要很好地熟悉自己的业务，而且要有纯洁的灵魂"。⑤ 这是强调教师不仅应当塑造良好的专业教学形象，也应具备崇高的职业道德形象。总之，这些教育家们对教师形象的描述、希冀与探讨，值得我们思考和借鉴。

① 邱卫东. 现代教师形象的设计策略 [J]. 教育评论, 2003 (3)：38-40.
② 夸美纽斯. 大教学论 [M]. 傅任敢, 译. 北京：教育科学出版社, 1999：33.
③ 约翰·洛克. 教育漫话 [M]. 傅任敢, 译. 北京：教育科学出版社, 1999：67.
④ 杜威. 民主主义与教育 [M]. 王承绪, 译. 北京：人民教育出版社, 2001：200.
⑤ 加里宁. 论共产主义教育和教学 [M]. 陈昌浩, 沈颖, 译. 北京：人民教育出版社, 1957：186.

近代以来，日本的教师形象也跟随社会的发展不断更新，经历了从"圣职者"到"劳动者"向"专业工作者"的转变。上寺久雄在《教师的心灵与风貌》中指出在"天生的秉性和特性""在指导学生的过程中萌生的天资和特性""在组织教学的过程中苏生的天资和特性""教师的道德品质"四个方面的相互统一中可以建立起教师的形象。[①] 这个过程包含了教师的基本职业素养、对教师职业的热爱、与学生交流时的洞察力、解决问题时的教育机智以及良好师德，这些都是教师形象的重要内容。美国学者也对教师形象进行了多视角的研究。约翰·麦金太尔和玛丽·约翰·奥黑尔在《教师角色》一书中指出教师扮演着组织者角色、交流者角色、管理者角色、职业角色、咨询者角色、伦理者角色、政治角色等。费奥斯坦和费尔普斯在《教师新概念——教师教育理论与实践》中指出，要形成良好的课堂管理，教师需要具备四种品质：关爱的态度、可信性、一致性、坚持性，[②] 而教师的品质属于教师形象构成要素的范畴。

综上所述，自古以来，中外教育家、思想家和科学家早就重视教师形象了。他们提出或论述教师形象的定义，认为教师的形象表现为职业形象、职业道德、个性品质、知识技能、行为形象等方面，并从理论高度或教学实践进行阐述。他们认为教师形象是一门教学艺术，只有充分考虑、重视教师的形象，才能取得良好的教学效果。不过，大家对教师形象的认识不统一，论述角度有所侧重。

三、教师形象的构成分析

教师的形象不仅体现在精神风貌上，更体现在行为举止上。教师的形象如何，将直接影响教育的成效。那么，如何在教学中树立教师良好的形象，在学生心目中建立一个可亲、可敬、令人爱戴的形象呢？教师形象的构成是必须认真思考的问题。我们知道，教师形象包含着外部表征和内在表征两个方面，教师形象的构成应由三部分构成。

（一）教师的人格形象

人格是指一个人的品质和格调，是人的精神面貌的总体特征。[③] 教师这一职业是塑造人格的职业。俄国教育家乌申斯基说：教师的人格对于年轻的心灵来说，是任何东西都不能代替的有益于发展的阳光；教育者的人格是教育事业的一切。可见，

---

① 上寺久雄. 教师的心灵与风貌 [M]. 赵一奇，等译. 北京：春秋出版社，1989：18.

② 费奥斯坦，费尔普斯. 教师新概念：教师教育理论与实践 [M]. 王建平，等译. 北京：中国轻工业出版社，2002：266.

③ 何齐宗. 审美人格教育新论 [M]. 北京：教育科学出版社，2014：31.

教师的人格会影响学生人格的发展和形成，教师有什么样的人格形象，学生就会形成什么样的性格形象。

1. 崇高的职业道德

苏联教育家苏霍姆林斯基指出："教师的人格是进行教育的基石。"从某种意义上讲，教师的职业道德不仅是个人意义上的品德问题，而且具有深刻的社会意义。教师是党的教育路线和方针的具体执行者，教师一定要不断地加强自己的思想修养，锻炼自己的性格，把热爱人民、热爱祖国、热爱社会主义、关心集体、热爱本职、富有高度责任心和同情心、关心同志、助人为乐、语言文明等各种高尚的道德品质渗入到自己的个性和日常言行中，在"有意和无意"中给学生以良好的影响和引导。"教育概念，首先是个道德概念，教师的专业特性首先是以道德要求为基础的。"[①] 足见教师的榜样示范作用。教师职业道德所包含的内容，自古以来就是"教书育人，为人师表"。作为教师，也许大家对魏书生这个名字并不陌生。他任校长、书记，省内外社会兼职达 38 项之多，他没改过一篇作文，没考过一次试，然而，以 1988 年魏书生所教的两个毕业班为例：暑假升学考试中 135 名学生都达到了升学分数线；全市 14 所中学，超过 600 分的考生共 30 名，魏书生班占了 10 名；全市总分第一、二、三名及语文、政治、数学、化学、英语、生物的学科第一名都是魏书生班的学生。这不能不令人震撼。细阅其编著的教育教学书籍，无声地向我们展示了一个坚定的共产主义教育改革家的形象，正因为其对教育的执着追求，身体力行着为人师表的职责，才能打开每一位学生心灵的窗户，才能教育好他们。

2. 以生为本的理念

良好的教师形象，要有饱满的热情、博大的爱心。教师要激发学生的热情，使学生也展现出良好的精神状态；真心地爱每一个学生，关心他们、帮助他们，让他们感受到教师真切的关怀和温暖，用教师的真心换取学生的真诚；尊重学生，用心对待每一个学生，不要轻易斥责学生，避免挫伤学生的自尊心，伤害师生的感情。以生为本的理念，就是要求教师取得学生信任，赢得学生爱戴。教师面对的是具有独立思想、独特个性、生理、心理尚未成熟，情绪、情感自控力较弱，辨别是非能力较差的青少年，这些都给教师提出了挑战。比如：一些学生对武侠小说的沉溺，部分学生对游戏机的迷恋，学生对友谊的错误理解等，都会影响学生的学习。这就需要教师加以正确引导和教育。对于学生而言，课堂教学是其学校生活的最基本构成部分，它的质量直接影响学生当前及今后的多方面发展和成长；对于教师而言，课堂教学是

① 刘捷. 专业化：挑战 21 世纪的教师 [M]. 北京：教育科学出版社，2002：69.

其职业生活的最基本的构成部分，它的质量，直接影响教师对职业的感受、态度和专业水平的发展及生命价值的体现。[①]

因此，从学生的生命需要出发，调动学生的积极性，把学习真正变为学生自己的事，让学生在课堂上真正成为学习的主人，学生才能自觉地参与学习过程。

（二）教师的素质形象

教师素质形象的充分展现，直接影响教学结果。在探讨教师的素质形象前，我们先来看以下这个教学案例：

◆ 案例分享

在初中物理"运动与静止"这一课的教学中，一开始教师问："你们听说过用手去抓飞行的子弹的事吗？"对学生来说，这是不可思议的。教室内立即鸦雀无声，同学们开始思考了。不一会儿，课堂沸腾了，学生争先恐后地发表自己的看法："子弹飞得那么快，能用手抓住吗？""我就听说过。"老师肯定地回答："第一次世界大战期间，一名法国飞行员，在两千米高空飞行时，发现有一个小虫似的东西在身边蠕动，他伸手一抓，大吃一惊！原来抓到的竟是一颗德国制造的子弹。"学生听了十分惊诧，产生一种强烈的探究欲望。"出现这种情况是什么原因呢？我们今天要学的课题'运动和静止'就要探讨这个问题……"于是，学生的注意力集中到新授课的内容中去了。

这位教师能把学生如此成功地引导到新授课的内容中，不能不说与他高素质的修养与高水平的教学分不开。

1. 渊博的知识

有人说："要给学生一杯水，教师得有一桶水。"新的提法是"要给学生一杯水，教师不仅得有一桶水，而且应该成为一条奔流的河"。新时代要求我们教师不仅要具备学科专业知识、娴熟的教学技能，以处理教材、设计教学活动、管理课堂和处理教学突发事件；而且要有教育学、心理学知识，能有效与学生沟通交流，解决学生思想问题；还要有较高的人文素养，尊重、理解、信任、爱护学生，让师生之间坦诚相待。因此，渊博的知识是教师教书育人的手段和工具。

2. 精湛的教学水平

教学水平主要体现在教师对知识的传授、对学生思维的激发和对课堂的把握上。教师不仅要钻研业务知识，熟读教材，把握教学大纲，扩展知识范围，还要掌握灵活

---

① 叶澜. 让课堂焕发出生命活力 [J]. 教师之友，2004 (1)：49-53.

的教法，善于将知识灵活透彻地传授给学生，使学生在教师的循序诱导中将所学知识慢慢消化、理解乃至全盘接受并灵活运用。在教学过程中，教师要时刻关注学生，调动学生的学习积极性，使学生的注意力时刻跟着教学走，让师生共创有活力的课堂。因此，精湛的教学水平是师生共同奏响生命旋律的首要手段，也是树立教师形象的必要前提。

3. 敢于创新的精神

高尔基说："人类的生活就是创造。"教师培养的是鲜活的生命、祖国的未来，教师朝气蓬勃的进取精神、开拓创新能力，必然会引导自己热烈追求事业的成功，勇敢地开拓人生的道路，积极地创造有价值的人生。学校里，教师是学生最亲近最尊敬的人，是学生最直接的榜样，教师的创新精神，就如细细春雨，"随风潜入夜，润物细无声"，滋润、影响着学生的一生，增长着学生的求新意识和探索勇气。

在上述案例中，教师的提问"你们听说过用手去抓飞行的子弹的事吗"立刻激发了学生的学习兴趣，调动了学生学习的积极性。正在同学们争论不休的时候，教师描述的故事让学生在惊诧之余，产生了强烈的探究欲望。教师接着导入新课：为什么会出现这种情况呢？这就是这节课题"运动和静止"要探讨的问题。该物理教师的成功导课，是教师敢于创新的体现，这当然离不开教师的渊博知识和教学技能，是教师精湛的教学水平的表现，也是教师良好的素质形象的体现。

（三）教师的仪表形象

一个人的仪表特别是外貌对他人的心理有何影响，社会心理学做过不少研究。在一项研究中，卡雷·戴恩和她的同事给大学生们看了三个大学生的照片，其中一个外貌有吸引力，一个相貌一般，第三个无吸引力，然后要他们对这三个人在人格上做出评价，并猜测他们的未来是否幸福。结果是好的评价和最合人意、最幸福的预言都落在外貌有吸引力的人身上。仪表端庄、风度高雅是塑造教师良好形象的基础，是教师崇高思想、气质性格、文化素养及审美观念的外在表现。得体大方的言行举止、仪表风度、着装仪容会给学生以美的享受，促进师生间的情感交流，形成乐学善教的良好学风，有利于教育教学效果的提高。

一位家长偶尔谈起，说他的孩子不喜欢某某老师，影响了这门课的学习。他说其实这位老师教得不错，孩子不喜欢她是因为教师的穿着与打扮，孩子说这位老师妆化得太浓，衣服穿得太紧身。孩子说的这位年轻漂亮的女教师，在开学的第一天，穿了一件白色的无袖连衣裙，下摆在膝盖以上，有些紧身，款式很时尚。如果换一个场合，人们会欣赏她的美丽，但当她以一个教师的身份站在讲台上的时候，却是另外一种效果。当然，这并不意味着教师不能穿漂亮的衣服，事实上学生也喜欢穿着漂亮的教师，喜欢有美感的教师，这种美具有更强的亲和力，有利于良好课堂氛围的形成。一般说来，教师仪表应符合以下原则：

1. 要以洁净为宜

教师的衣着、发式应以洁净为鲜明特色。一个教师是否讲究个人卫生，直接影响着其在学生心目中的仪表印象的好坏。苏联教育家马卡连柯认为："无论对学校或教育机关的教师还是其他工作人员，都必须要求衣服整洁，头发和胡子都要弄得像样，鞋袜洁净，双手清洁，修好指甲和经常备有手帕。"因此，一个教师要常洗澡，常剪指甲，常理发，常换洗衣服，课前应梳头，整理衣服。整洁能给人愉快的感受，教师应留给学生仪表整洁的良好印象。整洁的仪表能给人热爱生活的向往，让人树立高尚文明的情操，给人美的享受和熏陶。

2. 要具有职业感

教师的服饰不能过于艳丽，否则就会与教学气氛相冲突，分散学生听课的注意力，冲淡教师丰富充实、聪颖睿智的内在本质。

教师的衣着打扮要得体，符合教师的身份。"清一色"的灰、蓝、黑衣着以及过于新潮或不伦不类，都有损教师严肃端庄的形象。教师的仪表应介于传统与新潮之间，在传统中追求一种变化，在时尚中追求一种稳妥，给学生一种既不失美感，又蕴含聪颖睿智的内在本质的印象。

3. 要符合个性

第一，教师的仪表应适应自己的性格特点。教师的性格也可适当地用服装的颜色来调节，性格急躁的教师不宜穿红色衣服，以免学生觉得你气势逼人；性格冷漠的教师不宜穿黑色等冷色调的服装，以免学生觉得你冷若冰霜。因此，教师应尽可能使衣着色调的冷暖与性格的刚柔相协调，使学生感受教师的亲切、关爱和朝气。

第二，教师的仪表要适合教师的性别、年龄、长相、身体等方面的特点，不同性别、不同年龄的教师的衣着应各有特点，决不可赶时髦。

4. 要具有时代感

教师是人类文明的传播者和建设者，是学生的榜样，教师身上应体现时代气息，不能过于保守。女教师可以适当地化淡妆，佩戴得体的耳饰、项链，再配以合体的服装，在给学生以美感的同时，显现教师的人格魅力。

总之，教师的仪表美会给学生以美的享受，促进师生间的情感交流，形成乐学善教的良好学风，有利于教育教学效果的提高。

第二节 权威型教师形象向智慧型教师形象的转型

在人们心目中，现代社会较为熟悉的两类教师形象，一种是权威型教师形象，另一种是智慧型教师形象。

一、权威型教师形象和智慧型教师形象

在汉语词典中，权威是使人信从的力量和威望；在某种范围内最有地位的人或事物。教师权威观念源于对教师职业性质和职业角色的理解和认识。首先，它与传统的教师形象定位有关。传统教师往往被赋予在某一领域掌握丰富知识、具有某种特殊的认知能力、处理问题和解决问题能力的角色形象，在一些学生的心目中甚至是无所不知、无所不晓的全能形象。因此，教师成了知识的源泉、智慧的象征，是学生必须遵从和敬重的对象。其次，它与传统的育人观念相伴随。传统的教育目的在于让学生服从管理，遵守秩序。正如赫尔巴特所说，教育要做的事情就是遏制儿童恶的意志，"给予这种恶的意志以深刻的否定，使它受到挫伤"，而这种挫伤恰恰需要权威，尤其是"对于那些具有最活跃天性的人来说，权威是最不可缺少的"[①]。我国有"养不教，父之过，教不严，师之惰"的传统说教观。这些育人观念无形中在孕育和强化着教师的权威形象。

教师权威本质上是一种教育交往的心理状态，对学生来说，是严肃、敬畏和恐惧；对教师来说，是驾驭、控制、管理的教育力量。在现实教育教学中，教师权威往往依靠国家制定的法律和法规、学校规章制度和纪律、社会和家长的督促期望等形成，这种权威与人的自主、自为的本性相违，所以容易引起学生的反感，甚至使其产生逆反心理和对立情绪。

这种权威已不适应新课程的改革和素质教育的推进，其容易忽视教育对象的生命情感特质，忽视教育对象的自主性。尤其是在现代价值多元社会，学生的自主意识增强，个性越来越突显，教师的工作变得越来越复杂和艰巨，教师权威形象的影响力已经微乎其微。之前发生的"杨不管"事件，并非教师不管，而是管不了，学生

---

① 赫尔巴特.普通教育学·教育学讲授纲要［M］.李其龙，译.杭州：浙江教育出版社，2002：29.

无视教师在课堂上的权威形象，或者说教师已经没有了控制课堂正常秩序的权威形象。面对学生打架，杨老师虽然很生气，但也只能说一句气话："你们要是有劲，下课到操场上打。"①还有我们可以经常听到科任教师无奈地吼道："你再不出去，就我出去。"其实，此时教师的权威已失去了影响力，随之而来的就是教师的职业挫败感和职业倦怠症。

王枬教授认为，智慧型教师是指这样一类教师：他们把教师这一职业看作自己的全部生命，并把自己的生命全部灌注到教师这一职业中，"捧着一颗心来，不带半根草去"是他们信奉的职业操守；他们怀着满腔的热情快乐地与学生交往，以学生的主动发展为最高目标，根据学生的个性特征因材施教；他们把自己看成教育活动的研究者，是有思想、有见解、有独立判断和决策能力的人，教学就是艺术，教学就是创造；他们贵在自塑、自律。②

二、智慧型教师特征

智慧型教师是现代教师所追求的形象，智慧型教师的教学具有以下特征：

（一）追求自由境界的教学

这类教师超越了纯粹的功利和世俗观念，拥有职业认同感、坚定的职业信念和追求。与普通教师相比，智慧型教师把职业看作一种人生享受、精神追求，以及实现自我价值的需要。例如：教师在教授课文《蚂蚁与蝈蝈》时，有个学生问道："老师，我觉得蝈蝈也挺可怜的，你想那么冷的天，又没有吃的，都快要饿死了、冻死了，它们需要蚂蚁来帮助，可蚂蚁呢，一点同情心都没有，我觉得蚂蚁不是什么好东西。"③或许有的老师马上否定学生的想法，然而这位老师却抓住学生这一奇异的想法，调动全班学生的积极性，进行思维的碰撞。这不能不说是一次成功的教学，是教师人生境界的追求，对学生人生的启迪。

（二）追求具有理性智慧的教学

能够对教育问题进行理性思考，吸收先进的教育理念，独立思考和实践反思教育实践，体现了教师职业的生命本质——创造性。例如，"雪融化之后是什么？"对成年人来说，这几乎是一个不用思考就可以回答的问题。然而，天真活泼的小学生却给出了一个完全出乎教师意料的答案："雪融化之后是春天！"这是一个富有个性、想

---

① 范远波. 教师：权威向智慧的转型 [J]. 教学月刊（中学版下），2009（11）：5-8.
② 刁培萼，吴也显，等. 智慧型教师素质探新 [M]. 北京：教育科学出版社，2005：48.
③ 王鉴. 教学智慧：内涵、特点与类型 [J]. 课程·教材·教法，2006（6）：23-28.

象力和求异思维的答案。然而在大部分的课堂教学中，这样的回答常因与标准答案不一致而受到教师的批评和否定。而理性智慧的教师恰恰相反，他会给学生插上思维的翅膀，引发学生进行联想，让学生的想象如奔腾的河流，川流不息，培养学生的思维力和创造力，激发学生学习探索的兴趣。

（三）进行情感智慧的教学

情感不仅是智慧的重要组成部分，还为智慧的生成提供了强大的动力，是智慧型教师发展的维持系统。具体而言，教师要热爱学生，要想学生之所想，忧学生之所忧，乐学生之所乐，解学生之所疑。中外历史上凡是拥有崇高威信、受人爱戴的教师都是热爱学生的楷模。"感人心者，莫先乎情"，教师在教育教学活动中，只有以真挚的爱教人、育人，才能拨动学生心灵的琴弦，叩击学生的心扉，才能赢得学生发自内心的尊重与敬仰。实际上，教师若没有对学生真挚、强烈的爱，他也不可能把课上得生动、成功。

（四）从事实践智慧的教学

课堂中的教育情景具有易变性、不确定性和特殊性和偶发性等特征，这就要求教师能够尽可能时时刻刻机敏地感知、辨别当下教育境况。因此，教师在教学实践过程中，"总是即刻的、情境中的、偶然性的和即兴发挥机智"。[1]

课堂教学要充满智慧，而各种各样的教学情境也为教师提供了展现智慧的舞台。陈桂生先生把教学智慧分为如下类型：学生的怪问题、学生的怪答案、学生的怪动作、学生的怪要求、个别学生的差错或迟钝、教师的差错或疏忽、突发事件或情况等。教师该如何应对课堂上发生的这些意外情况呢？陈桂生先生进一步提出了相应的对策：转移话题、转移看问题的视角、转移学生的注意力、冷处理、让学生歪打正着、对学生的异常言论或动作进行化解、把尴尬事化作善意的笑谈、在发现疏忽或失误后脑筋急转弯等。[2] 这些都是教师可以体验的，通过学习获得的，是教师教学经验和教学机智的反映。同时，教师要不断深化自己的认识，重视教学实践，提高教学研究能力。

三、智慧型教师生成的思考

智慧型教师生成的途径是多种的，以下主要从高尚的职业素养、对学生的爱、

① 马克斯·范梅南. 教育机智：教育智慧的意蕴 [M]. 李树英，译. 北京：教育科学出版社，2001：163.

② 陈桂生. 漫话"课堂智慧"[J]. 教育科学研究，2004（10）：59-60.

对真善美的追求三方面思考。

（一）高尚的职业素养是智慧型教师教育智慧生成的核心

1. 坚定的教育信念

它集中表现为教师对教育工作怀有高度的职业认同感。把教师这一职业看作自己的全部生命，并把自己的生命全部倾注到教师这一职业中，"捧着一颗心来，不带半根草去"是他们信奉的教育信念。对于教育信念在教师发展中的重要性，乌申斯基曾这样描述过："全部教学大纲，全部教育方法，无论它们多么完美，在没有变成教育信念时，仅仅是没有任何力量和作用的僵死的字母。"此外，狄斯捷维克也曾指出，"教师为之献身的信念是在人类中栽培道德。他全心全意献身于这个信念，这个信念完全控制了他。这种信念不是像一条虚幻的原则埋伏在他的头脑中，而是渗透在的他血肉中。不是教师支配它，而是它支配教师。"因此，坚定的教育信念会对教师的教育价值观以及教育教学行为产生重大的影响。

2. 对学生的爱

首先体现在对学生那颗闪烁着智慧的心灵的爱；其次是爱他们好学习、能够创造性地学习。教师对学生的爱，是一种巨大的能源，是学生积极向上的动力，是点燃学生心灵火花的燃料，也是后进生能够进步的希望。教师对学生的爱，不是一种工作形式和方法，而是师德的根本。有位社会学教授给学生们分配了一个任务：调查贫民窟200多名男孩的成长背景和生活环境，并对他们的未来作一个评估预测。每个学生得出的结论几乎相同："这些男孩毫无出头的机会。"25年后，其中一个学生已当了教授，他无意中在办公室的档案中发现了这份研究报告，他对这些男孩目前的状况很好奇，因此让自己的学生继续做追踪调查。调查结果显示：那些已经长大成人的男孩，除了20多人搬迁或过世，剩下的180人中，有176人成就非凡，成为律师、医生、企业家等等。教授惊讶之余，决定深入调查此事。他拜访了当年被调查的年轻人："你们今日成功的最大原因是什么？""我们遇到了一位好老师。"几乎是相同的回答。教授找到了那位年迈但仍然耳聪目明的女教师，请教她到底用了什么神奇的方法。老太太眼中闪着慈祥的光芒，嘴角带着微笑说："其实也没什么，我爱这些孩子。"

因此，教师对学生的爱，产生师生之间智慧心灵的碰撞，在碰撞中点燃学生的智慧，唤起学生学习的激情，诱发学生的创造潜能，潜移默化地塑造学生的心灵。

3. 对真善美的追求

只有对真善美不断追求的教师才能塑造美的心灵，培养出具有真善美人格的人才。真，体现在教育过程中善于探索、发现、认识、掌握、运用教育规律，运用自己的知识，从德、智、体、美诸方面培养学生，帮助学生拨开迷雾，认识真理，并培养学生为追求真理而奋斗的精神。善，体现了教育的道德性，教师的职业追求就是善。教师将学生的道德、品行成长作为教育的出发点和归宿点，关爱学生，尊重学生，用发展的眼光看待学生；教师要给学生做好道德模范，在日常的学习与生活中以身示范，帮助学生发现自己身上的不良道德行为习惯。赵朴初先生献给人民教师的《金缕曲·敬献人民教师》中曾形象确切地概括了这种精神："不用天边觅，论英雄，教师队里，眼前便是。历尽艰难曾不悔，只是许身孺子。⋯⋯ 幼苗茁壮园丁喜。几人知，平时辛苦，晚眠早起。燥湿寒温荣与悴，都在心头眼底。费尽了千方百计。他日良材承大厦，赖今朝，血汗番番滴。光和热，无穷际。"[①] 这些美好的赞誉是教师在"晚眠早起""光和热，无穷际"的教育实践中呕心沥血、辛勤耕耘的真实写照，是教师崇高道德的体现。美，包含着教师的人格美，它是一种长效教育力量，是教师对教育事业有无限的爱和进取精神，以身作则，为人师表，治学严谨，热爱学生，诲人不倦，给学生以强烈的感染，以使学生获得美的享受，形成美的人格。美还体现在教育艺术上，给学生以审美愉悦。

（二）多维的教育能力是智慧型教师教育智慧生成的关键

智慧型教师的多维的教育能力体现为宽裕的专业学科知识、广博的知识修养和一定的科研能力。

1. 宽裕的专业学科知识

一个智慧型的教师必须精通所教学科的专业基础知识，熟悉学科的内在基本结构和各部分知识间的内在联系，了解学科发展方向和最新研究成果，学习、了解与该学科相联系的相关学科基本知识。教师有了较宽裕的知识，驾驭教学大纲，才能透彻理解教材，灵活地备课和处理教材，以清晰、准确地讲授教材。

2. 广博的知识修养

智慧型教师除了深厚的学科专业基础知识外，还要有广博的知识修养。当今学科交叉已呈趋势，教师只精通本专业，知识面狭窄，难以满足学生多方面的需要，也影响教师自身在学生心目中的形象。所以，教师必须具有广阔的知识视野、渊博的学识，方可居高临下，游刃有余。"问渠好得清如许？为有源头活水来。"教师要广泛涉猎其他领域的重要知识，文理渗透，中外渗透，古今渗透；平常要多阅读教育教学方面的文章，多阅览网上的信息，善于在日常生活中发现素材，储备知识，积聚能

---

① 臧乐源. 教师学 [M]. 天津：天津人民出版社，1987：3-4.

量，多看、多想并结合自己的实践教学。教师的专业知识只有建立在广博的文化知识修养的基础上，才能提高工作效率，取得最佳教学效果。

3．一定的科研能力

智慧型的教师具有较强的科研能力。借助科研项目，智慧型的教师特别关注某些教育教学现象，思考、探索现象产生的原因、情境及对教育教学产生的影响，解决问题，总结归纳，并付诸实践；同时，科研项目使得教师走出校门，加强与社会的联系，参加学术会议，从交流中获得最新的研究成果，并获取研究的灵感。教师的科研能让自身教育教学水平得到提高，使经验上升为理论，以理论来指导实践。

（三）多维的教育能力是智慧型教师教育智慧生成的关键

教育教学能力的高低，是衡量教师素质的关键。教师的多维教育能力主要体现在教学沟通能力、教学创造力和全面的人文素养方面。

1．教学沟通能力

教师是育人的工作，良好的教学沟通能力有助于形成良好的师生关系，良好的师生关系有助于提高教育教学质量。传统的"教师中心"，往往造成师生关系的不平等。良好的师生关系的表现是民主平等、尊师爱生。

2．教学创造力

教学创造力是智慧型教师的重要因素。智慧型教师会在不同的情境下发挥创造力来帮助学生提升创造力。一个有创造力的教师，不仅能创新教材，还能创新教学方法和手段。比如，主动寻找并充分利用任何有助于教学的资源，包括扬声器、投影仪、与同事讨论、课堂动手活动，甚至到社区考察，从而让学生更好地理解课堂知识在真实世界中的实际应用，提高学生对知识的理解及实践能力。

3．全面的人文素养

智慧型教师具有丰富的人文素养。科学的世界观、人生观、教育观是智慧型教师人文素养的核心；广博的人文历史知识和深厚的艺术修养是智慧型教师人文素养的内涵；良好的语言表达能力和较高的书法水平是智慧型教师人文素养的基础；得体的着装仪容和优雅的言谈举止是智慧型教师人文素养的综合表现。不仅丰富着教师的内涵修养，还展示着别样的风采，给学生以潜移默化的榜样示范。

第三节　教师的人格修养与养成

教师不仅要有高尚的文化修养、渊博的专业知识，还要有崇高的道德品质。教育家加里宁曾语重心长地说："国家和人民把儿童托付给教师们，要他们来教育这些按年龄上最容易受影响的人，托付教师们来培养，教育和造就这一代青年，也就是说，把自己的希望和自己的未来完全嘱托给他们。这是把伟大责任加在教师身上的一种重托。可见，教师一方面应当是学识很高的人，另一方面应当有十分诚实的性格，甚至可以说，高尚廉洁的性格。"因此，从某种程度上来说，教师的人格修养决定着教师形象的好坏。

（一）教师人格修养

1. 教师的人格修养影响着学生的健康成长

教师的使命，就是挖掘学生的生命潜能，引导学生人格朝着健康、全面、和谐的方向发展。俄国教育家乌申斯基指出："教师个人的范例，对于青年人的心灵，是任何东西都不能代替的阳光。"教师的人格修养犹如一面镜子，学生从中知道什么是善，什么是恶，什么是美，什么是丑，什么是高尚，什么是卑劣，什么应当做，什么不应当做，等等，从而保证学生健康成长。

教师的一言一行、一举一动都会摄入学生眼里，印在学生心田，影响着学生人格的形成和产生，可以说是染苍则苍，染黄则黄。儿童和青少年学生在成长的过程中，常常会自觉或不自觉地模仿老师，特别是小学低年级的学生，把教师的言行奉为准则，照着教师的样子行事，经常说"这是我们老师说的""我们老师就是这样做的"。孩子不一定听从父母的话，但对老师言听计从。可以说，教师的工作作风、学习态度、学习习惯、待人处事等，甚至是教师的板书、服饰、发型、言谈、举止等，学生都爱模仿。北京小学教师王企贤以前写板书时，习惯折断粉笔顶端的坚硬部分，并将之扔在地板上。没多久，他惊奇地发现全班学生都开始模仿自己折断粉笔的动作。从那时起，他意识到了教师的人格修养对学生影响的重要性，开始注意自己的人格修养。可见，凡是要求学生做到的，教师必须首先做到；凡是要求学生不做的，老师一定不做。教师高尚的人格修养并不是暂时性的教育因素，而是一颗播种在学生心田的种子，对学生一生都可能产生深刻的影响。"所以一个教师必须时时刻刻检点自己，他应该感到，他的一举一动，都处在严格的监督之下，世界上任何人也没有受着这样严格的监督。孩子们几十双眼睛看着他，须知天地间再没有什么东西，能比孩子的眼睛更精细、更加敏捷，对于人心理上多种微妙变化更富于敏感了，再没有任何人像孩子的眼睛那样能捉摸一切最细微的事物。"①

　　2. 教师的人格修养促进成功教学

　　数十载风雨，埋首教案，驻足课堂，默默地撒播希望的种子，是什么力量在支持和鼓舞着教师？是陶行知先生的"捧着一颗心来，不带半根草去"的崇高教师人格，引导教师在教育教学活动中，自觉选择符合教育规律的正确态度和方法，增强热爱教育事业的情感，融洽师生感情，顺利完成教育教学任务。我国古语言："桃李不言，下自成蹊。"良好的教师人格修养可以赢得学生的信任，获得学生的亲近与支持，对学生的学习起促进作用。教师的人格修养影响着学生的学习效率。学生的学习效率如何，固然与智力活动直接相关，但也与教师的人格修养有着密不可分的关系。教师教学时的情绪、教态等都不可避免地影响着学生的心理活动，抑制或提高学生的学习效率。教师的人格修养影响着学生的学习能动性。教师高尚的人格修养，起着示范、导航作用，搭建师生间理解、沟通的桥梁，调动学生的学习积极性与主动性。教师的人格修养影响着学生个性的形成。高尚的教师人格是民主型的教师人格，学生既有独立思考的自由，又有教师必要的指引。

　　3. 教师的人格修养是教师自我完善的最高境界

　　俄国教育家乌申斯基指出："教师个人的范例，对于青年人的心灵，是任何东西都不能代替的阳光。"教师是克服人类无知和恶习的最活跃成员，是追求真理和幸福人生的传播者，是传承知识和创造智慧的先锋。教师在完成这伟大使命的过程中，完善自我，实现自我，进入人生的最高境界。教师以育人为中心，教师的工作不分校内外，不分白天黑夜，没有时间和空间的限制。教师工作没有上下班之分，上班教授学生，下班备课、家访、改作业，有的教师还要自学、进修，深夜才能休息。教师全心全意、呕心沥血为学生服务，把培养学生当成自己人生中最重要的事情，看作自己生命的一部分。教师面对的是成长中的、充满生命活力的青少年，人的培育是教师的终极目标。学生必须不断地面对挑战，推动自己的学习、思考和探索，给自己的生命增添探索、成功的欢乐。教师应自觉地以一定的道德标准要求自己，力求使自己的思想、行为符合社会的要求，成为学生的表率。

---

　　① 加里宁. 论共产主义教育和教学 [M]. 陈昌浩，沈颖，译. 北京：人民教育出版社，1957：177.

（二）提升教师的人格修养

1. 强化教师意识

教师意识是教师对自己的身份以及教师在学生中产生影响的认识。要强化"人民教师"的自我认识，对教师职业神圣职责有深刻理解，迸发出的一种强烈的自豪感和责任感。上海市特级教师于漪说："如果失去的岁月可以像飞去的燕子重新归来，青春的年华可以再次度过，那么，我将仍然选择教师这个太阳底下最光辉的职业。"这是强烈的教师意识的反映。

教师要意识到自己的言行举止对学生的影响。苏联教育家加里宁说："教师的世界，他的品行、他的生活、他对每一现象的态度都这样或那样地影响着全体学生。"因此，教师要树立良好的形象和提高教育威信，就必须清醒地意识到自己的言行举止对学生的影响，严格要求自己。教师要了解自己的个性特点，提高自己的自制力。一个缺乏自制力的教师是无法步入更高境界的。

2. 认真学习理论

理论是行动的先导，争做"四有"好教师。教师既要学习马克思主义、毛泽东思想、邓小平理论和"三个代表"、科学发展观的重要思想，也要学习《习近平谈治国理政》，形成正确的世界观、人生观和价值观。此外，还要认真学习丰富的自然科学和社会发展规律知识。

学习现代教师人格论，向优秀教师学习。现代教师人格论正确地回答了教师个人利益和社会、集体利益的关系，论证了教师人格的形成和发展规律，使教师可以更加自觉地进行自我修养和人格塑造。同时，应将教师人格理论具体化，学习先进模范教师的思想和事迹。

3. 积累实践经验

如果把教师的人格修养塑造仅仅停留在学习和反省上，就没有完成塑造过程。教育实践是检验人格修养塑造的标准，教师人格修养塑造不能脱离教育实践，不能"闭门造车"。一旦离开了教育实践，教师人格修养塑造就会成为无源之水、无本之木。比如，在师生关系上，理论上，教师明白要了解、尊重学生，但实际上怎样做、做得怎样、具体的标准是什么，则只有通过教育实践才能做出客观的评价。正如徐特立说的："教书是一种很愉快的事业，你越教就会越爱自己的事业。当你看到你教出来的学生一批批走向生活，为社会做出贡献时，你会多么高兴啊！"这是教育实践体验的结果。

建构与思考

1. 教师形象的内涵是什么？

2. 教师形象的构成因素有哪些？

3. 权威型教师与智慧型教师有何不同？你认为哪种教师更有利于学生发展？为什么？

4. 如何成为智慧型教师？

5. 结合你的学习经历，谈谈教师人格塑造途径及你对教师人格的认识。

参考文献

[1] 叶澜. 教师角色与教师发展新探 [M]. 北京：教育科学出版社，2001.

[2] 何齐宗. 审美人格教育新论 [M]. 北京：教育科学出版社，2014.

[3] 何齐宗. 教育美学新论 [M]. 北京：人民教育出版社，2017.

[4] 王北生. 教学艺术论 [M]. 郑州：河南大学出版社，2005.

[5] 李琴. 教师如何让课堂更加生动有趣 [M]. 长春：吉林大学出版社，2008.

[6] 程瑞，田万惠. 教师形象构成及其教育价值积极实现途径 [J]. 淮北煤炭师范学院学报（哲学社会科学版），2010，31（4）.

[7] 秦卫刚. 长大后我就成了你：浅谈教师的形象 [J]. 文教资料，2009（33）.

[8] 何珏材. 浅谈教师教学中的形象塑造 [J]. 新课程（中学），2010（8）.

[9] 杨丹. 《后汉书·儒林列传》中的教师形象解析 [J]. 中国电力教育，2009（11）.

[10] 苏振芳. 做一名智慧型教师 [J]. 才智，2010（27）.

[11] 阳绒，唐金玲. 论新时期的教师职业形象 [J]. 现代教育科学，2009（12）.

[12] 王玲玲. 浅析智慧型教师的内涵与生成 [J]. 现代教育科学，2009（8）.

[13] 郝月梅. 教师形象与审美教育 [J]. 山东教育科研，1999（4）.

[14] 沙柳. 让智慧充分涌流：品读《智慧型教师的诞生》[J]. 人民教育，2007（2）.

[15] 张良才，李润洲. 论教师权威的现代转型 [J]. 教育研究，2003（11）.

[16] 罗燕. 我看"教师形象"[J]. 陕西教育（教学版），2009（Z1）.

[17] 曲铁华，吴晓霞. 论教师劳动的真善美价值 [J]. 东北师大学报（哲学社会科学版），1998（1）.

［18］王鉴. 教学智慧：内涵、特点与类型［J］. 课程·教材·教法，2006（6）.

［19］陈桂生. 漫话"课堂智慧"［J］. 教育科学研究，2004（10）.

［20］曹丽. 让教学成为充满智慧的活动：读《为思维而教》［J］. 人民教育，2009（1）.

［21］沈辉香，何齐宗. 正义与关怀：教师道德价值取向的诠释［J］. 高等教育研究，2019，40（4）.

［22］周彬. 教师教育专业知识：生成、积累与课程转化［J］. 教育研究，2021，42（7）.

［23］刘英杰，张家辉. 我国教师核心素养研究的回顾与展望［J］. 天津师范大学学报（基础教育版），2021，22（3）.

［24］杨炎轩，蔡颢. 教师专业伦理及其建构［J］. 教育研究与实验，2021（2）.

［25］李长泰. 论教师国家德性形象的四层逻辑建构［J］. 伦理学研究，2019（5）.

［26］袁丽. 中国教师形象及其内涵的历史文化建构［J］. 教师教育研究，2016，28（1）.

［27］孙兆化. 提高知识转化力，促进教师智慧成长［J］. 中国教育学刊，2018（3）.

［28］魏宏聚. 教学生成事件与教师教育智慧［J］. 湖南师范大学教育科学学报，2018，17（2）.

第六章　教学评价艺术

　　教学评价是教学活动的一个重要环节，好的教学评价对于激发学生学习兴趣、促进学生发展、实现课堂教学目标都有着重要意义。我们要了解和反思当前课堂教学评价存在的问题，了解课堂教学评价的内容、方法和原则，树立发展性教学评价观。

第一节　教学评价的概述

教学情景：

　　某数学老师在课堂上出了这样一道题：某人从家到工厂，骑自行车的速度和所需的时间成什么比例？老师期待得出的正确答案是：成反比例。然而一名男同学的回答却出乎意料。他认为不一定成反比例，理由是：从家到工厂可以有很多条路走，如果走一条弯路，即使自行车的速度很快，也会花很长时间；如果抄近路，即使速度比走弯路慢，所用时间也可能比走弯路短。显然，学生之所以得出这个结论，是由于老师没有对该题的前提条件作出明确的说明，如果该老师循循善诱，既可以鼓励学生的求异思维，也不难导出正确的结论。然而，该老师的评语却令人感到莫名其妙："谁要是说不成反比例，谁的脑袋就长包了。"另一名男同学紧接着附和说："对，是脑袋积水！"教室里爆发出一阵哄堂大笑，那名发言的男同学难过得哭起来。试想：这位男生还会在数学课上发言吗？他对数学的学习还会那么有热情吗？如果这位数学老师换一种语言进行评价，则会收到不同的效果。如"啊，你回答得很有趣，动了脑筋。不过要是按照给定的条件会怎样呢？""没关系，再好好想想"，"想好了再补

充""听听其他同学有没有不同见解"等等，这样的评价既明确无误地使学生知道该回答是错误的，又保护了学生的自尊心和求知欲，也呵护了学生的自信心，同时营造了轻松愉快的课堂氛围。

教学探究：

课堂上教师对学生答问的评价水平，不仅影响着课堂教学的质量、进程和效果，而且对学生的学习兴趣、参与教学的积极性，以及情感等方面都有着重要的影响。那么，怎样的评价才能激发学生的学习兴趣呢？什么样的评价才是我们教师应追求的呢？

教学评价是研究教师的教和学生的学的价值的过程。教学评价一般包括对教学过程中教师、学生、教学内容、教学方法手段、教学环境、教学管理诸因素的评价，但主要是对学生学习效果的评价和教师教学工作过程的评价。[①] 教学评价是教学活动的一个重要环节，对教与学具有诊断、反馈、激励、调节、导向的功能。本章的教学评价仅限于在教学过程中，教师对学生课堂参与、教学反馈、学习态度、学习状况、教学环境等方面的评价。有效的教学评价不仅能起到管理课堂教学的作用，而且能起到积极的促进作用，影响着教学目标的实现。阿基米德曾说："给我一个支点，我将撬动整个地球。"如果把教学的全面性、导向性、发展性比作一个地球，那么教学评价就是支撑这根杠杆的支点。

一、当前中小学课堂教学评价存在的问题

（一）评价内容方面，偏重基础知识和基本技能的评价

传统教学评价偏重学生基础知识和基本技能的获得与提高，而忽视了学生的学习过程和情感、态度、价值观的培养。基础教育课程改革具体目标第一条明确规定："改变课程过于注重知识传授的倾向，强调形成积极主动的学习态度，使获得基础知识与基本技能的过程同时成为学会学习和形成正确价值观的过程。"这明确说明教学内容的评价除基础知识和基本技能的评价外，还应包含过程与方法、情感态度与价值观等重要方面的评价。

（二）课堂管理方面，偏重教学秩序的评价

传统教学评价强调课堂秩序，强调教师对课堂的管理控制，教师拥有绝对权威，学生被动听课。新课程倡导民主、平等、合作、对话的课堂教学，让学生把自己当作课堂教学参与的主体，敢于发表自己的观点，思维活跃，培养学生的主人翁责任感

---

① 刘松敏. 几种实用的数学教学评价方法 [J]. 考试周刊，2010 (2)：87-88.

与社会参与意识。因此，其教学评价不仅关注了教学的现时价值，也关注了教学的长远价值。

（三）教学策略方面，偏重知识传授的评价

传统的课堂教学常见的教师讲课过程：展示知识→讲解知识→考核知识；学生的学习过程：记忆知识→理解知识→运用知识。因此，教师的教学评价也就围绕学生对知识的掌握程度而开展。课堂教学情境表现为：教师一言堂，主宰课堂，学生被动接受知识，看不到知识的实用价值，没有学习的积极性和主动性；教师控制着课堂的进度，不考虑学生的个别差异，不进行个性化的教学；学生的思路跟着教师走，没有自己独立思考问题的时间，不利于思维能力的培养。我们应由基本知识的讲解评价转向学习情景的创设评价，在课堂教学中采用多样的教学策略，通过故事、举例、资料、影像、讲座、讨论、实物等等教育情境，充分调动学生的学习积极性，让学生自主建构知识，使学生了解学习与生活的联系，明白知识的实用价值。

（四）学习效果方面，偏重单一评价

传统教学对学生学习效果的评价单一，主要为：评价主体是教师，评价内容是基础知识与基本技能，评价形式是书面习题检测，评价功能是检测达标程度。这种评价常常降低学生学习的积极性，使得教师以同一标准衡量学生，忽略学生的个体差异，往往扼杀学生的个性潜能。哈佛大学发展心理学家霍华德·加德纳教授批判单一的智力测试的局限性，其提出的多元智能理论，主张教师应当从言语—语言智能、音乐—节奏智能、逻辑—数理智能、视觉—空间智能、身体—动觉智能、自知—自省智能、交往—交流智能和自然观察智能等八方面评价学生的学习，每一个学生都有其智能强项，帮助学生将其优势智能迁移到其他智能领域，树立学生的自信心，培养学生的创造能力，注重他们学习能力的发展和人格的完善。因此，新的学习效果评价不应该仅窄化至某一方面，应该更为全面、科学调动学生的学习积极性，考虑到学生的个体差异，促进不同的学生都得到发展。

二、课堂教学评价的价值取向：以学生为本

课堂教学评价的目的在于以评促学，不仅要关注学生的学习效果，也要关注学生学习的动态过程。因而，课堂教学评价的价值取向应以学生为本。

（一）评价学生的目的是促进学生的学习，激发学生的学习热情和信心

许多学生中途放弃学习，原因就在于对他们的评价上。如果学生每次考试都能拿 100 分、90 分、80 分，那么他们的学习肯定信心百倍。在高考制度的影响下，从小学、初中阶段起，许多教师就用单一的考试成绩，而且只是学习的门专科成绩来

衡量学生。重点中学的学生学习劲头足，因为他们的考试成绩好，而普通中学乃至差一点学校的学生学不好，原因就在于他们是考试的失败者，屡败屡考，屡考屡败。学生屡遭失败，对学习失去信心。如果改变一些评价角度，增加一些评价方法，或许能激发这些学生的一些潜能，激励他们继续认真学习，取得进步。但是，考试成绩不理想，常遭老师的批评，抬不起头来，长期打击，对学习就失去了信心。学习不应该是不可能的事，每个人都具有可教性。

（二）评价应关注学生的差异性，实施个性化教学，树立学生信心

世界上没有两片完全一样的树叶，世界上也没有完全相同的两个人，在现实生活中，每一个学生都是一个特殊的个体，在他们身上，既有共性，又有巨大差异。现行以分数为标准的评价制度下，所谓的学困生绝大部分不仅与其他同学无差异，甚至还可能具备更多尚未被发掘的潜能，教师应该善于去抓住学生的闪光点，培养学生自信心。如有一个老师就碰到了这样一个学生，他写道：

我清楚地记得：班内有一个学生，性格十分内向，上课从没听他大声回答过问题，记得那次学习了摩擦知识后，有这样一个问题：有经验的老木匠在钉钉子时，经常把钉子衔在嘴里，用唾液湿润，这是为什么？这对缺乏社会经验的学生来说是一道难题。当时教室里鸦雀无声，一双双眼睛瞪得老大。突然我的眼睛注视到这位同学，他似乎欲言又止。我鼓励他起来回答，他低着头轻声说："我看过木匠钉钉子，这样可以使钉子表面慢慢生锈，增加表面的粗糙程度，增加摩擦和牢固度。"这声音轻得只有我和他才听得到，我微笑着点点头，表扬他善于观察，善于灵活地把知识与生活实际相联系。同学们不约而同地鼓起掌，他这才慢慢抬起头来，不好意思地笑了。

正确的评价要因人而异，因时而异，因境而异，作出针对性的、艺术性的评价，这样才有利于学生对评价的认同和接受。

三、课堂教学评价的作用

课堂教学评价是围绕课程目标来开展的，其作用主要体现在学生和教师两方面。

（一）提高学生学习的自主性

教育是一项社会活动，课堂教学评价无疑应关注学生的个体生活。生命的个体形式是具体的、独特的、丰富的，每一个生命个体都有有别于其他生命个体的天赋、兴趣和爱好，课堂教学评价就是要尊重学生生命个性，张扬生命个性美。

针对学生个性的评价，既要考虑学生的过去，又要重视学生的现在，更要着眼于学生的未来，目的不是给学生下一个精确的结论，不是给学生列一个等级，更不是与他人比较，而是以动态、发展的眼光去看待学生，对学生的闪光点给予鼓励性评价。对于学生而言，课堂教学评价能够使他们明晰自己的学习状况，发现自己的优点和缺点，使自己更好地发展。比如：一个同学第一次数学测验得了 5 分，第二次得了 45 分，尽管基础比较差，但是必须看到其进步；对学生的失误、不足持也要持宽容的态度，鼓励学生拥有自己的想法。有老师在听课感悟中写道：

记得有一回去听一位小学老师的公开课，他在黑板上写了五道题让一名学生上去做。

3×9＝27　4×9＝36　5×9＝45　6×9＝54　7×9＝62

当学生写完 62 时，台下多数同学都大声叫喊起来："老师，他错了，最后一题错了……"

我当时的第一反应也是指出他的最后一题错了。

满以为那位老师会马上纠正这名学生的错误，没想到他却说了一段让我至今记忆犹新的话。他说："最后一题是错了，可大家为什么只说他错的这题，而不说他前面四道都做对了呢？看来，我们是多么容易发现别人的错误，而忽略了别人的正确……"①

课堂是学校教育的最主要场所，有效提高课堂教学的评价效果不但是提高教学质量的关键一环，也是教师素养的重要表现。

（二）提升教师的教育教学水平

教师对学生的评价，可以促使教师自身认识、反思教学中存在的问题，及时改进、调整教学方式、进度、目标等。反思是教学环节中不可缺少的一部分，是教师对自己的教学观念、行为的一种反思性评价。

因此，课堂教学评价能够促使教师不断反思自己的课堂教学，养成在教学中自我反思的习惯，在反思中变革自己的教学理念，形成正确的课堂教学行为，提高自己的课堂教学水平，不断理解自我、超越自我。

每一个学生的智能强项、身心状况、兴趣爱好都各有个性，每一个学生的成长环境、成长历程和成长速度都各不相同，发展的目标也具有一定的个体差异。因此，教师在对学生进行课堂教学评价时，不能仅限于在知识与技能把握程度上去评价学生，要尊重、理解、关心和爱护学生，充分遵循个体的差异特征，依据不同学生的不同背景和特点，客观、公正地判断每个学生的学业状况和发展潜力；在评价过程中应以激励为主，肯定优点，挖掘潜力，不要给学生造成太大的压力，以免使其失去继续学习的兴趣与信心。对于学习现况不是很理想的学生，更应以发展的眼光看待，挖掘他们的闪光点，创设机会让他们看到成功，拥有自信。例如，在学习平行四边形

---

① 杨海亮. 最后一题错了 [J]. 中等职业教育，2005（23）：34.

面积的计算时，有学生提出："长方形的面积用长乘宽，那么平行四边形的面积是否也可以用相邻的两条边相乘？"这是认知过程中自发的顺应和迁移现象，更是学生学习中勇于探索的大胆猜测。对于学生的这种想法，教师可以这样评价："你能作出这样的大胆猜测，是你积极思考、勇于探索的表现！现在就让我们一起来验证一下你的猜测，看看到底是不是这样。"或者说："看一看其他同学有没有不同的想法？让我们来共同探讨吧。"这样的激励性评价，既保护了学生的学习积极性，又点燃了他们求知的欲望。如果学生遇到困难和挫折，不被理解，甚至遭到老师和同学的嘲笑和批评，对自信心和学习兴趣无疑是沉重的打击。学生学习兴趣荡然无存，学习成绩就会一落千丈。

（三）促进课堂教学发展

课堂教学发展不仅是学生、教师的发展，还包括促进课堂教学管理的提升。有效的课堂教学管理具有重要的教学意义：一方面，建立稳定的课堂教学秩序。课堂教学中，由于学生成长的规律性、学生成长的差异性，以及教学环境手段的外在影响，无法避免一些课堂问题行为与课堂干扰事件，学生打瞌睡、开小差、哗众取宠、玩手机等，这些情况均影响正常的教学秩序。有效的课堂教学管理能保障一个稳定、和谐而又充满活力的课堂教学秩序。另一方面，有助于调动师生积极性。有效的课堂教学管理不仅有助于调动学生学习的积极性，而且有助于提高教师的教学热情。积极的课堂氛围让师生在相对宽松、愉悦的教学环境中缓解紧张情绪，缓解学生学习压力，激发学生学习动机，激励学生努力追求学习的乐趣和成就感，变被动学习为主动学习。有效课堂教学管理要求制订合理的课堂规则和优化课堂时间管理，优化学生参与度、参与面，平等公正对待学生，优化教学过程，提高知识学习的有效性、学生专注率、学习时间效率，从而优化课堂教学秩序，有效减少课堂问题行为发生，完成预定的教学目标。

课堂教学评价应注重对课堂教学管理的探讨，通过对课堂教学秩序和师生积极性的分析，研究课堂教学规则和课堂时间管理，从而推动课堂教学发展。

第二节　教学评价内容、方法和原则

课堂教学的评价理念，要具体落实到课堂教学评价的方法上才能践行。首先，制订课堂教学评价的内容和标准，主要包括教学目标、教学内容、教学方法、教学手段、教学过程和教学效果。其次，课堂教学评价的方法要围绕教学目标，按照课程标准、教学内容的科学体系进行，重视学生知识、技能等基础性目标的实现，注意学生发展性目标的形成，激发学生熊熊热情，体现学生主体。最后，在使用课堂教学评价方法时，要遵循一定的教学评价原则，以高效实现教学目标。

一、教学评价内容

课堂教学评价不仅是对教学结果的评价，也是对教学过程和教学设计的评价；不仅有对学生学业成绩的评价，也有对学生学习态度、情感、价值观等综合素养的评价，还有对课堂教学的物质环境、心理环境、文化生态等方面的评价。

（一）教学目标

教学目标评包含知识与技能、过程与方法、情感态度价值观三个维度，现阶段进一步以中国学生发展核心素养作为实现育人目标的重要举措。其一，是对教学目标设计的评价，不笼统含糊。教学目标主体为学生，设计具体可操作。其二，是对知识、技能、过程、方法、品德的全面评价，缺失任何一个方面，均不能系统促进学生的全面发展。

（二）教学内容

一是教学内容的科学性。知识正确，无科学性错误，准确揭示事物规律、特征，是真的评价。二是教学内容的思想性。能培养学生的情感、态度、价值观，提升核心素养，是善、美的评价。三是教学内容的拓展性。能够根据教材内容，基于学生已有的生活经验和知识基础，结合传统文化和时代信息，拓展学习资料，使教学内容贴近文化、贴近真实、贴近问题、贴近科学，是创新的评价。

（三）教学方法

一是教法。教法得当，讲解清楚；其选取与运用有助于教学内容的学习，调动学生的学习积极性。二是学法。学法得当，能让学生主动学习，合理运用探究式学习方法、合作学习方法等。三是教法与学法。两者相互依存，相互制约，相互促进，即"教学有法，但无定法"，教师教学逻辑、学生认知逻辑、教学内容逻辑有机统一。

（四）教学手段

教学手段包括电脑、投影仪、幻灯片、希沃白板、微视频等多媒体。根据教学内容和学生学习规律，充分运用教学媒体，做到形象思维与抽象思维相结合，动脑与动手相结合，操作熟练规范。

（五）教学过程

学生方面，每个学生都能参与教学活动，受到教师的关注。教师方面，教学热情，态度端正，尊重个体，激励个体，成就个体，积极完成教学任务。师生方面，关

系融洽，民主开放，对话沟通，轻松愉快。秩序方面，组织有序，管理得当，活而不乱。时间方面，有效利用教学时间，问题能及时讨论与解决，学生负担合理。

（六）教学效果

教学效果评价主要依据教学目标实现程度。其一，对整个课堂作出全面评价，检测教学目标设计是否合理。其二，通过学生的反应，检测是否完成教学目标规定的任务。其三，教学效率。学生思维方面，气氛是否活跃，学生能否积极思考；学生参与方面，受益面大小；进步程度方面，知识、能力与情感、品德提升。

二、教学评价方法

教学评价方法很多，而发展性的教学评价是以促进学生发展、提高教师教学、改进教学实践为目的的评价。一线教师在构建发展性的教学评价过程中，已经归纳、运用了多种教学评价方法，现择优介绍如下几种。

（一）考试评价法

在众多的评价方法中，考试仍然是评定学生学业的一种重要方法，也是教学过程的重要组成部分。考试遵循课程标准的要求，通过考试，教师、学生检查是否达到课程标准，寻找自己的不足；同时，发现自己的优势，树立信心，进一步明确努力的方向。

1. 闭卷考试

闭卷考试仍然是现阶段最重要的教育教学评价手段。以学生为本的考试命题，应该依据教学大纲，能够让学生在一个较为宽松的氛围中作答，充分展示自己的学习成果；考试内容应联系社会现实、学生生活，在掌握基础知识的基础上，考查学生运用知识的能力，提高学生解决问题的能力，培养学生的思维能力和创新能力；命题不仅要关注学生答题的结果，更要关注学生解题的教程和方法。闭卷考试可以采用随堂小测、单元测验、期中测验和期末测验等形式。闭卷考试的评价形式也可以丰富多样，可采用分数、等级、评语或三种相结合的方式。

2. 开卷考试

开卷考试是一种开放式的考试命题方式，可以通过调查、查阅资料、访谈、探究等形式后，再对试题进行作答。试题的答案主观较强，是多种多样的。如某市2002年政治中考的试题主题是"珍爱生命，远离毒品"，题目为："请你出一期黑板报。""你认为毒品的危害是什么？""谈谈你的感想和认识。"这些题目真正体现了知识和能力并重，渗透了创新思维能力，把考知识、考能力、考觉悟融为一体，体现了学生的主体性原则，体现了素质教育的要求。但同时，我们要注意避免进入把识记材料变成限定时间内查阅教科书的误区，这种考试不仅不能提高学生的思考力，还会降低学生学习的积极性。

（二）作业评价

作业是学生在学习过程中必须进行的学习行为。批改作业是教师对学生学习效果的评价，也是获取反馈信息、及时调整教学的依据；学生通过教师对作业的评价，能直观地看到自己的学习成果，提高学习信心，增强学习的主动性和积极性；通过教师的作业评价，看到自己学习问题的所在，及时改正，养成良好的学习习惯。同时，教师批改作业，教师良好的人格、认真的工作态度可以影响学生，潜移默化地教育学生。

作业的形式多样，有课内完成的作业，有课后完成的作业；有书面作业（如书写、计算、小论文、调查报告、言谈记录、作文等），也有活动形式的作业（口头作业、实验、讨论、探究、访谈、制作等）。

对作业的评价不应该成为教师的专利，学生及家长也可以参与评价。作业的量要适中，不应该成为学生的负担。作业该采用何种形式，才能更好地激发学生的求知欲和好奇心，是每一个教师应该探究的问题。

（三）随机评价方法

随机评价方法是在教学过程中进行的，对学生的表现做出及时的评价。随机评价多采用口头评价的形式，针对每一个学生的状况，根据教学情境，对学生在学习过程中的良好表现，做出肯定以鼓励，对不足给予善意引导，让学生重新认识，及时调整自己的学习行为。机智的随机评价会给学生以积极的影响，不适当的随机评价也可能毁掉学生在某一方面的发展潜能。因此，随机评价要注意恰当的方式，不是简单的肯定或否定，不是简单的"是""不是""对""不对""好""不好""正确""不正确""你真聪明""你真棒"等评语。因此，教师要有多样、灵活、生动、丰富的评价语。当学生因思路断线说不出来时，一句"没关系，先坐下，下次再回答"；当学生因为紧张把句子读错时，一句"没关系，我们再来一次，我相信你可以的"；当学生东拉西扯跑题时，一句"我们换个角度思考，脉络更清晰"。同时，对学生的否定，也要注意不要挫伤学生的自尊心和积极性。另外，评价要具体，要让学生知道对在何处，错在哪里，避免再犯类似错误。随机评价还应注意把握时机，该评价时及时评价，不要拖延；该延时评价时延缓评价，对学生发展会更有利。

（四）小组评价方式

小组评价是小组集体评价的方式，适应自主、合作、探究教学方式的改革，是与合作学习教学模式一脉相承的。学生协作学习，共同发现问题、提出问题、讨论问题、解决问题。小组成员提出自己解决问题的思维方式和过程，进行探究。这种评价方式可以充分调动集体的力量，发挥集体每一成员的智慧和优势，激发集体每一成员的积极性，为每一个学生的发展创造提供机会，为每一个学生充分体现自己的价值提供充足的时间和空间，让学生在这种合作中，学会倾听、学会表达自己的见解。小组评价方式关注的是学生参与的过程，以及在参与过程中的表现，而不是合作的结果，不强调达成共识。因此，这种评价既要注重对集体表现的评价，还要注重对个体表现的评价。

（五）成长记录袋评价方法

成长记录袋评价方法，也叫档案袋评价方法，是课程改革中比较推崇的一种重要的质性评价方法。课程标准中明确提出，提倡建立学生学习记录档案。档案记录学生情况，全面反映学生发展情况，收集、分析能够反映学生学习、成长的资料，是客观、公正地评价学生成长的材料。

在成长记录袋中，要收集学生的重要资料，如疑难问题及思考，通过努力最后解决的难题，被否定过的观点，探究活动中最出色的表现，设计巧妙的小作品，考试、测验的信息，优秀的作业，学习中的观察记录、实践活动记录，教师和同学的观察评价，来自家长等方面的信息。学生是成长记录袋的主人，学生要往里放什么由学生自主决定，要实实在在体现学生的成长历程。同时，教师要对学生的成长记录袋建立加强指导，使学生自主、愉悦地建立自己的成长记录袋。

（六）展示式评价方法

为学生提供一个展现自己、认识自己，在充分学习、交流的基础上进一步充实自己，从而不断提升自己的平台。展示式评价是面向全体学生的，激励每一个学生积极参与，要防止办成几个人的学习成果作品展示。展示式评价方法多样，可以是专题的，也可以是综合的；可以是某一学科的，也可以是综合学科的；可以是单一形式的，也可以是多元形式的。如录音带记录学生朗读成果的样品、记录学生的音乐能力，录影带记录学生某些领域的能力，用相机随时记录学生的手工作品、绘画作品、书法作品等等。另外，展示式评价准备花费时间长，因此，此种评价方式使用要适度，不能过于频繁。

学生就如多棱的宝石，从不同角度、不同侧面都能发出璀璨的光芒。教师要善于发现并挖掘其优势，给学生创设自我展示的舞台，使其获得自信与成功的体验，激励其不断进步。展示式评价是日常教学质量的体现，也是学生个性特长的展示，对于激励学生的思维力，促进学生成长健康成长有着重要作用。总之，只要有值得肯定的方面，就给学生提供展示的机会。

三、教学评价原则

（一）导向性原则

课堂教学的评价总是指向一定的教育教学目标，其具有很强的导向性，是被评对象的具体行动方向。评价的导向性有多大权重，被评对象的努力程度就有多大，就会朝哪个方向去努力，就会以多大的程度重视这个教学目标。《基础教育课程改革纲要（试行）》对新课程评价改革提出"改变课程评价过分强调甄别与选拔的功能，发挥评价促进学生发展、教师提高和改进教学实践的功能"的目标，这为新课程的评价改革指明了方向。

（二）多元化原则

在课堂教学中评价不应拘于一种形式，要因人而异，因时而异，因课而异。每一个学生都是一个鲜活的个体，我们要尊重个体差异，注重个性发展，发挥学生多方面的潜质才能，帮助学生拥有自尊和自信。因此，采用多元化的原则让每个学生从不同的角度展示自己，体现价值。

多元化评价原则体现在两个方面：一是评价内容的多元，包括语言、音乐、数学逻辑、视觉空间、身体运动、自我意识、人际关系和自然观察能力等多个方面。如根据学生差异评价其特长。人人都有自己的专长，人人都有被评为好学生的可能，让每个学生都能体验成功，从而增强自信，走向成功。对学生所学学科的评价不是仅仅只限于分数，而是包括学习的内容、学习的过程、学习的方法、学习的态度等有关方面。如对课前预习、课前准备、上课发言、课外阅读、作业、书写、积极思考、课后巩固、学习效果等，设置不同的奖励类别。二是评价的角度或主体是多元的，包括教师、家长、同学和自我的评价。除教师的评价外，家长的评价，使得教师更好地发挥学校与家庭的互动作用；同学间的互评，有助于学生通过对比，发现长处，找出差距，更清楚地认识自己；学生的自评，有利于学生对自己的学习方法、习惯进行反思，有助于培养学生的独立自主性，促进学生自我发展和自我成长的能力。

（三）非正式原则

纸笔测试并不是唯一评价学生的途径，在某些时候，教师对学生平常的认识比纸笔测试要精准得多。教师每天都可以非正式地评价学生，如学生在课堂的参与度，学生在课堂所表现出来的思考力，学生对所学知识的实际应用。可以将评价与生活、与其他学科的学习联系在一起。

（四）自主性原则

教育的目标之一就是学生形成自动自发的学习习惯，教师需要给学生创造机会，

让他们管理自己的学习并形成习惯，以自主的评价来激励自己。学生有能力评价自己的长处和弱点，能清楚表述自己所学习到的内容，确认如何提高自己的思考力，如何改进自己的学习方法。如我们常常在练习或考试测评时，设计基础题和选做题，其中基础题面向全体学生，是每一个学生都必须掌握的知识点；选做题是让学生根据自己的情况，有选择地进行解答。这样能充分体现学生的自主权，让学生在选择的过程中体会到成功、收获的乐趣，让学生考出水平，考出自信。如学习三角形的面积计算后设计：

1. 求出一个底 10 cm，高 8 cm 的三角形面积。（必做题）

2. 画一些与上面三角形面积相等的三角形。（选做题）

这样的题目，让不同水平的学生有充分施展才华的空间，能激励学生学习的热情，促进他们全面发展。

（五）激励性原则

美国著名的心理学家布鲁纳认为只有注重学生的内在学习动机，才能更好地发挥认知结构的作用，对学习进行有效的控制。因此，当学生在学习和运用新知识时，教师给予学生以激励性的评价，让学生发现新知识的惊奇、自豪，体验满足求知欲的愉悦，享受成功的喜悦，带着热情激动的情绪学习，会产生事半功倍的效果。教师在教育教学中要摒弃那种静止的、僵化的、一成不变的思维定式，用变化的、发展的、进步的眼光去看待和研究学生，要看到学生的"长处"，看到学生的"未来"，要相信每一个学生都有多种发展的可能性。"教子十过，不如奖子一长。"

激励性原则要求"四多四少"的评价：即多一点赏识，少一点苛求；多一点表扬，少一点批评；多一点肯定，少一点否定；多一点信任，少一点怀疑。善于发现学生每个"微不足道"的表现，使学生在肯定性评价与成功中获得快感。因此，评价是让学生创造属于自己的成功，体验自信。尤其是对于理解能力发展较慢的学生或个性内向的学生，在课堂上教师更应创造机会，给予适时的鼓励与帮助，促进学生对评价的认同和接受，有利于学生个性的发展和潜能的激发。

（六）实效性原则

教学评价不仅要重视外在的形式，乐教、乐学的氛围，更要看重内在的效益——教育教学的效果，培养学生良好的学习习惯和乐学精神，提高教学效果，从而不断地激励学生成长。为激励学生的学习自信心，全面、客观、真实地反映学生一学期的学习过程，展现学生的进步状况，可用以下的方式让学生明确评价结果：

1. 学期中，在每周或隔周班会上总结一周的学习情况，设置某些奖项，为获奖学生颁发证书，对有进步的学生提出表扬和鼓励。

2. 学期末，通过"告家长通知书"的形式，采用"分数＋评语＋成长记录"的方法,对学生学习情况进行评价,这样会更客观、更丰富、更准确。评语根据日常学习生活,用简明扼要的评定性的语言叙述,以补充分数表达的不足。如下面这个评语:"你通过自己的努力,获得了8次优秀作业奖,3次数学学习标兵奖,1次数学小博士奖,你能收集、记录一些常用的数据,制作的统计图也是班上最出色的,说明你学习非常踏实。但你的数学日记中关于数学方面的小发现、小探索还是空白的。老师相信,通过努力你在这方面会做得更好,下学期一定会成为小数学家。"这个评语,具有相当的实效性,学生的个性、特长及成绩得到肯定和发展,同时明确指出了学生的努力方向。

第三节 发展性课堂教学评价体系的建立

发展性课堂教学评价体系,不仅重视学生知识、技能的掌握,关注学生在课堂教学过程中的表现,关注学生的情感、态度、价值观的生成,而且关注学生的个性差异和个体的全面发展,促进学生不断成长。2001年,教育部印发的《基础教育课程改革纲要(试行)》明确提出:"建立促进学生全面发展的评价。评价不仅要关注学生的学业成绩,还要发现和发展学生多方面的潜能,了解学生发展中的需求,帮助学生认识自我,建立自信。"这应该是我们教育评价改革的努力方向。目前,我们对学生学业的评价存在片面性,多限于知识与技能的考量,缺乏道德与做人方面的评价,而且,考核的课程也仅仅几门学科而已。

一、树立多样化的评价对象观

观念是行动的先导,有怎样的理念就有怎样的行动。观念不同,评价的立足点就不同,评价的范围、角度和方式也会发生变化。传统的评价过分强调评价的甄别与选择功能,忽略了学生的个体性和差异性,忽略了学生在发展过程中存在的不同发展水平。苏联教育家乌申斯基曾指出,在教育中,一切都应该以教育的个性为基础,因为教育的力量只能从人的个性这个活的源泉流露出来。

◆**案例分享**

有一位学生这样写道:

我是学困生行列中的一员,经受着同其他学困生一样的遭遇。然而我并不想当学困生,我也曾努力过,刻苦过,但最后却被一盆盆冷水浇得心灰意冷。就拿一次英语考试来说吧。我学英语觉得比上青天还难，每次考试不是个位数就是十几分，一次老师骂我是蠢猪，我下决心下次一定要考好。于是，我起早摸黑，加倍努力，牺牲了多少休息时间也记不住了。好在功夫不负有心人，期末预考时，我真的拿了个英语第一名。当时我心里的高兴劲儿就别提了，心想这次老师一定会表扬我了吧！可是出乎意料，老师一进教室就当着全班同学的面问我："你这次考这么好，不是抄来的吧？"听了这话，我一下子从头凉到脚，那种心情真是比死还难受一百倍。难道我们学困生就一辈子都翻不了身了吗？

该案例中，教师对学生的评价指标单一，过于关注学业的成绩，忽视对学生学习过程的考察；同时，以固定的、不发展的眼光评价学生，学生处于被动地位，自尊心、自信心得不到很好的保护。试想：这位学生对英语的学习还会那么有热情吗？如果这位英语老师换另一种语言进行评价，则会收到完全不同的效果。如："某某同学，经过努力，考取了第一名，是我们班学习的榜样。下一次英语试卷评析课，你可以向大家介绍一下你的学习方法吗？""同学们，从某某同学身上，我们可以学习到，英语学习并不难，希望你们也可以通过自己的努力，取得好成绩！""世上无难事，只怕有心人啊。"这样的评价，既激发了大家学习英语的积极性，又让学生树立了自信心。即使学生真的是作弊取得的好成绩，也会对他是一种鞭策，甚至会对老师主动承认错误。

二、形成发展性的评价目标观

评价的目的和功能应全面体现以学生发展为本的理念，反映学生的全部学习和学习的动态过程。评价不是为了确定学生在学习群体中的位置，而是让学生在现有基础上寻求有差异的发展，使学生学会学习，学会思考，给学生以更多的表现机会，提高学生自我认识、自我教育和自我进步的能力，树立正确的观念、思想、方法和态度。例如，在讲授完分数的产生及概念后，为巩固分数的概念，强调分数概念中的"平均分"，设计这样一道判断题："把一张圆片分成两份，其中一份占1/2。"教师对学生两种截然不同的答案，不是简单地指出谁对谁错，直接揭示正确的答案，而是创设组织辩论这一活动形式，认为正确的为正方，认为错误的为反方。先请正方学生推选出两名代表，向反方说明理由；然后再请反方学生也推选出两名代表，向正方说明理由。教师在辩论结束时，及时进行总结归纳，对"胜利者"给予肯定的同时，对"失败者"给予友善的安慰与鼓励。不损害每一个学生的自尊心，并积极关注学生在学习中的参与度、情感、态度和价值观，培养学生学会思考，分析学习的得失，探索学习的规律，促进学生自我提高和可持续发展。

因此，评价不应仅限于知识和能力，还应该包含对学生学习态度和习惯、兴趣、爱好、特长等方面的评价。多方面、客观性的评价是现代素质教育的要求，是学生全面成长的需要，也是学生持续发展的关键。

三、构建动态性的评价过程观

课堂教学过程是一个动态发展的过程，因此，教育教学评价也是一个动态生成的过程，而不是一个静止的结果。发展性的课堂教学评价关注学生个体生命的体验，重视个体生命的知识生成过程，重视学生对知识的探究，重视学生创新能力的培养。在教学过程中，教师应运用课堂教学策略，激发学生学习热情，体现学生学习主体地位，鼓励学生进行探究，使学生完成知识、技能等的训练，高效实现教学目标。

以下是初中化学《化学变化的条件》教学导入：

◈ 教学片段

师：同学们，火，会给我们带来光明和幸福，也会给我们造成灾难和痛苦，大家见过大火吗？

生或答见过，或答没见过。

师：下面，请同学们看中国近代史上一场最耻辱的大火。

（播放影片剪辑火烧圆明园的情景）

师：（沉重地）让我们从历史的沉思中回到化学课堂，在这场大火中发生了许许多多的化学变化，是什么使圆明园变成了残垣断壁？

生：（齐答）火。

师：说明化学变化与条件有关。这节课我们就来探究《化学变化的条件》。

……

师：同学们烧过火吗？

生：烧过。

师：现在，就请你生火。（边讲边打出幻灯片）

幻：生火可以选择下列哪些材料？木材、木炭、废纸、酒精、枯草、石头、玻璃。

生1：我选择木材、木炭、废纸、枯草、酒精，因为这些东西都具有可燃性。

师：为什么不选石头、玻璃？

生1：它们没有可燃性。

师：那就是说，化学变化能不能发生，首先取决于什么？

生：（齐答）反应物的性质。

师：这是内因。

幻：反应物的性质 —— 决定 → 化学变化

（内因）

师：再看，这火可以烧起来了吗？还缺什么？

生：（多数答）还差火源。

师：化学变化能不能发生，必须有条件，这是外因。

幻：反应物的性质 ——决定——→ 化学变化 ←——影响—— 反应的条件

　　　（内因）　　　　　　　　　　　　　　　　（外因）

师：火烧圆明园后，为什么只留下残垣断壁？

生：（齐答）石头没有可燃性。

师：这是内因，如果不是英法联军放火，它会烧起来吗？

生：（齐答）不会。

师：这是外因。化学变化需要内外因结合才能发生，就像学习一样，老师、家长、教参都是外因，谁才是内因？

生：（齐答）我们自己。

师：（动情地鼓舞）所以要把学习搞好，关键靠自己。老师真诚地希望同学们认真学习，将来才能把国家建设得更加强大，只有国家强大了，才不会受到外来侵略，火烧圆明园的耻辱才会永远不再发生。

（全体学生情不自禁地热烈鼓掌）

…… ……

（案例来源：柳州市柳北区教研室黎雪的初中化学《化学变化的条件》一课的教学实录片段）

上述教学片段中，教师由"火"导入，讨论生火需要什么材料和条件，得出化学变化需要内外因结合才能发生。教师的肯定、鼓励，教师的尊重、呵护，使课堂教学境界更进一层，提升了"内外因"的更深内涵。同时，学生在不知不觉中接受了一场爱国主义教育，升华了情感。因此，关注动态生成的教学过程，是发展性课堂教学评价的关键。化学变化条件内外因探讨的过程中所滋生出的知识力量，成为驱动学生学习与生命情感同构的强大动力。因此，关注动态生成的教学过程，是发展性课堂教学评价的关键。

四、体现丰富性的评价内容观

旧的教育教学评价内容是单一的知识，而且是相关几门学科的知识掌握评价，忽视学生创新能力和实践能力的培养。发展性的课堂教学评价体系内容丰富，包括学生基本知识技能的掌握，学生通识知识的学习。学生综合素质的发展，包括学生创新、探究、合作与实践等能力的发展，学生情感、态度和价值观的正确树立。我们应发展学生人格的各个方面，促进学生的持续健康发展，使之成为和谐、自由发展的人。以下是张祖庆老师执教的《在大熊猫的故乡》中的课堂片段：

◉教学片段

屏幕出示：用一两句话来表达申遗的美好愿望或设计一则保护大熊猫的宣传广告。

生：我写了三条：第一条，保护大熊猫，别让大熊猫成为灭绝动物。第二条，保护大自然，让大熊猫快乐地生活。第三条，别让"活化石"成为博物馆的标本。

师：哇，太棒了，一下子就来了个高产作家！（笑）

生：杨柳枯了，有再青的时候；熊猫走了，没有再回的时候。

师：哈哈，当代朱自清！（笑，掌声）

生：保护大熊猫，为中国添一份荣耀！

师：掷地有声！（掌声）

生：等到大熊猫灭绝的时候，你的记忆里是否还有它的模样？

师：诗一般的语言。

生：茂密箭竹，绵绵白云，清清泉水，可爱熊猫……

师：一幅画！一首诗！当代小诗人。

生：老师，我还有一条。地球已经有很多遗憾，别让大熊猫的成功成为新的遗憾。

师：成功？这个怎么说？我帮你改一下好吗？地球已经有很多遗憾，别让大熊猫的离去成为新的遗憾。

生：地球已经有很多遗憾，别让大熊猫的离去成为新的遗憾。（掌声）

生：老师，我这个是一幅画，大熊猫妈妈对孩子说："亲爱的，过来吃早餐！"（笑，掌声）

师：哈哈，真好！老师忽然觉得这是个绝妙的广告创意。广告画面是大熊猫妈妈对着小溪对面竹林里的孩子说：亲爱的，过来喝早茶！（笑）（然后响起背景音乐，教师用新近流行的网络歌曲《两只蝴蝶》的旋律唱道）亲爱的，你慢慢来，穿过竹林来喝小溪水……（全场笑声，掌声，气氛热烈。）

在这个课堂教学片段中，张祖庆老师的每一次评价都极具导向性，不仅夸了学生的创新处，也机智地指出了学生的问题。他的评价，很注重替学生铺设参与平台，调动学生学习热情，时时启发学生从不同的角度、不同的层次去深入地思考和把握，形成自己的观点，各抒己见。因此，学生的发言一次比一次精彩，是评价内容丰富的体现。

 建构与思考

1. 结合实际，请找出现行课堂教学评价存在的问题，谈谈你的体会。

2. 谈谈你对本章所列举的教学评价方法的认识，你还能设计、列举另外一些教学评价方法吗？

3. 在教学评价中，为何必须遵循某些基本的教学评价原则？它们在教学评价中有什么作用？

4. 发展性课堂教学评价符合现行素质教育的要求，体现了新课改的目标，谈谈你对发展性课堂教学评价体系的认识。

参考文献

[1] 霍华德·加德纳. 多元智能 [M]. 沈致隆, 译. 北京：新华出版社, 2004.

[2] 陶西平. 多元智能理论解读 [M]. 北京：开明出版社, 2003.

[3] 赖新元, 李琴. 教师如何让课堂更加生动有趣 [M]. 长春：吉林大学出版社, 2008.

[4] 王北生. 教学艺术论 [M]. 郑州：河南大学出版社, 2005.

[5] 黄可椅. 学生学习评价方法的探讨 [J], 小学教学参考, 2010 (30).

[6] 施翼玲. 谈小学语文教师的课堂语言评价艺术 [J]. 中国教师, 2008 (22).

[7] 刘亚春. 浅析教师的课堂评价艺术 [J]. 科学大众（科学教育）, 2010 (10).

[8] 周智慧. 发展性课堂教学评价体系探讨 [J]. 教育探索, 2010 (6).

[9] 焦波. 构建多元化的政治课课堂教学评价体系，促进学生个性化学习 [J]. 新课程（教研）, 2010 (11).

[10] 刘松敏. 几种实用的数学教学评价方法 [J]. 考试周刊, 2010 (2).

[11] 宋淑春. 关注学生差异，提升课堂实效 [J]. 小学科学（教师）, 2010 (2).

[12] 吴钢. 中小学课堂教学评价的实践与反思 [J]. 现代中小学教育, 2010 (4).

[13] 邢红军, 田望璇. 课堂教学评价理论：反思与建构 [J]. 课程·教材·教法, 2020, 40 (6).

[14] 范会敏, 陈旭远, 毛清芸, 等. 课堂教学评价语：历程与趋势 [J]. 广西社会科学. 2021 (2).

[15] 王迪, 杨碧君. "以学为中心"：构建区域课堂教学评价新标准 [J]. 中小学管理, 2019 (7).

第七章 教学智慧

　　教学智慧主要是指教学的实践智慧，表现为教师对教学过程中个别的、特殊的教学实践问题的深刻洞悉、把握以及灵活机智的驾驭、应对。它是动态生成的，同时是独一无二的。那么，该如何去培养我们的教学智慧呢？教师的智力素养又包括哪些呢？

第一节 教学智慧概述

教学情景：

纸条的处理

　　中午，我正在办公室伏案忙着做自己的事情。突然，中队长丽丽气喘吁吁地跑过来说："张老师，教室里乱成一锅粥了。""刚才不是还在安安静静地写作业吗？""就是因为一张纸条，小轩传给了依依一张纸条，被小辉抢去了，其他同学都想抢纸条去看。""什么纸条有这么大的魅力啊？"我打趣道。丽丽涨红了脸说："您还是去看看吧。"

　　来到教室，调皮鬼小辉以胜利者的姿态站在讲台上，小轩还在与他拉扯，教室里哄笑一片。我的出现让喧闹的教室顿时变得安静起来，讲台上的两个孩子惊恐地望着我。小辉为了逃脱责罚，马上供出："小轩传纸条给依依，说他喜欢她。""晴天霹雳"打破了教室本来还保持的沉静，下面的学生也都不怀好意地笑了起来，有的同学还在私下里嘀咕着什么。我也被小辉突如其来的"小报告"弄了个措手不及，不由得把目光投向了依依，只见她把头压得更低了，一言不发地继续写着作业。如何

处理？我犯难了。

为了给自己留一点思考的时间，我示意小辉把纸条拿过来。"必须对学生进行正面引导！"有了这个想法后，我让学生放下笔，提议就这一话题开一个讨论会。听了我的提议，同学们的热情迅速升温。为了使讨论从一开始就不偏离轨道，我先做了简短的发言：

"同学们，从你们进入校园的那一天起，我们就朝夕相处，一晃已近六个年头了。六年来，你们点点滴滴的进步，老师都看在眼里，并暗自为你们高兴，老师也越来越喜欢你们了。凭我的直觉，有很多同学也非常喜欢老师，是吗？今天老师就想听你们说一说为什么喜欢我。"

同学们的话匣子打开了，有的说老师天天教他们学知识，很辛苦；有的说老师长得漂亮，还很有气质；有的说老师特别会打扮，什么衣服穿上去都很好看；还有的说老师一看就有学问……听了同学们对我的一番夸奖后，我立即把话题抛给学生，说："老师真是太感动了，没想到老师在你们的心目中是这样完美，相信小轩同学喜欢依依同学也有他的理由，下面我们就请他也来说一说。"

由于我的铺垫，小轩的不好意思没有了，大大方方地讲起了依依的优点。为了扩大教育成果，我又结合小轩的发言对依依的优点进行了进一步的总结："依依同学，不但长得漂亮，而且做事认真，课上总能看到她专注的神态，听到她响亮的声音，作业本上漂亮的字体更使同学们羡慕不已。我觉得班中喜欢依依的同学不止小轩一个，喜欢的同学请举一下手。"班里几乎所有的同学都把手举了起来。我又接着说："小轩同学能把自己的真实想法勇敢地表达出来，如果再拿出自己的行动向依依学习，我相信通过他的努力，他一定会成为一个像依依那样出色的学生。"这一番讨论不但教育了全体同学，使小轩也挽回了面子，我发现他的表情不再是开始时的尴尬，而是渐渐地恢复了常态，找回了原有的自信。

我们不能因为他们小小年纪这样想有悖于常理而进行简单粗暴的批评，应该给予真诚的理解，并设法让他们化尴尬为动力，在正确的评价中寻找积极向上的力量。[①]

教学探究：

课堂中经常有意外事件发生，你求学经历中有哪些意外事件？教师应该如何看待异性同学之间的交往？

---

① 王道俊，王汉澜. 教育学 [M]. 北京：人民教育出版社，2009：432-433.

一、智慧与教学

智慧由智和慧组成，两者都有聪明之意。智一般指思维能力强、认识能力高，如"惟上智与下愚不移""巧者劳而智者忧"，由此还衍化出预见能力，如"凡人之智，能见已然，不能见将然"。慧则多指敏锐的判别能力，如慧眼识才，"周子有兄而无慧，不能辨菽麦"。智和慧组合成词，最早见于《墨子·尚贤》："逮至其国家之乱，社稷之危，则不知使能以治之，亲戚则使之，无故富贵、面目佼好则使之。夫无故富贵、面目佼好则使之，岂必智且有慧哉？若使之治国家，则此使不智慧者治国家也，国家之乱既可得而知已。"这里的智慧是一种治理国家的能力。也有用来指称识别、判断、顺应大势的能力，如《孟子·公孙丑》："虽有智慧，不如乘势；虽有镃基，不如待时。"这种大势也就是行仁政的大势，是一种处理社会事务的能力。因此，智慧一词在我国古代既包括内在的思维能力，也包括外在的辨别能力和处理社会事务的能力。它往往受个体道德水平的制约，同时是实现道德行为的重要手段和条件。

但是，在西方教育家眼里，智慧和德性却往往相提并论。如夸美纽斯认为，所谓真正的人，就是一个理性的生物，一个为一切生物之主并为自己之主的生物，一个为造物主所爱的生物。理性的生物就是指能够智慧地认识和处理外在事物的人，其心灵要素包含智性、意志和记忆三种能力。"智性的本分是观察事物之间的区别，甚至观察最细微的细节。意志是关于选择的——就是说，选择有益的事物而拒绝无益的事物。记忆是把用过智力与意志的一切事物保存起来，以备日后使用，并且提醒心灵，使它记得自己是依赖上帝的，知道自己的责任。"[1] 夸美纽斯眼中的理性生物实际就是拥有智性、意志和记忆的智慧人。洛克则说，智慧是指"一个人在世上可以能干地、有远见地处理自己的事务。它是良好天性，心智专一，再加上经验，三者合成的产物。……为求得智慧，我们对幼童所能做的最大的一件事，就是要防止他们变得狡猾"。[2] 可见，处理事务的能力是中西方理解智慧的共通之处。

智慧教育是指刺激、引发、推动、引导智慧生成和发展的教育。智慧的生成和发展如同人的体力一样，体力发展需要物质营养，智慧发展也需要刺激材料。学校是产生、淳化、增加智慧的场所，如同教堂供给虔信、法庭供给公道一样，"学校必须提供能够照耀智性、指导意志、刺激良心的材料"。[3] 而这些材料的提供无疑主要落在语文课程上，小学语文教材在智慧教育方面主要通过选取和塑造智慧地认识和处

① 夸美纽斯. 大教学论［M］. 傅任敢，译. 北京：教育科学出版社，1999：41.

② 约翰·洛克. 教育片论［M］. 熊春文，译. 上海：上海人民出版社，2005：209.

③ 夸美纽斯. 大教学论［M］. 傅任敢，译. 北京：教育科学出版社，1999：42.

理外在事物的形象来刺激儿童的智慧生成。

教学智慧主要是指教学的实践智慧。古希腊的亚里士多德曾经把人类的知识划分为纯粹科学、技术（应用科学）和实践智慧三种类型。其所谓"实践智慧"在当时是指伦理学和政治学，相当于我们现在的人文社会科学。教学的实践智慧是指在承认教学是一个充满不确定因素的复杂过程的前提下提出来的。实践智慧的注意力集中于个别的、特殊的教学实践问题，并不试图把握一般规律。它是人在生活世界中知道怎样做的知识和经验。因此，教学智慧是一种正确、合理地认识与解决教学实践问题的才智，表现为教师对于教学工作多样化情景的深刻洞悉、把握以及灵活机智进行驾驭、应对的综合能力。

二、教学智慧

教学智慧具有理性化的特征，较之教学经验有更强的迁移性。教学智慧的价值在于教学活动自身，它的践行意味着教学实践活动的有效展开。教学智慧不同于教学理论。教学理论的价值在于为人们提供关于教学实践的各种知识，帮助人们理解和把握教学实践中的规律，树立正确的教学理念。教学理论并不关注教学实践的偶然因素，而着重把握教学实践中具有普遍意义的原理和规律；教学智慧却是在具体的教学实践活动中不断生成的，它因时、因地、因人而异，不能单纯通过传授和学习便可以获得，它需要不断磨炼。教学智慧与教学理论又是密切相关的。理论虽然不是解决问题的方法，但却能为处理问题提供某种可能性，因此为充分发挥教学智慧奠定了基础。教学智慧是对教学理论的超越，它渗透在教学理论的具体应用之中，将理性原则的普遍性与经验感觉的特殊性有机结合在一个既定的教学情境中，使教学理论得以情境化和具体化。因为不断涌现的教学新问题和新情况使得遵从教学理论的理性原则变得不可能，因此教师必须结合自己长期以来的工作经验随时调整教学行为，以期做到"随机应变""急中生智"。教学智慧的基本特征如下：

（一）动态生成

变化是教学活动永恒的特征。学生作为活生生的人，随时随地都在发生着改变。坐在同一个教室中的同一个学生，今天的他与昨日的他已有所不同，此刻的他较之刚才的他也有了变化，诸多不可预见也无法控制的因素——也许是窗外的一声鸟叫，也许是老师不经意的一个小动作，也许是同桌不小心的碰撞——时时改变着学生的内心世界。这些变化无论有多微小，都实实在在影响着教学实践活动，而老师仅通过备课是无法应对这些变化的。这就要求老师在具体的教学情境中随机应变，而应变过程也就是老师实践智慧的展现过程。换言之，千变万化的教学实践活动使得教师的实践智慧永远处于发展、生成的过程中，无固定形态，也没有一定的标准。

（二）不可言说

实践智慧是动态生成的，是融于现实的教学实践活动之中的，它的显现在很大程度上依赖于教师在此之前长期的理论积累和实践反思，往往表现为教师面对教学情境瞬时的直觉反应。在某种意义上，它既是理性的，又是非理性的。实践智慧在教学活动中是以隐蔽的方式发挥作用的，所以正如我们虽然会骑自行车，但往往无法说出我们是如何保持平衡一样，面对不断变化、生成的实践智慧，我们很难找到恰当的语言进行描述。因为语言是有限度的，它可以有效处理逻辑性较强的推理和分析，但对于瞬间的直觉行为却束手无策。实践智慧的这一特点使对它传授和学习变得困难重重，因此，实践智慧是内生的，而非外炼的。

（三）独一无二

拥有实践智慧的教师是那些面对各种教学情境都能审慎考察、正确行动的人。但不同的教师由于其年龄、成长经历、生活背景等的差异，对教学的感悟也会有种种不同，再与个人的思维方式、行为特征相结合，往往会形成极具个性化特点的实践智慧。在教学中，同是智慧型教师，面对相同的问题时却有不同的处理方式，但都能获得完满的功效。例如，教学过程中，面对学生的注意力分散，有的教师会利用关切的眼神提醒学生注意，有的教师则会通过神奇的小实验把学生的注意力重新吸引过来。每位教师的实践智慧之形成及外显都是时、空、人等诸多复杂因素交错影响的产物，因此是独一无二的。总之，教学智慧是最具教师个性色彩的体现。

最重要的是，拥有教学智慧的教师不能心中无人、目中无人，而应该时时刻刻做到心中有学生、目中有学生。《庄子·徐无鬼》有这么一个故事：

郢人垩漫其鼻端若蝇翼，使匠石斫之。匠石运斤成风，听而斫之，尽垩而鼻不伤，郢人立不失容。宋元君闻之，召匠石曰："尝试为寡人为之。"匠石曰："臣则尝能斫之。虽然，臣之质死久矣。"

后人从这个故事中提取出成语"大匠运斤"，比喻技艺精湛或文笔娴熟高超，也有人提取出成语"鼻垩挥斤"，比喻指正错误。其实，这个故事也可以迁移到教学艺术中，比喻教学的默契，匠石"尽垩而鼻不伤"的成功基于对郢人的充分了解，否则，对一个不熟悉、不了解的人挥舞斧斤，即使技巧多么纯熟，带来的也很可能是伤害。因此，教师不能自恃经验丰富、技巧纯熟，而应该针对不同的学生给予个别对待，考虑儿童情感需求的动态变化调整教学策略。苏霍姆林斯基认为，"儿童从作业的得分中看到了自己的劳动和努力；学习给他带来精神上的满足和获得知识的喜悦"。[①] 这是教学智慧最突出的表现。

---

① 苏霍姆林斯基. 给教师的一百条建议［M］. 周蕖，王义高，等译. 天津：天津人民出版社，1981：23.

第二节 教师的智力素养

教师的教学智慧通常是指教师对教学活动及情景的预设和调控能力，预设得越是周密细致，教师对教学进程的把握就越轻松自如；反之，接二连三的意外事件发生将会使教师陷入疲于应付的困窘状态。尽管有些教师处理突发事件的能力比较强，但是，突发事件仍然会影响到教学活动的有序展开。因此，教师的智力素养应该更多体现在对事件萌芽状态的把握以及教学活动的预设能力上。

一、观察力

教师的观察力是指教师在教学过程中善于把握教学过程中各种情景的细节及其教育意义的能力。教师通过观察发现学生的课堂反应与课堂情景的关系，从而及时把握和调整教学内容和进度。有教师在教学夏衍的《包身工》时从发现学生的语气异常而调整教学内容，请看以下教学片段：

◆教学片段

我先指定一位朗读较好的学生范读课文。当读至"七尺阔、十二尺深的工房楼下，横七竖八地躺满了十六七个'猪猡'。跟着这种有威势的喊声，在充满了汗臭、粪臭和湿气的空气里，她们很快地就像被搅动了的蜂窝一般骚动起来。打呵欠，叹气，寻衣服，穿错了别人的鞋子，胡乱地踏在别人身上，叫喊，在离开别人头部不到一尺的马桶上很响地小便。成人期女孩所共有的害羞的感觉，在这些被叫作'猪猡'的生物中间，已经很迟钝了。半裸体地起来开门，拎着裤子争夺马桶，将身体稍稍背转一下就会公然地在男人面前换衣服"，她的声音有些异样，似乎是强忍着笑，后面一句还未读完，她已掩着口与其他一些同学笑出声来。

我有些愠怒，但不便呵斥，就示意她先坐下。待教室里平静下来，我说："不少同学忍不住笑了出来，也许你们觉得包身工很可笑，这是因为大家对包身工的生活了解还太少。"顿了顿，我接着问道："包身工的住房有多大？"

学生齐答："七尺阔，十二尺深。"

"等于几平方？"

学生默算片刻，答道："九平方多点，不到十平方。"

"在不到十平方的房间里住着多少人？"

"十六七个。"

"十六七个人睡在不到十平方的房间里，差不多每平方要睡两个人。她们有没有床铺呢？没有，地上铺一张席子就是床。还有，请大家想想：这房间除了做寝室用，还派什么用？"

"吃饭的地方，包身工的早晚餐都在这房间里。"一个学生抢着回答。

"还有呢？"

大家低头翻书，一会儿，另一位学生小心答道："还当作卫生间用。"这回没有人笑。

"是的，在不到十平方米的小小房间，十六七个人的睡、吃、拉都在其内，包身工的生活还不如犯人。"我用愤慨的语调说。

看着学生们专注的神情，我继续说："作者描写了包身工起床时的混乱情景，紧张忙乱。她们干吗这么紧张，可以慢点吗？"话音刚落，一个学生马上道："不行，起床慢了要挨揍。"

"这个房间马上要改为吃饭的地方。"另一个学生接着说。

"起床晚了吃不上早饭，要挨饿。"第三个补充道。

我肯定了他们的发言，进一步说："大家再考虑一下，包身工从起床到上工，只有多少时间？在这段时间里，她们总共要做哪些事情？"

讨论片刻，学生们竞相发言，从起床到上工只有45分钟，其间她们要做的事情有：洗脸梳头，收拾席子，放下吃饭的板桌，烧饭，倒马桶，吃粥，其忙乱可想而知。

我再问："包身工五点钟上工，要到什么时间才收工？一天要做几小时？"

"下午六点钟收工，一天整整做十二小时。"

"中间有没有休息？"

"中餐及午休一小时。"

我点点头："除了十二小时强劳动，还有工房和老板家庭的义务服役，而她们竟是一群跟在座同学的年龄差不多的女孩子。恶劣的生活条件，繁重的体力劳动，严重地摧残着这些女孩子的身心健康。在这样的环境里，她们变得……"

"麻木，像机器一样。"学生接口道。

"是的。"我沉重地说，"她们差不多已经失去了作为女性最起码的羞耻感。"停了停，语调转愤激，"在老板、工头眼里，她们竟成了一群'猪猡'，成了会说话的机器。"

沉静，几十双眼睛注视着我。我继续说："作者描写包身工起床时混乱的场景，决不是为博得读者一笑，而是真实地再现了包身工的苦难生活，包含着对包身工的

无限同情,对包身工制度的无比愤慨。"

学生们表情肃然,默默听着,一时谁也没开口。一会儿,起先读不下去的那位学生又站起来,说:"老师,请让我继续读下去!"我点了点头。沉静的教室里,只听到她声情并茂的声音,我觉得,那声音会撞击着每个同学的心扉。

二、预测力

预测力是指教师在备课的基础上对教学过程的预设和把握教学进程趋势的能力。教师要善于根据学生的言语、表情、行为等外部特征,揣测他们的内心世界,预测问题情景出现的根源、目的和可能影响,并根据预测选择对策,实现教学过程的最优化。

◈ 案例分享

初一的时候,第二学期我们班调来了一位男数学李老师。他很年轻,应该是刚刚出来工作的样子。最糟糕的是他长得有点儿像玩世不恭的公子哥,没有一点儿威严,根本都不像一位老师,大家都不服他。那时我的数学不错,而且在班里有一定的号召力。一次他叫我上黑板做一道较难的题目。我当时只是觉得好玩,故意把答案写得小小的,小得连坐在第一排的同学都看不清。同学们知道我是故意的,都等着看好戏。当然老师也知道我在捉弄他,但他那时什么也没说,只是静静地看着我写。

等我写完回到座位后,老师艰难地把我的答案在黑板上扩大抄了一遍。当他转过身的那一刻,我以为他要批评我了。其实我和同学们都想看看他生气的样子。但是他却很高兴地对同学们说"现在让我们以热烈的掌声祝贺×××同学,她做出了这道难题。"突然,我觉得有点儿不好意思了。接着他又说"但是字太斯文了点儿,你是个有才华的女生,你不应该那么谦虚,连同学也看不到你的智慧了。你真的很棒,希望你下次做得更好。"(大概是这样说,具体我记得不是很清楚了)我呆呆地点点了头,脸更红了。从那以后我便成了李老师的得力助手,老师也和大家相处得不错。

我真的很感谢李老师,他真的是一位不错的老师。他能捉住学生的心理,懂得语言的艺术,让学生能够自己认识到错误,不伤学生的自尊心,鼓励学生发扬自己的优点。如果他当时批评我的话,或让我把答案重新写一次,也许我就会开始讨厌上他的课,甚至讨厌数学,而且还会想下次应该怎样捉弄他。

这位教师之所以能让学生尊重和感谢,很大程度上得益于他对学生行为的正确判断和认识,从而采取恰当的处理方法。他的确是一位不错的老师,他能抓住学生的心理,懂得语言艺术,让学生能够自己认识到错误,而不伤害学生的自尊心,并鼓励学生发扬自己的优点。如果他当时批评学生或强迫学生把答案重写一次的话，也许学生就会开始讨厌上他的课，甚至讨厌数学，而且还会筹划下次怎样来捉弄他。老师预测到了学生的恶作剧，但不点破，而是做出了与搞恶作剧者不一致的反应，这样就避免了被学生牵着鼻子走的状况。

三、判断力

教师的判断力是指教师将教育情景中个别的、零碎的感性直观印象和经验进行综合整理形成教学活动指导思想的能力。它需要教师具有冷静的头脑和自制力，对课堂教学的各种反应作出分析决断。

叛逆期的学生为引起教师和同学的关注，往往会提出许多古怪的问题或答案，教师在这方面必须提高判断力。唐李端的诗歌《听筝》："鸣筝金粟柱，素手玉房前。欲得周郎顾，时时误拂弦。"这是写一个弹弦者为引起周瑜的关注，故意让琴音出错。其实，叛逆期的学生的心理与此类似，教师必须淡化对待。

◆教学片段

1. 初一，调皮男生老是与老师唱反调。一天，老师说李白又称"青莲居士"，一个学生站起来问老师："老师，这个称号听起来很娘娘腔，是不是古人在名字上都没有什么男女之分？"全班同学哄笑。

2. 老师："有不少名词，同时又是量词。有哪位同学能举个例子？"

学生："比如'屁股'这个词，它是名词。可是，'我爸爸老约翰赌输了，欠了一屁股的债'，在这里它就成了量词。"

3. 老师在给同学们上道德教育课时，发现学生小毛伏在桌上打盹儿，就叫道："小毛同学！"

小毛被惊醒了，应道："到！"

老师："什么叫行为不礼貌？"

小毛大声说："打扰别人休息的行为不礼貌！"

老师："……"

诸如此类的众多行为，都需要教师有敏锐的判断力，识别哪些有益于正常教学，哪些不利于正常教学。本章开篇教学情景中的教师成功处理了"小轩传纸条"事件，也是得益于教师敏锐而果断的判断力。这位教师冷静面对闹哄哄的课堂，迅速作出决断，学生之所以对字条感兴趣，关键在于字条上的"喜欢"这个词语，小学生往往把它朦胧地理解为异性之间的恋爱，因此这位教师不批评学生，不处理字条，而是对"喜欢"作扩大化理解，从而化解了字条带来的不良后果。

教师的判断力不仅仅体现在对课堂教学的各种反应的动态判断上，而且也体现在教师对每个学生个性的静态判断上，认识和了解一个人，对他的个性、智力、为人作出判断不是一件简单的事，既要考虑历史，又要有发展的眼光，既要综合考虑，又要淡化缺点。

四、应变力

在课堂上，经常会遇到一些突发性事件，有时是故意甚至恶意的，教师能对课堂上发生的突发事件进行妥善处理，使教学活动有序地进行，不仅体现出教师驾驭课堂的水平，而且也是对教师能力、个性、素质、修养的全面检验。教学过程中的各种因素都不是一成不变的，随时都有可能出现各种各样意想不到的事情。特别是在男生占大多数的课堂上，或多或少会遇到一些突发性事件。如何处理好突如其来的问题，是对教师应变能力的考验。如果问题化解得巧妙，不仅能使教师迅速摆脱窘境，还会得到学生的敬佩；相反，如果教师不能迅速地控制局面并加以妥善处理，教师在学生心目中的威信也将大打折扣，还有可能造成师生之间的长期对立，今后的课堂纪律维护也会成问题，更不用说和谐愉快地完成教学任务。因此如何在课堂教学中正确、恰当地处理突发性事件，值得每一位老师深思。

五、逻辑力

逻辑力是指逻辑思维的能力。语言是思维的工具，逻辑思维能力的体现主要是语言的严谨、准确、连贯，只有思维合乎逻辑，表达才能清楚正确和鲜明生动。文章和文件都应当具有这样三种性质：准确性、鲜明性、生动性。准确性属于概念、判断和推理问题，这些都是逻辑问题。逻辑思维严谨的教师能准确、严密地表达思想，思路清晰，少漏洞或前后矛盾之处，有助于培养理性精神和创新意识。逻辑力更多体现在思路的严密。下面这个例子很能说明逻辑力的作用。

◈教学片段

某日，老师在课堂上想看看一个学生的智商怎么样，就问他："树上有十只鸟，开枪打死一只，还剩几只？"

学生反问："是无声手枪吗？"

"不是。"

"枪声有多大？"

"80～100分贝。"

"那就是说会震得耳朵很疼?"

"是。"

"您确定那只鸟真的被打死了?"

"确定。"老师已经不耐烦了,"拜托,你只要告诉我还剩几只就行了,OK?"

"OK。树上的鸟有没有聋子?"

"没有。"

"有没有关在笼子里的?"

"没有。"

"有没有残疾的或饿得飞不动的鸟?"

"没有。"

"算不算怀在肚子里的小鸟?"

"不算。"

"打鸟的人眼有没有花? 保证是 10 只?"

"没有眼花,就是 10 只。"

老师已经满头是汗了,且下课铃响了,但学生还在问:"有没有傻到不怕死的?"

"都怕死。"

"会不会一枪打死两只?"

"不会。"

"所有的鸟都可以自由活动吗?"

"完全可以。"

"如果您的回答没有骗人,"学生满怀信心地说,"打死的鸟要是挂在树上,没掉下来,那么就剩一只;如果掉下来,就一只不剩。"

······ ······

这个教师之所以被学生牵着鼻子走,关键在于所提出的问题漏洞多,不严密。具有高水平逻辑力的教师不会提出这类问题。

六、赏识力

赏识力是指一种以积极、动态的发展观去认识和评价人和事物的能力。教师对自己的学生,应该多用欣赏、肯定的眼光去发现其行为表现中的亮点、优点,不能老是用固定的成长标准去要求学生、挑剔学生。每个人都渴望得到赏识、尊重和理解。赏识是一种激励,是帮助儿童获得自我价值感、发展自信心的基础,是推动儿童积极向上、走向成功的动力。教师的赏识,可以让儿童在自信中成长。

无论哪个孩子，只要我们耐心寻找，必定能发现他的优点和亮点，即使他做了错事，我们也可以从中找到闪光点。我国伟大的教育家陶行知在育才小学当校长时，有一次在校园里看到学生王友用土块砸自己班上的同学，陶行知当即阻止了他，并令他放学后到校长室去。放学后，陶行知来到校长室，见王友已经等在门口准备挨训了。于是，陶行知掏出一块糖果送给他说："这是奖给你的，因为你按时来到这里。"王友惊疑地接过糖果后，陶行知又掏出一块糖果，放到他手里说："这第二块糖果也是奖给你的，因为我当时叫你不再打人，你立即住手了。"王友更疑惑了。这时陶行知又掏出了第三颗糖果，塞到王友的手里说："我调查过了，你用土块砸他们，是他们欺负女生，你砸他们说明你很正直，所以应该奖励你。"王友感动极了，流着眼泪，后悔地喊道："陶校长，你打我吧！我错了，我不该砸自己的同学！"陶行知满意地笑了，随即掏出第四块糖果递过去说："为你能正确地认识错误，我再奖你一块糖果。"陶行知不但没有批评王友，而且还表扬、奖励了他，这既是一种赏识，也是一种启迪引导。

但是，现实中许多教师往往忽视了自己赏识力的培养，看不到学生的闪光点。有一个老师在一次听课中就谈到了这一种感受：

◎案例分享

当我们面对一个人时，更多的是看其缺点，还是优点？

当我们面对困难时，更多的是看到失败，还是希望？

当我们处于低谷，更多的是看到失去，还是看到得到？

我想，很多人常常选择的会是后者。当然，一个人选择什么样的角度去看问题，是他个人的自由，别人无权干涉。但是，有一点你应该认识到：看法决定想法，想法决定做法，而做法将最终决定结果。

因此，无论事情最后的结果怎样，在一开始其实就有了某种程度的必然。

作为教师，如果只看到学生的缺点和不足，而看不到学生的潜能和特长，那他断然不会是优秀的园丁；作为领导，如果只看到下属的粗心与懒散，而看不到下属的长处与对成功的渴望，那他肯定不会是出色的引航人；作为商人，如果只看到竞争的残酷与可怕，而看不到市场的动向与顾客的需求，那他必定难以成为经济时代的弄潮儿……

诸多的事实已经表明，决定结果的往往不是事情本身的艰难与复杂，而是我们看待事情的态度。如果我们既正视错误的"最后一题"，又能看到自身的优势和机遇，放开视野，怀着积极的心态去面对，那么我们的生活一定比现在更充满希望。

记住，改变看事情的角度，就是改变做事情的品质。[1]

因此，教师的赏识力也应该成为教师智慧的重要组成部分。

第三节　教学智慧的培养

教学智慧是教师专业化素质的重要组成部分，它是教师专业发展知识和技能的浓缩和提升，是有关教学整体的、系统的直觉认识，是观念层面对教学活动的系统、全面的把握，既有历史文化背景的因素，又有社会时代特色的要求。教学智慧主要来源于教学经验，教师通过对具体的教学情境和教学事件的关注和反思，将感性的、表面化的经验提升，使其内化为实践能力。但教学智慧不等同于教学经验，它是教学经验反思的结果，一位拥有教学智慧的教师与那些仅有丰富教学经验的教师相比，在处理教学突发事件时，更容易做出准确、及时的反应。因此，在丰富的知识经验视野下进行跨越时空的感悟和反思才是教学智慧养成的主要途径。教学当中充满着智慧，没有放之四海而皆准的教学方法、策略和模式，教师只有结合自身的教学认识和实践不断改变自己的习惯性思维和内隐价值观对课堂的影响，不断去探索合理的教学方法，进而改变自身在传统教学中的角色和态度，才能为教学智慧注入活的因素和动力。

一、充实教育理论知识

一提到教育理论知识，许多人自然把它与教育学、心理学等概念性的知识和条条框框的原理联系起来。其实，教育理论课程的价值不在于让教育专业的学生记住这些东西，而是要让学生知道这些东西是怎么产生和推导出来的，从而使学生形成对人的生命成长与发展的独特理解与阐释力，以及富有智慧的教育理念和行为观。

美国教育家舒尔曼认为专家教师应该具有以下 7 个方面的专门知识：（1）所教的学科知识。（2）教学方法和理论，适用于不同学科的一般教学策略，诸如课堂管理的原理、有效教学、评价等。（3）适用于不同学科和年级的程序的课程材料知识。（4）学科教学知识，也就是教特定学科所需的知识，教某些学生和特定概念的特殊方式，例如以最佳方法对能力差的学生解释什么是负数。（5）关于学习者的知识，包括学习者的性格特征和文化背景。（6）教育环境的知识，包括学生学习的环境——同伴、小

---

[1]　选自 2005 年 4 月 1 日《中国教育报》。

组、班级、学校以及社区等。（7）教学的目标等方面的知识，有关教育宗旨、目的等知识。

在舒尔曼的教师专业知识分类中，与某一课程内容直接相关的知识有两类：一类是学科知识，另一类是学科教学知识。学科知识是指某学科中的概念、原理和具体的技巧方法。一般来说，这些重要的原理、概念和技巧方法是确定的，有一定的逻辑顺序，它们是课程内容的框架体系。而学科教学知识是指教师在面对特定的学科主题或问题时，如何针对不同学生的兴趣与能力，将学科知识组织、调整与呈现，以进行有效教学的知识。在具体教学中，教师却并不是以头脑中储存的学科知识的原始形式来进行的，而是把学科知识转化为学生易于理解的、容易接受的学科教学知识。教师拥有越多对学科知识的表征方式，且能越好地了解学生的学习困难，那么他就越能有效地发展自己的学科教学知识，实现学科知识向学科教学知识的转化。因此，舒尔曼强调教师的知识转化，主张教师把学科知识具体化、场景化，把概念知识改造成具有可教性的具体知识，以使学生充分地理解学习中的知识，即学科知识向学科教学知识的转化。这一转化过程主要包括三个阶段：解释、表征和适应。解释阶段，需要教师对所教授的学科内容进行归类与解释，要求教师把学科内容知识中的重要原理、概念和技巧方法区分优先层次，要求教师对学科内容知识的重要性和结构组织有基本的理解。表征阶段是连接教师的理解与学生的需求的桥梁。对于某一学科知识，教师应拥有一个表征结构，这种结构可以由隐喻、类似、图解、活动、举例等组成。适应阶段，教师需要根据学生的能力、性别、个性差异、抱负水平、先前知识和前概念来选择、分配各种材料，确定课堂中知识的表征形式，以满足学生的认知特点和需求，使学生对知识的理解和掌握产生意向和兴趣。苏霍姆林斯基认为，"教学与教育的艺术和技艺就在于发挥每个儿童的力量和可能性，使他感到在脑力劳动中取得成绩的喜悦"。① 这是基于对学生的理解而形成的。

二、丰富教育实践体验

教育实践体验是指一个人在学校教育情景中生活、工作、学习的所有经历和感悟。对职前教师来说，教育实践体验主要是自己的求学经历；对职后教师来说，教育实践体验主要是自己的教学经历。教学艺术的基础是教师的教育实践体验。教师的教育实践与其他实践工作相比，具有如下特点：

首先，工作对象是处在变化中的青少年儿童，他在未来生活中的地位和作用，

---

① 苏霍姆林斯基. 给教师的一百条建议［M］. 周蕖，王义高，等译. 天津：天津人民出版社，1981：23.

他的健康、智慧、性格、感情、意志、信念、自我意识等都在一定程度上受着教师的能力、水平、工作艺术和智慧的影响。古希腊哲学家赫拉克利特有句名言："太阳每天都是新的。"他认为物都处于流变状态，世界上没有任何东西是不动和不变的。教学智慧就是体现在不断适应新环境、新对象的工作上。请看下面的三个案例：

◈ **案例分享**

表扬的伤害

上初二的时候，有一次语文考试中，同桌的作文写得特别好，得了全班最高分。那篇作文写的是她爸爸，她爸爸由于一场车祸，变成残疾，这促发了她要好好学习的决心。文章由于发自真情实感，写得特别真切。

上语文课的时候，老师叫同桌上讲台把文章向全班读出来。同桌用哽咽的声音说不愿意。可是老师却说："为什么不读呢？难道是抄来的吗？快读。"同桌可能不好意思在全班同学面前扭扭捏捏，也想用行动告诉老师这文章确实是自己写的，迫于无奈最终还是走上了讲台。我当时觉得她勇气很大才走上讲台的。她可能觉得爸爸是残疾人并不是什么好事，在全班面前读这篇作文，就像在全班面前揭自己的伤疤。

她上讲台读了，只读了开头，她的眼泪就开始流了，声音很哽咽，断断续续的。老师可能没听出来，没叫同桌停下来，直到同桌的声音确实明显堵塞了，发不出声音了，老师才终于说了一句："读不下了，那就回座位去吧。"

在这事件发生之后，老师并没有在课堂上或私下里跟同桌说抱歉。我觉得这老师也太无情了，她没顾及学生的感受。她既然认为作文是发自真情实感的，文章内容可能触碰到学生痛处，应该预见到学生可能会介意向全班同学"公布"文章内容。可是老师并没有为学生的感受着想。

◈ **案例分享**

课堂睡觉的处理

初二的时候，有一次上英语课，一位成绩很好的同学在睡觉，老师看到以后很不高兴，就拿了一截粉笔头扔他。一次没扔醒，老师又多扔了几次。后来那位同学醒了，因为睡得好好的被人吵醒，他也很不高兴，就问老师："你干吗扔我？"老师很傲慢地瞪着他："你自己清楚！"那位同学不想跟老师争辩，就趴着继续睡。老师觉得自己的威信受到挑战了，就走到那同学的桌子前，把他拉起来，想把他拉去教室外面。那位同学真火了："我睡觉碍着你什么事了，要你管！"老师也不示弱："老师在上面讲课，你在底下睡觉，你怎么连最起码的尊重都不知道？你父母花钱送你来学校是要你好好读书的，不是让你来睡觉的。你要睡就滚回家去睡！"那位同学听了，就真

走出教室去了。老师不理他，继续上课。

◉**案例分享**

课堂传纸条

在我上高二的时候，班主任是一位思想上比较保守、比较严格的老师。有一次上她的课的时候，我们班的一位男生和一位女生在课堂上传纸条，结果被班主任看见了。班主任看了一下那字条，就跟他们说："你们下课后去一下我的办公室，我有话要跟你们说。"

下课后，那两位同学就去了老师的办公室，班主任就开始教育他们，现在要好好读书，不能过早涉及私人的感情，老师的语言处处都围绕"早恋"这两个字，他们听到后感到很委屈。过后老师就在班上以他们的例子来告诫其他同学不要早恋。

许多教师在教学实践中也会遇到类似上面三个案例中的情况，案例中的教师都没有从学生的需求、情感方面出发对学生的行为进行智慧处理，给学生带来了不良影响。

其次，教育工作的最后结果如何，需要经过很长时间才能显示出来。作为教师，我们应该深信有可能成功教育每个儿童，应该容忍儿童的缺点和弱点，理解儿童过错最细微的动机和原因，而不是把儿童的每一次淘气都看作烦心和头痛之事，针对性地采取措施。

◉**案例分享**

一个老师写道："我每天仅有三节课，但回家时已经筋疲力尽，不仅没有力气备课或阅读，甚至没有力气思索。这是怎么回事？在学校工作的时间里，我就像拉紧了的弦。孩子们淘气，使人不得安宁。我觉得，每个男孩子都一心想干使我不愉快的事。我看见费佳在课堂上捅了一下瓦尼亚的腰部，瓦尼亚就对费佳还手，用尺子打了他的头……这些事情，别的教师说是小事，但我却无法平静地看待这一切。我全身发热，心几乎要从胸门跳出来，手脚麻木。我想平静地对学生提意见，但声音发颤。孩子们注意到这一点，我感到，他们在笑，还故意搞些新名堂使我不高兴。我该怎么办呢？"[①]

最后，各种人际关系和信息影响着学生的成长，家人、同学、朋友、书、电影、电视、网络游戏以及"和能有力地影响青年心灵的人进行的完全料想不到的会见"

---

① 苏霍姆林斯基. 给教师的一百条建议 [M]. 周蕖，王义高，等译. 天津：天津人民出版社，1981：14.

等，有消极的，有积极的。教师的使命在于克服消极影响，彰显和推动积极影响。因此，教师工作是极富创造性的工作，没有一条规律是可以对一切儿童绝对同样适用的。培养人，首先要了解他的心灵，任何训斥、触痛、伤害将给他带来无穷的不愉快和紧张。

◆ 案例分享

我和孩子们到森林里去。我们的集体中有一个很小的孩子：活泼淘气，像水银一样好动，他是翘鼻子、有雀斑、蓝眼睛的尤拉。孩子们正集合在草地上听我的指示：我们还上哪儿去，在森林中怎么才能不丢失、不迷路。这时候，尤拉却跑到密林深处，藏在一个山沟里，高喊"阿乌"来招呼人。他这样做有不好的意图，是想搅乱我们的森林旅行。但是，我对自己说，不能对儿童的想法说得太过分，尤拉还不过是一个小孩，二年级，他不可能想得那么远。于是，我不着急，不生气，不激动，而要借此安排一个很有趣的游戏。我说："孩子们来吧，不要作声，要躲过尤拉，我们不去找他，让他来找我们。"我们走动得非常轻，连脚下的草也不发出声音。我们偷偷地钻到一个我知道的林中穴洞里去，在那儿躲起来。孩儿们非常高兴地观察着自己的这个隐蔽所。尤拉高喊了几声后就沉默了。

他已经到了一个地方，模仿着黄鹂的歌声，走近了我们坐过的草地。他又高喊了，从他的声音里我听出他惊慌了。后来，他走到草地上，不再高喊和模仿鸟唱歌，而是惊慌地叫我们："你们在哪里？回答我！"[①]

教学活动是一种人际间的沟通交流活动，教师的教育实践主要是与学生的沟通交流。这种活动与一般的社会交往活动不同，教师应该在充分考虑教育实践工作特点的基础上去丰富教育实践经验。

三、拓展教育视野

教师专业发展理论告诉我们，教师既要有专业素质，还要有不断接受新知识、增长专业能力的专业发展观，拓展国际视野、超越学校和课堂教学情景，全方位、多角度思考自身所处的时代中各种教育改革、教育现象和教育思潮，形成独立的见解和教育价值观。如果教师缺乏宽广的视野和观点，就可能只是一个"技师"而已。第一，教师应该博览各种教育诠释性观点，包括心理的、社会的、哲学的、历史的、文化的等层面，并站在自己的角度去梳理教育历程中许多相关的因素。第二，教师应

---

① 苏霍姆林斯基. 给教师的一百条建议 [M]. 周蕖，王义高，等译. 天津：天津人民出版社，1981：11.

该了解一些制度带来的规范性观点，借以检视及解释教育实践中各种价值取向，并透过批判性的反思来发展自己的价值观。第三，培养教育的批判力。教师应该能够提出一些批判性观点，比如关于教育的渊源、影响力、公平与正义等，在寻求教育问题解决时，能发展出政策制定的观点和能力。所有这些，实际上是要求教师在当前多元化的国际背景下，对社会和学术界的各种各样声音有一个自己的选择和见解。教育界的许多观点和主张，诸如愉快教育、创新教育、多媒体教育、双语教育、反思教育、理解教育、赏识教育、生命教育、幸福教育等，听起来似乎这也有理那也时髦，令人眼花缭乱，无所适从。教师如不能辩证地看待现实中的各种教育理论，没有自己的教育思想而盲从，那将不但不利于教师的发展，也不利于学生的发展。教师在学校中实施教学，犹如社会公共管理者的角色，面对各种各样的观点，只能根据实际去选择，而不是朝令夕改，变来变去。因此，教师应该了解各种教育思潮及其源头，各种教育制度及其社会背景，了解中外不同的国情和文化背景，了解近现代乃至当代的各种教育改革尝试及其经验教训，了解学科最前沿的研究成果及其未来发展趋势，了解国家各种教育政策出台的经过和背景。《国家中长期教育改革和发展规划纲要（2010—2020年）》在人才培养体制改革方面提出更新人才培养观念，要"树立全面发展观念，努力造就德智体美全面发展的高素质人才。树立人人成才观念，面向全体学生，促进学生成长成才。树立多样化人才观念，尊重个人选择，鼓励个性发展，不拘一格培养人才。树立终身学习观念，为持续发展奠定基础。树立系统培养观念，推进大中小学有机衔接，教学、科研、实践紧密结合，学校、家庭、社会密切配合，加强学校之间、校企之间、学校与科研机构之间合作以及中外合作等多种联合培养方式，形成体系开放、机制灵活、渠道互通、选择多样的人才培养体制"。"人人成才"必须放在宽阔的视野下去认识，否则，偏执于某一个标准或局限于一隅，就会把人才当成非人才来看待。

◈ 案例分享

相成买油

妈妈叫相成去买六个铜圆的酒，六个铜圆的油。相成问妈妈，哪六个铜圆买酒，哪六个铜圆买油。妈妈说，随便好了。相成又问妈妈，哪一只碗买酒，哪一只碗买油。妈妈说，随便好了。相成又问妈妈，先买酒呢，还是先买油。妈妈说，随便好了。相成又问妈妈，哪一只手拿酒，哪一只手拿油。妈妈说："你太笨了，我和你一同去买吧。"

相成的笨与不笨，应该从不同角度去认识。人人成才的观念要求站在宽阔的视野中去看待儿童的亮点和行为价值，而不是单纯从某一角度出发去追求一个确定的方案或定性评价。

◉案例分享

王兵捡笔

王兵是我走上教育工作岗位第五年的一个学生，那时我担任二年级一个班的班主任。有一天上完课，我正在讲台上整理教科书和教具，突然，王兵同学从讲台下面跑过来，边跑边嚷"老师，老师，我捡到一支铅笔"，后面紧跟着追来另一个同学，也是边跑边嚷"我的铅笔，我的铅笔"。可是，王兵根本不顾后面同学的叫喊，径直跑到我面前，把铅笔交给我，并用充满期待的眼神看着我。但我没说什么，表情严肃地接过铅笔后就直接交还给随后赶到的那位丢铅笔的同学。只听那位同学嘟哝着："笔刚掉下来，我自己都捡到了，可王兵力气大抢去了。"我明白，那个同学的铅笔刚掉到地上，王兵手脚快、力气大，抢捡了铅笔交来，希望得到表扬。我没有表扬王兵。此后的王兵再也没有以前那么活跃了。为此，我一直感到内疚，到现在我还在思考：我该不该表扬王兵？王兵那充满期待的眼神至今仍让我不能忘怀。

这位教师就缺乏宽阔的视野来看待王兵的行为，把王兵当成动机不良者而忽视了其值得表扬的行为。

📚 建构与思考

1. 试述中西方对智慧认识的异同。
2. 什么是教学智慧？
3. 教学智慧有哪些特点？
4. 结合实例谈谈教学智慧的体现。

📚 参考文献

[1] 王道俊，王汉澜. 教育学 [M]. 北京：人民教育出版社，2009.

[2] 夸美纽斯. 大教学论 [M]. 傅任敢，译. 北京：教育科学出版社，1999.

[3] 约翰·洛克. 教育片论 [M]. 熊春文，译. 上海：上海人民出版社，2005.

[4] 苏霍姆林斯基. 给教师的一百条建议 [M]. 周蕖，王义高，等译. 天津：天津人民出版社，1981.

[5] 崔允漷. 有效教学 [M]. 上海：华东师范大学出版社，2019.

第八章 实践探索

　　基于上述章节教学艺术理论的探讨，设计观念案例研讨、行为案例研讨、评价案例研讨三个部分，每个案例设计一个问题，旨在基于案例深入探讨与分析问题解决过程中的方法，提升教学艺术的能力。

第一节　观念案例研讨

1.《青蛙的外貌》

　　一天，有位语文老师在上《小蝌蚪找妈妈》一课，她带领学生初步接触课文后，一个学生忽然把手举得高高的。"出了什么问题吗？"老师一边想一边示意他站起来说。那学生站起来一脸疑惑地说："老师，有个问题我不明白：鲤鱼阿姨、乌龟为什么不把青蛙妈妈的样貌说清楚，害得小蝌蚪不停地寻找妈妈呢？"

　　他的话音刚落，教室里像油锅里撒了一把盐，顿时热闹起来了。"是啊，怎么不说清楚啊！""他们真不负责任！""他们是在考验小蝌蚪吧？"……孩子们七嘴八舌地议论着，教室里迟迟不能安静下来。

　　这位老师很聪明，她顺水推舟地说："你觉得他们什么地方没有说清楚？我们先把他们说的话用横线画出来吧。"

　　同学们一听，开始低下头读书、画线了。过了一会儿，有孩子发言了："鲤鱼阿姨说他们的妈妈四条腿，宽嘴巴……结果小蝌蚪把乌龟当成了妈妈。"

　　"乌龟只是说他们的妈妈头顶上有两只大眼睛，披着绿衣裳，还是没说完整。"

　　老师笑着说："如果要把青蛙妈妈的样子说清楚，你们有什么好办法呢？"

同学们纷纷举高了小手，有学生说："把鲤鱼阿姨和乌龟的话合在一起说。"

还有学生说："编个青蛙的谜语让小蝌蚪猜一猜。"更有一个学生说："把青蛙妈妈的相片直接拿给小蝌蚪看。"

这时，老师说："假设你的同桌就是正在寻找妈妈的小蝌蚪，把你的想法跟他说一说吧。"此时，同学们就像被点燃的火把，马上迫不及待地交流起来。

接下来的个别交流精彩纷呈，经过交流，同学们还有更精彩的想法，一个学生说："其实不能怪鲤鱼阿姨和乌龟，是小蝌蚪找妈妈找得太着急了，等不及听明白就游走了。"

另一个学生有不同的想法，说："鲤鱼、乌龟和青蛙都住在一个池塘里，他们已经很熟悉了，不可能说不清楚青蛙妈妈的样子，所以我认为他们是故意不对小蝌蚪说完整的，他们是想让小蝌蚪自己去找妈妈。"

问题：作为教师，你赞同学生的这些想法吗？

2.《顽皮的学生》

初二（3）班的学生吴雷上课总打瞌睡，不认真听讲；下课总搞恶作剧、戏弄同学。同学们很不喜欢他，他也常表现出破罐子破摔的样子。班主任莫老师看在眼里、急在心上。一次班会活动，莫老师发现吴雷在台上镇定自若讲话，还很幽默，引得同学们都听得聚精会神，就及时表扬、鼓励了他。在一次"班级之最"的评选中，吴雷被评为"点子最多的人"。由于吴雷点子多，思维灵活，大家就选他做了班会策划组的组长。得到老师和同学们的肯定后，吴雷变得积极起来，课堂上不再睡觉，能主动为班级做事，也爱学习了。

问题：老师的评价有什么可借鉴之处？

3.《高学历者从事简单工作》

2012 年，江苏常州城管部门一共招收了 12 名硕士，这些硕士城管队员中大多从事一线沿街巡查工作。消息一出，立即引发网友热议。一些网友称：初中生能干的工作，让硕士去做，这不是教育浪费吗？

问题：面对热议，假如你是城管部门负责人，你该如何反应？

4.《匿名信》

高二时，班主任收到一封匿名信，信中说了对老师的很多不满以及讽刺挖苦老师的内容。那时老师在全班同学面前读了这封信，边读边看我们一眼，说她可以通过我们的眼神和表情判断是谁写的。课后，她还将每个人的字体核对了，但最后还

是没有在班上公布那个人的名字，不知道是真的查到了，还是一直没有查到究竟是谁写的。

问题： 你认为这个老师的做法可取吗？请结合高中生的年龄阶段特征提出你的理由。

5.《体育课》

在 30 米快速跑教学课上，一轮小组比赛以后，一个学生突然说："老师，我可以横着跑吗？"随之而来的可想而知是同学们的哄堂大笑。

原来是小组赛的最后一名石峰同学提出了这个荒唐的要求。"这不是捣乱吗？""开玩笑！"有学生轻声议论着。

"为什么要横着跑？"我耐着性子问了一句。

"螃蟹就是横着跑的，而且跑得很快，既然螃蟹能横着跑，为什么我就不能横着跑呢？"又是哄堂大笑。

望着这个不太听话的学生，我灵机一动，转身对同学们说："石峰同学平时注意观察生活，我们的确可以横着跑，只不过这种跑的方法没有直跑跑得快，但在篮球和排球比赛中是经常用到的。第二轮我们比赛横着跑，好不好？"

听了我的这番话，学生们都乐意接受这项提议，有的还尝试着做投篮的动作，有的甚至还模仿起了螃蟹的样子，表现得特别兴奋，课堂气氛活跃极了。

石峰同学不仅由最后一名变成了冠军，而且受到了我的表扬，开心极了。而我受到的触动更大……

问题： 你认为教师根据一位学生的说法临时改变教学内容，对学生的学习有什么影响？

6.《同一现象的不同认识》

一个成绩比较差的学生在课上睡着了。老师发现之后，很生气叫醒学生："成绩都那么差了，上课还睡觉，不好好学习？做一下这道题。"语气很冲，语调很高。如果学生做不出来，还会被老师狠狠骂一顿。

第二天，一个成绩好的学生也在课堂上睡着了。老师发现之后，很温柔地问学生："你是不是身体不舒服啊？要不要请假回去看医生啊？身体重要。"

学生睁开睡眼，轻声说："老师，我没事，昨晚看书看太晚了。"

老师："这样啊，你来把这道题做一下吧。"

结果这个学生做出来了，老师就在班上表扬他并让同学们向他学习。估计这个学生如果做不出来，老师也不会骂他。

问题：这算不算教学过程中的不公平，症结在哪里？

7.《民主投票事件》

15岁的初一学生雷梦佳和同年级其他班另一名女同学打架了。面对这次违纪现象，班主任周老师组织全班同学进行投票评价。投票之前，周老师让雷梦佳先回避，然后让全班同学就雷梦佳严重违反班纪班规的现象做一个测评。测评采用选择题：让雷梦佳留下来给她一次改正错误的机会，还是让家长将其带走家庭教育一周。

测评的结果对雷梦佳不利，全班26个同学选择让她回家接受教育一周，12个同学选择再给她一次机会。于是，周老师根据民主测评结果，打电话给雷梦佳母亲，让她来接女儿回家。但是雷梦佳在得知自己被大部分同学投票"赶走"后，就悄悄离开了校园，在学校附近的黄河渠边上跳下去，结束了自己15岁的花季生命。

问题：何为民主？如何正确认识"民主评议"？

8.《考试成绩跌落之后》

记得那次，我跟弟、妹刚参加完小学四年级的期末散学典礼回来，手里捧着语、数、英成绩九十七八分的成绩单和几张第五或第六名的奖状，看着这些似轻而重的纸张，心里怪受打击的，就差一两分，排名就跌到后面去了。

一向严厉的奶奶看了成绩单就不高兴了，因为对于一向考试满分的我来说，这次的成绩确实不理想，确实是退步了。她把我拉到房间里，问我："你这成绩怎么搞的，怎么退步得那么厉害？"还没等我发话，她就自问自答般说道："是不是跟哪个男孩子谈恋爱就忘了学习啦，小小年纪拍什么拖呀！你爸妈辛辛苦苦供你读书，你怎么就以这样的成绩来回报他们？小孩子要以学习为重，知道吗？"说完，她出去了，留下我一个人在房间发呆，既委屈又困惑，眼里噙着泪水。当时，对于"谈恋爱"这事儿，我还处于萌动和懵懂时期，我有在谈恋爱吗？跟男孩子好，交往多一点儿、说话多一点儿不行吗？由于这次成绩引出的奶奶的这种认识，慢慢地，我与男孩子的交往便不再那么坦然和自然了，总有所顾忌。经奶奶这番说教，我从此也开始真正关注爱情这种说法，而且一直纠结在"谈恋爱"这档事上，很难把心思放学习上，成绩不进反退了。

问题：奶奶对孩子的说教为什么会产生适得其反的效果呢？她那种教育方式为什么不妥当？

9.《谢老师的行为错了吗？》

谢老师是某小学一位极其认真负责的年轻老师，对班上几个学习困难的学生付出了很多的精力。这些孩子作业写不完,她就占用体育课、音乐课把孩子留在教室一个一个讲解;放学后还会留孩子面对面辅导。在绝大多数老师、家长看来,她是个敬业的好老师,可是有一天,一位家长因为放学后等候孩子太久,在学校门口破口大骂,引来许多人围观。家长还扬言要告谢老师。谢老师感到很委屈,自己为学生付出了那么多的时间和精力,不但得不到肯定,反而引起家长的反感,她实在想不通。但同时,她也觉得自己一切都是为了孩子,不怕和家长理论。把学生送出学校,谢老师和出言不逊的家长争吵了几句。这位家长第二天请来了当地的新闻媒体,说谢老师虐待学生。谢老师和同办公室的老师都非常气愤,质问家长和记者:老师认真负责难道有错?家长拿出《中华人民共和国未成年人保护法》,"学校应当与未成年学生的父母或者其他监护人互相配合,保证未成年学生的睡眠、娱乐和体育锻炼时间,不得加重其学习负担,不得延长在校学习时间"的条款赫然在目。家长在镜头前反问:"你们作为老师,难道是法盲吗?"所有的老师,愕然无声……

问题:面对类似的事情,老师应怎样进行思量和教育才是对的呢?

10.《离家出走记》

小时候,由于家里兄弟姐妹多,哥哥姐姐喜欢欺负人,弟弟妹妹爱向父母告状,我总跟自己的兄弟姐妹吵架打架。小学五年级夏天的一个夜晚,由于点蚊香这件小事和哥哥吵架了,父母偏帮哥哥,自己气不过撂狠话说要离家出走,就真的走出了家门。一开始心里害怕不敢走太远,就躲在家旁边的小巷子里偷偷哭。不知道过了多久,一楼大厅响起了父母争执的声音,父母坚信我不敢走远,爷爷担心我的安危打开大门呼唤我的名字,不停地张望。父亲拿着手电筒出来,他们一出门听到了抽泣声,很快就找到了躲在巷子里的我。爷爷拉着我的手,让我赶紧回家,不要着凉了。父亲一副事后诸葛亮的语气说:"这丫头不过是吓唬人,哪敢跑远?小小年纪闹这么大的别扭。"

这话刺激到心理叛逆的我,于是我大声说:"我不要回去,我就走给你看。"说完快速地逃离了家门口,直奔马路。脚步放慢下来之后,我越想越委屈,越想越害怕,但是不敢在马路边大声哭,心想,这么晚了,也只能回村子里找小伙伴。虽然说要离家出走,我心里还是后悔的,害怕父母真的不会出来找自己。

在最后一个下坡路的时候,开着摩托车的父母终于找到了我。母亲使用温情招数好言劝说之后,我终于肯上车,谁知父亲竟使诈,说要带我到班主任那里评理谁对谁错。怕被同学知道自己离家出走。"怕丢脸为什么还有胆子做这事?"父亲一针见血质问我,最后还是在大晚上的时候趁热打铁把我带到了班主任面前。

父亲开门见山直接说出我今晚闹离家出走的事,班主任被吓到了,但首先给我倒了一杯热水，劝我先喝下去暖身子，然后发现我的手臂特别冰冷，就不停地用双手给我捂。班主任没有跟着父亲训斥我，只说大晚上的一个孩子就这样跑出来，身体冷成这样了。父亲与班主任的交谈我记不清了，我只记得班主任温暖的双手。第二天去上学的时候，班主任没有提起这件事，以后也没有，但是我发现班主任那天给我的笑容特别多。家里也没有提过我离家出走这件事，慢慢地大家都不记得有这么一回事了。

　　当时我为什么会有离家出走这样的大胆行为？回头想一下，小学的我很喜欢看电视，从电视上看到"离家出走"这个新鲜词，又因为与哥哥姐姐长期的"斗争"总是处于下风，加上年纪小心性不成熟，容易冲动，在与哥哥发生矛盾之后，父母给自己明显的重男轻女的感觉，于是有了叛逆的想法，要跟父母赌气，要让他们重视自己，要让他们后悔。事件发生之后我慢慢才明白，哪个父母不疼自己的孩子？如果父母不追出来找自己的话，我就要为自己的愚蠢买单了。而且追回我之后，他们也不是要暴打我一顿，而是把我带到了班主任的面前。也许父母亲在潜意识里觉得老师是权威的代表，老师说的话，孩子或多或少都会反思。父母是对的。其实处于我那个年龄段的孩子只是心性不成熟，并没有顽固过头。当年班主任没有将我的事情当作反面教材告诉任何人，家人也没有对外面提起过我的这次冲动。其实现在即便他们提起了，我也只会一笑置之，为自己当年的冲动感到好笑。教育，除了家庭教育、学校教育，其实还要有的是自醒。

　　问题： 这个学生的出走心理描写，对教师有什么启发？

其他案例分享

第二节　行为案例研讨

1.《自信心的培养》

　　一天晚上，老师坐在讲台前，同学们都在自习。正在这个时候，我遇到了一道难题！这道题涉及一个章节的重点、难点。于是，我拿着这道题到讲台上问老师。老师看后，给我详细讲解。

　　第二天，物理课上，老师把我昨天问过的那道题写在了黑板上。接着，老师让同学们思考，并点名让我上台来解题。因为昨天晚上问过老师了，所以我迅速解出了该题。走下台，同学们都用佩服的眼神看着我，那种感觉真好！从此以后，我对物理

新编教学艺术论

更加有兴趣了，遇到问题也会及时向老师请教。

问题：如何培养学生的自信心？

2.《吵闹的课堂》

这件事发生在我读初二的时候，当时我们的班主任是一个刚毕业的老师。她一开始自我介绍的时候我就知道她是一个很好说话、很善良的人。她教我们英语，对我们也负责。但很不幸，我们班汇聚了很多捣蛋的学生，甚至还包括一个初一跟老师打架被记了2个大过的学生，可以想象我们班是多么的难管了，更不幸的是——让一个很柔弱的女老师来面对。

每天我们班都很吵闹，班上的同学因为她管反而吵得更厉害，她经常被气得跑回办公室或者叫学校领导来管。她教英语，英语又是我们讨厌的课，所以就更没人认真听课了。记得印象最深的事就是在一次英语课上，上完一半时，班上实在太吵，老师说了几次都没效果。老师感到很委屈，把书摔到桌子上，走了，但一会儿又走进教室，拿起书本继续讲课。

问题：教师该如何进行课堂管理？

3.《学生与老师的对抗》

初中一年级的时候，班上有一位学生，家里只有爷爷奶奶和一个小弟。爷爷奶奶年纪比较大，管不了他们。平时这个学生经常跟一些有不良嗜好的人在一起，慢慢染上了社会上的不良习气和行为。他喜欢看小说，特别是武打类的小说。他上课的时候，都会悄悄地把小说书从书桌里拿出来。不管老师在台上如何唾沫横飞，他都埋头课桌看小说。有一次，语文老师看见这位同学又在看小说，他怒气冲冲地走到这位同学身边，用力把那本书拽出来，当着众多同学们的面，把书毁了，说："你们谁要是再有像他那样看课外书的，结果如他的下场，转送政教处。"那位同学（男的）也怒气冲冲地对老师骂道："你得赔我书，不然你就甭想上课啦！"语气强硬。老师说："下课后，你留下来。"那学生没留下来，下课后就走了。

问题：教师在课堂上该如何控制好情绪？

4.《老师的侮辱性语言》

在我读初中一年级的时候，那时候班上有个同学十分淘气，他的名字与一种方便面的牌子相同。当时，在一节数学课上，这位同学肆无忌惮地在课堂上做小动作，并且影响了其他同学的学习。我们当时的数学老师是位50多岁的男老师，长得很壮。他见那位同学那么放肆，就拿起黑板擦走到那个同学的面前，叫那位同学站起来，

192

跟他对视一下后便拿板擦上下左右地涂着那个同学的脸，并说道："××方便面，我让你玩，好玩吗？好玩吗？"

对于这位老师的行为，当时同学们觉得很好玩，很好笑，而且那位同学的方便面绰号也就顺理成章地给叫开了。当众的侮辱性行为，在学生心里留下了深刻的烙印，同时绰号也给这个同学带来了不好的回忆。这位学生自尊心比较强，而且刚上初一，心理承受能力有限，所以心理有了一层阴影。

问题：教师在课堂上该如何控制好情绪？

5.《罚抄》

小学四年级，早上下课时间，小冯和小明同学不知为何吵了起来，越吵越凶，最终打起来，甚至用了凳子。他俩打着打着，从教室里打到走廊上，当时两扇后门被反锁了，看热闹的同学出不去，又好奇，一大堆人趴在窗户边上看，挤得满满的。我见人多，就没有去窗户那边看，只坐在自己的座位上观望。不一会儿，班主任语文老师来了，纷争结束。我也以为就这样结束了。但有一点到现在我还记得，班主任罚每一个站在窗户边看打架的人抄课文。但她又不知道具体哪些人趴在窗户边，哪些人没有，于是就让学生自己说。要抄写的肯定不服气，又把其他人供出来，班委拿笔记下姓名。就这样，一串名单出现了，其中有我和一个女生的名字。当然，我跟那个女生都很冤的。那个女生好像哭了，最后我去跟老师说，那女生没有去窗户边看。可老师不同意，那个女生哭也没用，我们最后还是被罚抄了。我永远记得，那篇课文是四年级所有课文中最长的，有五六页。抄多少遍我忘了，我只知道我周一上学那天，早起一个小时拼命抄、拼命补。我真的很委屈，很心痛。班主任是个相当严厉但又缺乏方法的老师，只会让学生抄书，人人都怕她。我没有从她那学到什么，只收获抄书的痛苦感受。

问题：教师应该如何让教育惩戒更有效？

6.《课堂对话》

二年级的课堂上，学生在学习长度单位换算时，老师给学生讲解习题：$4dm =$（　　）cm。

师：这道题是大单位化小单位，还是小单位化大单位？

生：大单位化小单位。

师：那么应该用什么方法？张明，你来回答。

生：减法。

师：错（严厉的语气）。赵东，你认为呢？

生：加法。

师：你们用错了！（不耐烦）

生：乘法。

师：乘以什么？

生：乘以进率。

师：进率是多少？

生：进率是10。

师：那等于多少？

生：40。

在解这道题的整个过程中，学生被老师快速地点名，学生也快速地回答问题。当学生没有说出准确答案时，老师便严厉责备学生，或缺乏耐心地纠正学生的错误。

问题：你认为这个老师的课堂表现如何？

7.《概念学习》

在小学的科学课中，要教学生学习"动物"这个概念，该怎么办呢？常见的办法是，把"动物"定义抄下来，结合关键词进行理解；高明一点的，编个口诀让学生背。可是，一位老师是采用提问的形式来教学的：

师：为什么说鸡、鸭、猪都是动物？

生：因为它们都会叫唤。

师：对吗？蚯蚓不会叫唤，可是它也是动物啊！

生：蚯蚓会爬，会爬、会走的都叫动物。

师：鱼不会爬，不会走，只会在水里游动；鸟会飞。它们不是动物吗？

生：它们是动物，因为它们会活动，能活动的生物叫动物。

师：能活动的生物叫动物。可是，飞机会飞，是不是动物？

生：飞机自己不会飞，是人开动的，它没有生命，不是动物。

师：对了，能自己活动的生物叫动物。

问题：这位教师采用了什么教学方法？

8.《匿名信》

高二时，我们班主任收到一封匿名信，信中说了对老师的很多不满以及讽刺挖苦老师的内容。那时，老师在全班同学面前读了这封信，边读边不时看我们一眼，说她可以通过我们的眼神和表情判断是谁写的。课后，她还将每个人的字体核对了一遍，但最后还是没有在班上公布那个人的名字。

问题： 这位老师的做法值得效仿吗？为什么？

9.《分西瓜》

一位年轻教师在教授三年级数学课程标准实验教材中"分数的初步认识"时，提出这样一个问题："如果你有一个大西瓜，在母亲节的时候，你准备怎样分这个西瓜呢？"

生1："母亲节到了，我准备把这个西瓜平均分成两份，给妈妈一份，我留一份。"

"你为什么这样分呢？"教师问。

生1："我一份，妈妈一份，一样多，这样谁也不吃亏。"

教师未作任何评价。

生2："母亲节到了，我把西瓜平均分成8份，我给妈妈5份，我留3份。"

"你为什么这样分呢？"教师微笑地问。

生2："妈妈很辛苦，在母亲节里应该多给她一些。"

"你真是一个孝敬父母的好孩子！"教师热情地表扬了她。

其他学生纷纷举手回答，要把西瓜平均分成6份、9份、12份等，都说在母亲节应该多给妈妈一些，教师都一一赞扬了他们。

这时，生3举手回答："我把这个西瓜全都给妈妈吃。"

这位教师一愣，连忙微笑地问："你为什么这样做呢？"

"我一点儿都不喜欢吃西瓜，所以我都给妈妈吃。"

此时，这位教师脸上的微笑霎时凝固起来，吃惊地说："你怎么把不喜欢吃的东西送给妈妈，你的思想有问题呀！"

问题： 如何在学科知识教育中渗透德育？

10.《"借分"引发的思考》

期中考试后的一天下午，高一年级的一名男生敲开了化学彭老师办公室的门。他拿着试卷，指着一处打叉的地方认真地对彭老师说："这种答法是正确的，不应扣0.5分。"彭老师细心地给他解释为什么是错的，他点了点头，但脸上仍然未"阴转晴"。这时，彭老师拿起红笔，给他加上了0.5分，原来的59.5分变成了60分。彭老师对他说："这次借给你0.5分，下次考试还回来。"他脸上立即"阴转晴"，连说几个"谢谢"，满意地走了。

期终考试后的一天中午，这名男生又来到彭老师办公室，拿着试卷郑重地对彭老师说："老师，这次考试我考了65分，期中考试我借了0.5分，现在还回来，请扣去0.5分。"彭老师笑着说："看到你学习进步了，我很高兴，0.5分就不扣了。"

接着，彭老师又问这名学生，期中考试时，为什么要争那0.5分？他道出了缘由："59.5和60分就是不一样，用同学们的话讲是相差一个档次。您给我加了0.5分，给了我脸面，回家时好见父母，在班里好见同学，您给我脸面，我心里时时暗示自己，努力学习，不负老师的信任和期待，一定要补回0.5分。学习有了动力，学习起来就有了兴趣、劲头，自然就有长进。"彭老师语重心长地对他说："考试看分数，但不仅仅是分数；学习要考试，但不仅仅是为了考试，为了分数，为了老师，为了父母，而是有更深层的含意。"学生说："学习是为了掌握知识和本领，走向社会，辉煌人生。"彭老师说："对！说得太好了。希望你不断进步。"以后这名学生真的不断进步，成绩一年一个台阶。

问题： 教师这种"借分"方式有什么好处？

其他案例分享

第三节 评价案例研讨

1.《教师的评价语言》

当学生被老师的课堂问题难住了，学生不能立刻回答问题的时候，下面是三位老师的反应：

（甲老师）语气很重地冲着学生说："整天上课开小差，这么简单的问题都不会回答，笨死了，你先站着，听听别的同学是怎样回答的。"

（乙老师）语气很平淡地说："是不是不会回答？谁来帮他回答这个问题？"

（丙老师）微笑着说："别急，回忆一下，我们昨天刚学过的内容，当时你听得很认真，昨天某某同学是怎样回答的？"

问题： 请根据教师的语言艺术要求分析这三位教师的反应；如果你是老师，写出你在这种情景下的反应。

2.《课堂提问》

教师指着黑板上写着的"扑朔迷离"说："韩冬同学，请你说说这个成语的意思。"

韩冬站起来，推了推架在鼻梁上的高度近视眼镜，朝黑板上仔细地望了一会儿，无可奈何地说："看不清楚。"

老师："韩冬同学说对了，请坐下。"

全班同学笑了，老师却不知道同学们笑啥，一脸茫然。

问题：你认为这位老师在驾驭课堂能力方面缺少什么能力？如果你是这位教师，你将如何应对这种情况？说出理由。

3.《随机评价》

一位学生觉得学英语比上青天还难，每次考试不是个位数就是十几分，有些同学背地里讥笑他。他下决心下次一定要考好，于是，起早摸黑，加倍努力，牺牲了多少休息时间也记不住了。好在功夫不负有心人，期末预考时，他真的拿了个英语第一名。当时他心里的高兴劲儿就别提了，心想这次老师一定会表扬他了吧！可是出乎意料，老师一进教室就当着全班同学的面问他："你这次考这么好，不是抄来的吧？"听了这话，他一下子从头凉到脚，心里感到一阵刺痛，那种心情真是比死还难受一百倍。

问题：如果你是该教师，你会作出怎样的随机评价？

4.《表扬的伤害》

记得读小学五年级的时候，在一次语文课上，老师让班里的一位非常内向的男生解释一下《静夜思》这首诗的意思。那位男生平时不爱说话，经常一个人坐在教室的角落里发呆。老师和同学们也不怎么关注他，可能是因为对老师突然间叫自己回答问题感到意外和紧张，他愣愣地站了约半分钟，最后红着脸说了一句话："李白坐在床上望着天空中的月亮，想家了。"同学们顿时哄堂大笑，可是语文老师却说："非常棒，真的非常棒！同学们要向 XX 同学学习！"那位男生羞红了脸，低着头坐下，不知道是怎样的一种心情。而老师全然不顾这些，依旧大声说着表扬的话语，同学们在下面一直笑。下课后，同学们都议论纷纷，甚至有几位调皮的同学走到那位男生的面前学着老师的样子大声说："XX 同学，表现真棒！"然后，哈哈大笑地围着他跑来跑去。放学后，当同学都离开后，他一个人趴在课桌上哭。而且，在以后的语文课中他变得更加沉默了，上课一直低着头，语文成绩也越来越差。

问题：这位老师的失误表现在哪里？本是表扬为何给学生带来的却是伤害？

5.《鼓励质疑》

（1）令我印象最深刻的课堂是发生在中学的一堂语文课上。那天上课，老师引用杜甫"朱门酒肉臭，路有冻死骨"的诗句来比较分析剥削阶级与被剥削阶级的社会环境，我印象中她这样解释："大户人家的酒肉多得发臭，而路上却有因贫困潦倒而

被冻死的尸骨……"

当时，由于本能的反应，我举起手说了自己的疑问："老师，我觉得你对杜甫诗句的解释不太合理。因为从诗句中可以判断是冬天，既然能把人冻死，那么肉就不会发臭，怎么能闻到臭味呢？更何况酒是不会发臭的。"我记得我刚说完，同班同学露出惊奇的表情，我有点后悔自己的发言，心想肯定是自己说的话没什么人认可，老师也不会同意的。

令在场所有人吃惊的是，老师竟是这样回答："同学们，小花同学从气候特点分析是有一定道理的，老师没有注意到这一细节，所以一时也给不了大家合理的解释。课后大家再去查找一些资料，下节课我们共同解决。"

听了老师这番话，我上下打鼓的心终于放下了。

（2）在一次语文课的课堂上，老师讲了这样一个故事：从前有一只小花猫，它看见农民伯伯把花生种进地里，过了不久后，农民伯伯就收获了花生；把玉米种进地里，过了不久后就收获了玉米。它想要是它把鱼也种进地里，就会收获很多的鱼，那以后就不用再去钓鱼了。于是它在地里种了很多鱼，可是过了很久地里的鱼还是没有长出来。小猫觉得很奇怪，于是就挖开来瞧瞧，结果发现那些鱼全都不见了……故事讲完了，老师就问："同学们，那只小猫聪明不聪明呀？"大部分同学都说小猫很傻，有一位小朋友站起来，说："不对，其实小猫很聪明，古语不是有说'种瓜得瓜，种豆得豆'嘛，可是为什么小猫种鱼却没有得到鱼呢？"老师听完学生的回答，并没有批评这位学生，而是笑笑问班上的其他同学说："你们觉得他说的有道理吗？"同学们都沉默了。

（3）初一，调皮男生老是与老师唱反调。一天，老师说李白又称"青莲居士"，一个男生站起来问老师："老师，这个称号听起来很娘娘腔，是不是古人在名字上都没有什么男女之分？"全班同学哄笑。

（4）一年级语文教师，在带读"弯弯的月儿小小的船，小小的船儿两头尖……只看见闪闪的星星蓝蓝的天"。突然，有位学生举手问："老师，坐在月亮上看天空，天空也是蓝色的吗？"老师愣了，不知怎么回答。

（5）在运动场上，孩子和爸爸对话。孩子："爸爸，这些人为什么拼命地跑呢？"爸爸："他们在赛跑，第一名有奖。"孩子："第一名有奖，其余没有奖的为什么也跟着跑呢？"爸爸无语。

（6）春天，小猴在山坡上刚栽上一排梨树，就张罗开了："我栽的梨树要结梨子啦！"小山羊正在栽杏树，它对小猴子说："兄弟，你高兴得太早了。梨树要五年才结果呢。"小猴子一听，心里凉了，忙问山羊："你栽的杏树几年结果呀？"山羊回答说："只要四年。"

小猴子连夜把梨树拔了，改栽了杏树，又张罗开了："我的杏树，四年就能结杏子！"

小黄牛正在给果树施化肥，它抬起头来对小猴子说："吹什么，我种的桃树，三年就能结大桃子！"

小猴子后悔自己错栽了杏树，又连夜拔掉，栽上了桃树。然后，它又吹嘘自己种的桃树多么好，结果结得多么早。

小白马正在给樱桃树浇水，它不耐烦地对小猴子说："我种的樱桃树，只要两年就结果了。"小猴子一听，心又动了……

几年后，满山遍野的果树丰收了！种梨的得梨，种杏的得杏，种桃的得桃，只有小猴子两手空空，一无所得。

老师：小猴子为什么两手空空？

学生：因为那块土地不够肥沃。

问题：教师该如何引导学生的不同看法？

6.《问题回答后的评价》

一天，我去参加一堂教学观摩课，教学内容是《鸟儿的侦查报告》。我刚一进教室就注意到那个显眼的位置——第四组最后一张桌，一个孤零零的小男孩坐在那儿，一个人不知道在摆弄些什么。老师在讲授新课前采用集体读、叫读、开火车形式进行复习生字。当进行叫读环节时，我注意到那个小男孩微微举起手来了，我惊讶了，因为在我的印象中这种现象是不寻常的。这时老师也注意到了这不寻常的举动："张同学，你居然也举手了，那就你来吧。"当张同学读完后，老师很夸张地说道："读得真好，好，老师给你安排一个人的独立小组——13组，13组加一分。"（注：班上同学都是四人一小组，而现在他自己一个人也成立一个小组了）这时我观察到，那小男孩根本没有表现出一丝丝的喜悦感，只是低着头缓缓地坐下去了。当老师在分析"为什么燕子要哭泣时"，张同学同样举了手，老师也依然叫了他："怎么这节课那么活跃了？那你来说吧。"回答问题之后，小男孩也依旧微微低下头，缓缓地坐下去，开始又玩起了自己的小玩意儿。之后，面对老师的问题，小男孩再也没有举手了。

问题：老师的评价语存在什么问题？

7.《秀才赶考》

有两个秀才一起去赶考，路上他们遇到了一支出殡的队伍。看到那一口黑乎乎的棺材，一个秀才心里立即"咯噔"一下，凉了半截，心想：完了，活见鬼，赶考的日子居然碰到这个倒霉的棺材。于是，他心情一落千丈。走进考场，那个黑乎乎的棺

材一直挥之不去，结果，他文思枯竭，名落孙山。

另一个秀才也同时看到了，一开始心里也"咯噔"了一下，但转念一想：棺材，棺材，噢！那不是有"官"又有"财"吗？好，好兆头，看来我要鸿运当头了，一定高中。于是他十分兴奋，情绪高涨，走进考场，文思如泉涌，果然一举高中。

回到家里，两人都对家人说："棺材"真的好灵。

问题： 这个故事迁移到学生的认识评价上有什么启迪？

8.《涂改分数》

小学六年级，期中语文测验小明只考了 59 分。小明家教甚严，父母对小明的学习极为重视。迫于刚刚转学的压力，为了不想让父母失望及新同学们的嘲笑，小明把试卷上的 59 分偷偷改成了 89 分。但是细心的语文老师发现了，他第二天立即找了小明到办公室谈话，并严厉地批评了他，小明感到无比后悔。最后老师指导小明把此事写成一篇作文《令我最后悔的事》，既提高了小明的写作能力，又让小明认清了错误，及时改正，做回了老师、父母心目中的好孩子。

问题： 语文老师的做法体现了哪些教育意义？有更加合理的做法吗？

9.《"霸王"变"学霸"》

爱是教育的先决条件。爱"好学生"是任何一个老师都容易做到的事情，但难能可贵的是对"问题学生"也要拥有同样的关爱。在我脑海深处就有这样一位老师——古老师。

苏霍姆林斯基说过，世界上最稚嫩、最敏感、最需要保护的是儿童的心灵。记得是我读小学四年级的下半学期，我的好朋友——村里的"小霸王"西强同学，从城市转到我班就读，刚来不久，就在学校"声名大振"，几乎天天都有人告他的状，一会儿有人说他打架，一会儿英语老师投诉他上课捣乱。更严重的是，他居然带老鼠、青蛙、死鸟等杂物来吓老师，还对科任老师恶语相向。真是一个十足的、让老师们头痛的"问题学生"！

这样的状况一直持续到第七周，新来的实习班主任古老师慢慢地扭转了局势。古老师个子不高，但才气逼人，接班后，她从容镇定地开展班主任工作，先是从我这儿了解西强同学的情况。西强同学灵活聪明，特长也很多，尤其喜欢看书，见多识广，上知天文，下懂地理，讲起故事绘声绘色，很是动听。另外，他性格外向，活泼好动，胆大，脾气也大，纪律散漫，对人傲慢无礼，学习态度不端正，学习习惯还特别差，上课从不认真听讲，爱做小动作，老是干扰别人，家庭作业不做。

古老师又从侧面了解了一下他的家庭情况：他的父母离异，他和父亲在外漂泊，因为城市开销大，他的父亲又把他送回了乡下。他是留守儿童，像一个刺猬，时时张开尖锐的硬刺，不断地伤害别人。他常常故意捣乱、打架惹老师生气，老师和同学越生气他就越有一种"胜利的喜悦"。

了解情况后，古老师细心地去寻找、挖掘西强同学身上的闪光点，即时予以激励，使其有成就感。古老师知道他爱看书，课外知识丰富，就在班里组织了一次"课外知识竞赛"，给他一次展现自我特长的机会，也好让同学们多见识他好的一面。西强同学在竞赛中表现突出，不仅受到了老师的赞扬，也改变了他在同学心目中的印象，让同学们对他另眼相看。

当西强同学出现违纪行为时，古老师不揭他的短，不当众批评他，而是通过平和语态给予暗示，寻找合适机会再以朋友的身份、商量的口气，引导他自我检讨，找出自己错在哪里，该怎么处理；同时，让他学会宽容和体谅别人，学会换位思考。渐渐地，一切都在悄悄地发生着变化，西强同学的脾气有明显的好转，能很好地克制自己急躁的情绪，同学关系也相处得较好，朋友也多了。

古老师趁热打铁，还让他担任数学科代表，利用我和西强同学的密切关系，让我们在学习上相互竞争、相互促进。在老师和我的"帮助"下，西强同学的成绩进步很大。

问题： 古老师的成功之处是什么？

10.《点名事件》

在我小学的时候，发生了一件让我比较难忘的事情。记得那是期中考试之后，老师说卷子已经改好了，成绩也知道了，接着就要把卷子发回给我们。不知道为什么，那时候老师都喜欢在讲台把一张张试卷的名字和分数念出来让学生自己上讲台拿。我们班刚好有两个女生同名同姓的，一个成绩比较好，一个成绩比较差。老师说："XX，98分。"两个女生都站了起来准备去拿试卷，然后老师对着那个成绩较差的女生说："肯定不是你啦，你成绩那么差，有可能考到那么高分吗？"那个女生脸就红了，在同学的嘲笑声中默默低下头坐回座位。

问题： 这位老师错在哪里？

其他案例分享